燕山大学研究生课程建设经费资助

中国传统文化十讲

Ten Lectures on Chinese Traditional Culture

魏黎波 编著

科学出版社
北 京

图书在版编目（CIP）数据

中国传统文化十讲/魏黎波编著. —北京：科学出版社，2018.6

ISBN 978-7-03-058154-9

Ⅰ. ①中… Ⅱ. ①魏… Ⅲ. ①中国文化 Ⅳ. ①K203

中国版本图书馆 CIP 数据核字（2018）第 135950 号

责任编辑：邹 聪 张 楠/责任校对：贾娜娜

责任印制：李 彤/封面设计：有道文化

编辑部电话：010-64035853

电子邮箱：houjunlin@mail.sciencep.com

科学出版社 出版

北京东黄城根北街 16 号

邮政编码：100717

http：//www. sciencep. com

北京虎彩文化传播有限公司 印刷

科学出版社发行 各地新华书店经销

*

2018 年 6 月第 一 版 开本：720×1000 1/16

2023 年 4 月第三次印刷 印张：20 3/4

字数：330 000

定价：58.00 元

目　　录

绪　论

“从前有座山，山里有座庙，庙里有个老和尚给小和尚讲故事，讲的什么呢？从前有座山，山里有座庙，庙里有个老和尚给小和尚讲故事，讲的什么呢？从前有座山……”我们小时候都曾经缠着父母或祖父母要听故事，于是，他们就讲述了这样一个永远讲不完的故事。

中国人的故事就是这么一辈辈口耳相传下来的，是讲也讲不完的。我们也要把这些故事讲下去，还要把我们的新故事和梦想加进去。要把这些中国的旧故事、新故事都讲好，我们的国家才会越来越昌盛。

中国传统文化有几千年的历史积淀，内容丰富，蕴涵精深。本书仅选取了十个专题，论述中难免挂一漏万，尤其是关乎整体性的问题，势必鞭长不及。所以作此绪论，先谈几个基本问题，以便后续各专题的展开。

一、关于文化和中国传统文化

“文化”似乎是个人人都懂的概念，但要说清楚却并不容易。近些年来，国内外的学者见仁见智，提出的文化定义数以百计，却至今没有定论。《辞海》的“文化”条目从广义和狭义两方面做了如下表述：“广义指人类在社会实践过程中所获得的物质、精神的生产能力和创造的物质、精神财富的总和。狭义指精神生产能力和精神产品，包括一切社会意识形式：自然科学、技术科学、社会意识形态。”[①]

包括物质财富与精神财富的广义文化，与汉语中的“文明”一词意义相近。中国、印度、巴比伦、埃及被并称为“四大文明古国”，就是指它们早于其他民族创造出了灿烂的物质和精神文化。从这一意义上讲，文化现象是与自然状态相对的，就如人类社会和自然界相对一样。经人工打磨过的石头、人们有意种植的庄稼花木、在龟甲兽骨或岩石上刻画的符号纹样……总之，只要这些事物不再是自然状态的了，我们就可以说它们有了文化内容。所以，也有人将文化的实质性含义简单归结为“自然的人化”。有了“文明”一词替代广义文化，“文化”一词就被人们更

① 辞海编辑委员会. 辞海. 上海：上海辞书出版社，2000：1858.

多地在狭义上使用。

文化现象是人类特有的，既然人类和自然界其他生物的本质区别在于有无精神产品的创造能力，那么，文化专指精神生产能力和精神产品就是很自然的了。在这一意义上，文化包含了世界观、价值观、审美观、思维方式，以及思想、理论、信仰等精神现象。这种文化看不见、摸不着，却又是无所不在的，它会在不同事物中以不同的形式表现出来。

世界的多样性决定了文化的多样性，不同地域、不同民族也形成了不同的文化。一般来说，大河流域往往形成农耕民族（如上述四大文明古国）、草原地带大多形成游牧民族、沿海和交通要道地区更易于形成商业民族（如地中海沿岸和中东地区）。不同的生产和生活方式，对形成不同的文化起到了至关重要的作用。中国传统文化就是世界上诸多民族文化中的一种。

“中国传统文化”的概念主要有三层意思：地域上限于中国境内，时间上以古代为主，创造主体是中华民族。

我国古代将华夏族、汉族居住的以黄河流域为主的中原地区称为“中国”，意为“居四夷之中”。秦汉以后，随着大一统政权的建立和文化的传播，中国版图渐次扩大，至清代前期，陆地面积达到包括今蒙古国全境和俄罗斯部分领土在内的1300多万平方千米。1949年中华人民共和国成立后，中国政府先后与周边国家签订边界条约，最后确定了现在960万平方千米陆地面积、300多万平方千米海域面积的疆域定位（海域划分尚有争议）。

从黄帝生活的时代算起，我国已经有了5000多年的历史。当时除了少数几个国家外，世界上大多数地方还是蛮荒之地。我国进入大一统的封建社会要比欧洲早1000多年，并曾长期处于世界领先地位。我国在观念文化、制度文化和科技文化等方面有诸多创造发明，对全人类的进步和发展做出了杰出的贡献。古代中国文化成熟完备，自成体系，而1840年的鸦片战争中断了它的自主发展过程，所以我们对中国传统文化的论述就以此为限。

中华民族是包括汉族和55个少数民族在内的中国各民族的总称。汉族的先民自称“华夏”，是与“蛮夷”相对的概念。华夏族先是由炎帝族、黄帝族和九黎族在部族战争中融合而成的，其后又在经济、文化交流中，融混了羌、夷、戎、狄、苗、蛮等族体，这时候的华夏族实际上已经包含了这些民族。汉朝以后，华夏族改称汉族，并与各少数民族共同创造了灿烂的中国文化。自1899年梁启超于《东籍月旦》一文中开始使用“民族”一词，由“中国”和“华夏”两词组成的“中华”一词，逐渐与“民族”一词连用，作为中国境内各民族的总体称谓。

总之，中国传统文化是勤劳智慧的中华民族在中国这片土地上历经5000年创造出来的瑰宝，是我们的根基，也是我们的骄傲。

二、文化的结构

文化现象覆盖面广、涉及领域众多，为了便于把握和研究，学者们往往按不同的标准对其进行分类，这就是文化的结构。

划分标准不同，文化的结构分类也就不同。从时间上，可以分为原始文化、古代文化、近代文化、现代文化等；从空间上，可以分为东方文化、西方文化、大陆文化、海洋文化等；从适用人群层面上，可以分为宫廷文化、乡土文化、贵族文化、平民文化等；从社会功用上，可以分为礼仪文化、制度文化、艺术文化、习俗文化等；从信仰上，可以分为儒家文化、佛教文化、基督教文化、伊斯兰教文化等。

下面我们着重介绍按逻辑层次划分的文化结构。按照逻辑层次划分的文化结构有“二层次说”“三层次说”和“四层次说”三种。

“二层次说”将文化分为物质文化和精神文化两类。凡是为满足人们生理需求而发展形成的、可以用人的感觉器官把握的物态文化现象，都属于物质文化，如陶器、瓷器、青铜器、丝绸、建筑等；凡是为满足人们的心理需求而发展形成的、必须靠思维去把握的观念状态的文化现象，都属于精神文化，如哲学、宗教、学说、思维方式等。物质文化是表层的和直观的，精神文化是深层的和内在的，后者处于核心地位。

“三层次说”是在承认“二层次说”的基础上，认为还应在二者之间加上制度文化这一层次。制度是要求人们共同遵守的办事程序或行动准则，如法律制度、赋税制度、兵役制度、科举制度等。制度文化必然体现某种强制性的观念意志，同时，其操作过程又是人的感官可以感受到的，介于精神文化与物质文化之间，所以应与两者并列。

“四层次说”则是在承认“三层次说”的前提下，认为还应加入习俗文化。习俗是在一定人群中历代相沿、积久而成的行为习惯，如年节习俗、婚丧习俗、祭祀习俗、禁忌习俗等。习俗文化与制度文化一样，体现了人们某种共同的吉凶好恶观念，同时又有物态的表现形式。但制度是强制性的行为规范，而习俗是非强制性的行为规范，两者是各自独立、不能相互替代的，所以习俗文化应该被单列为一个层次。

其实，无论哪种划分方法都难以做到尽善尽美。因为总是先有诸多文化现象，后有文化结构的划分，任何一种文化现象都不是按照划分标准规范而生产出来的，它们在其自然形成的过程中，或多或少，总会兼涉到两个以上领域或层次的内容。比如，建筑和服饰当然是可以触摸的物质文化，但宫殿建筑在形式上、服饰在纹样上，都有规范严格的等级标准，这能说与观念无关吗？江湖规矩在江湖社会中有强制性，却不为正统社会所承认，它是属于制度还是属于习俗呢？可见，文化结构的划分只是为了便于我们把握和理解文化现象，而我们不能拘泥于这种划分。

为了方便读者理解，本书参照逻辑层次和社会功用两种划分方法，分别选取了观念文化、制度文化、艺术文化和习俗文化的若干专题。

三、中国传统文化的特点

中国传统文化是世界文化百花园中的一朵奇葩，有着独特的风采和魅力，要了解这种独特之处，就必须了解中国传统文化的特点。中国人通过文化特点认识自己，外国人通过文化特点认识中国。

中国传统文化博大精深，要用几句话对它的整体面貌进行基本概括是相当困难的。所以专家学者们在这一问题上的见解也各不相同，有概括为三条五条的，也有概括为七条八条的；而且在用词上也不统一，有用“特点”“特征”的，也有用“特质”“类型”的。例如，徐仪明等在《中国文化论纲》一书中列了三条基本特征：创造性与兼容性，延续性与内聚性，同一性与多样性。[①]商聚德等在《中国传统文化导论》一书中概括了四个总体特点：崇尚统一，追求和谐，注重实用，强调道德。[②]王炯华等在《中国传统文化十二讲》一书中，在提到了稳定性和发展的缓慢性、自大性和封闭性、农业性和宗法性后，又用了“大陆民族的文化、农业社会的文化、宗法制度的文化”[③]三个文化类型的提法。张岱年等在《中国文化概论》一书中，先是用了“伦理类型”的提法，再概括为“强大的生命力和凝聚力、重实际求稳定的农业文化心态、以家族为本位的宗法集体主义文化、尊君重民相反相成的政治文化、摆脱神学独断的生活信念、重人伦轻自然的学术倾向、经学优先并笼罩一切文化领域”等七个特点。[④]

另外，田广林在《中国传统文化概论》[⑤]中，程裕祯在《中国文化要略》[⑥]中，都介绍了多种观点。

梁漱溟和季羡林两位文化大师的观点差别甚至更大。梁漱溟先生在1949年写成的《中国文化要义》一书中，将中国文化特征概括为十四点[⑦]；而季羡林先生在为《神州文化集成丛书》作的序中，只用“普遍联系和整体观念”一点来概括[⑧]。由此可见专家学者们在这一问题上的见解差异之大。

总的说来，过于繁复的概括不便于简明清晰地把握，过于简约的概括又难以反映中国文化的全貌。为兼取两者之长，本书采用“类型含特点”的方式进行概括，即把中国传统文化概括为某种类型，而每种文化类型都是一类特点的集合。

本书把中国传统文化概括为三种类型，即农耕型文化、人伦型文化和融合型文化。

---

① 徐仪明，陈江风，刘太恒. 中国文化论纲. 开封：河南大学出版社，1994：25-34.

② 商聚德，刘荣兴，李振纲. 中国传统文化导论. 保定：河北大学出版社，1996：27-32.

③ 王炯华，盛瑞裕，李思孟，等. 中国传统文化十二讲. 武汉：华中科技大学出版社，2001：4.

④ 张岱年，方克立. 中国文化概论. 北京：北京师范大学出版社，1994：347，352-370.

⑤ 田广林. 中国传统文化概论. 北京：高等教育出版社，1999：44-52.

⑥ 程裕祯. 中国文化要略. 北京：外语教学与研究出版社，1998：5，6-8.

⑦ 梁漱溟. 中国文化要义. 上海：学林出版社，2000：6-21.

⑧ 张积. 四书五经//季羡林，汤一介，孙长江.神州文化集成丛书. 北京：新华出版社，1993：3.

（一）农耕型文化

中国传统文化是农耕型文化，因为这种文化植根于几千年的农耕民族的土地上，并与农业生产方式相伴发展。

中华民族的发源地——黄河流域和长江流域，有着辽阔的土地、肥沃的土壤、便利的水源和适宜的气候，在这样的地理条件和自然环境中形成以农立国的民族，是再自然不过的了。

中国是世界上从事农业生产最早、种植作物种类最多的国家，中国早期比较发达的科学技术（如农耕技术、水利工程、天文历法、自然灾害预报等），几乎都是围绕着提高农业生产能力这一主题的。北魏的《齐民要术》、元代的《农书》、明末的《农政全书》，是历代先进农耕技术的总结；都江堰、郑国渠、京杭大运河等水利工程规模之大、技术水平之高，在当时举世无匹；"农历"即为农业生产而编排的历法，特别是二十四节气和七十二物候，具有直接指导把握农时的作用，是我们祖先的杰作。

与游牧民族和商业民族习惯于游走四方不同，以农耕种植业为主的中国中土居民是定居的。他们安土重迁，慎终追远，讲究老守田园和归葬祖坟。中国人贫富贵贱的观念和土地直接相关，穷人以拥有一小块可以养家糊口的土地为安身立命的依靠，富人以占有更多的土地为富裕的象征，正是这种对土地的依附，使作为"普天之下莫非王土"的"第一大地主"——皇帝，成为至高无上的统治者。这种观念在用词的感情色彩上也有体现，例如，能守着老宅祖地过一辈子叫"安居乐业"，离家远行叫"背井离乡"，若是出于某种原因不得不在外地落脚谋生，那就是"流落他乡"了。所以，只有中国人才能理解古代寓言中的愚公为什么宁可搬山而不搬家，外国人是无论如何也想不通的。

对土地的依赖和眷恋，给中国传统文化打上了深深的印记，造成中国人依根恋祖、吃苦耐劳、小富即安的意识和心理，包括逐步形成的重农轻商、避险求稳、宁慢不乱的选择趋向，这些都是源之于土地而融之于文化的。这就造成了中国农耕型文化所具有的内敛性、封闭性、循环性、包容性和超稳定性的特点。

这种以小规模的手工劳作为主要特征的农业文明，与近代以机器大工业生产为代表的工业文明相比，排斥紧密的社会交往和联系，不利于近代科学技术的产生和发展，这是导致中国在近代落伍的原因之一。

但因此而全面否定中国传统文化也有失偏颇。在世界四大文明古国中，其他三大古国的文化发展已经中断了，只有中国的文化还在传承发展。能历经几千年流传至今，就说明中国传统文化必有其存在的理由，必有其优长之处。特别是千百年来从热爱故土和家乡的观念中沉淀下来的情感，早已升华为浓厚深沉的爱国主义操守和民族自尊心，成了中华民族强大凝聚力的核心，这是祖先留给我们的宝贵精神财富，也是中国历经无数磨难而始终能保持疆域统一的力量源泉。

（二）人伦型文化

中国传统文化是人伦型文化，因为中国人特别重视世俗社会以及个人与群体的关系，而这一点也应该与从事农业生产所需要的务实性和群体配合有直接的关系。

在科学不发达的古代社会，神灵鬼魂观念与宗教信仰在所有的民族与国家中是普遍存在的，中国不但有五花八门的民间信仰，佛教、伊斯兰教、摩尼教、基督教等也都先后传入中国，其中，佛教更是传播广泛、影响深远。但同欧洲中世纪长期受宗教神权统治不同，中国的宗教神权势力从来没有压倒过世俗政权的势力，土生土长的道教尤其重视生命，其追求肉身成仙，带有浓厚的世俗意义。重世俗轻宗教，或者说重人轻神的观念，是农业生产的务实性在信仰上的反映。如果说从事狩猎业需要有几分运气，从事商业能培养出赌博式的冒险精神，那么，从事农业生产就需要脚踏实地地埋头苦干。中国老百姓深知土地是不会糊弄人的，一分付出一分收获，就是要念经祈祷也要在吃过饭以后。当然，在科技和社会生产力水平低下的古代社会，只靠吃苦耐劳还不够，还需要风调雨顺，所以中国人的图腾——“龙”的主要职司就是降雨。由于农业生产需要劳动力，求神送子成为人们的一种需求，以至于在民间最受欢迎的关公和观音菩萨也被赋予了送子的职能。这是宗教世俗化的典型例证。

在辽阔的土地上耕作需要群体的合作，兴修水利时尤其如此。中国奴隶社会实行的井田制，就是一种群体协作劳动的精巧设计；到了封建社会，家庭内部的分工合作成为维持生产活动的核心方式。这就使中国人养成了在群体中认识自身位置并为了生产的需要服从某一权威的习惯。中国的宗法制度、家族制度的产生就是证明。

家国一体的政治结构，使长幼尊卑、贵贱亲疏的分别演化成森严有序的身份等级制度，中国人亲祖敬长、忠君尊师的观念即由此形成。世界上大概不会有任何一个民族能像中华民族这样，在衣食住行等各方面都把人与人之间的亲疏贵贱区分得如此清楚：穿衣用质料、颜色区分，吃饭用座次、敬酒顺序区分，居室用朝向、开间、建筑装饰区分，乘轿用轿饰、轿夫人数区分，行礼作揖还要分天揖、时揖、土揖。中国人还把人际关系的区分上升到伦理道德的高度，甚至成为一种制度，例如，昭示与死者亲疏远近的丧事五服制度、昭穆制度，表明官阶高低的官员补服制度等。

特别要说明的是，许多学者都对中国传统文化使用了“政治伦理型”的表述，这当然是强调了这种文化不是停留在一般意义的人伦关系上，而是上升到了道德规范的高度。但本书还是倾向于使用“人伦型”的提法。这里的“人伦”二字可以合起来理解，也可以分开来理解。“人”，是指中国人重人轻神、注重世俗的享受；“人伦”，是指对人际关系格外看重，尊卑亲疏之分无所不在，并形成了完备的伦理纲常体系，注重道德规范和成贤成圣的追求。

人伦型文化当然也是瑕瑜互见的，既具有重古轻今、重男轻女、重道轻器、重关系轻规则、重义务轻权利等压抑人性阻碍社会进步的缺点，也有讲秩序、明大义、严于律己、注重道德修养等精华成分。

（三）融合型文化

中国传统文化是融合型文化，因为它的产生、形成和发展都是多元的，而它又具有把诸多文化因素有机地融合为一体的能力。

中国人奉炎、黄二帝为始祖，而炎黄集团是通过对东夷、苗蛮两集团战争的胜利控制了中原，进而形成华夏族的。此后，中原诸国与周边夷蛮戎狄之间的交往与战争，不但使疆域不断扩大，更为文化的发展源源不断地提供了动力和补充了内容。在饮食、服饰、音乐、舞蹈、姓氏、习俗、制作工艺等方面，我们可以找到许多这样的例子。至秦汉时形成的中华民族的主体民族——汉族，实际上是由多部族融合而成的。可见，中国的原始文化是多元的，其形成和发展也是多谱系的。

由于农耕文化的封闭性特点，居处中原的华夏族和其他民族认为，“天下”是以自己为中心的，周围都是蛮荒之地。由这种盲目自大而产生的文化优势心理，使他们在对外交往中抱有一种宽容的心态，敢于甚至乐于接受外来文化，并且学会了吸收和融合外来文化于自己的文化之中。虽然古代中国人对“天下”的认识是不正确的，但当时的中原文化以及相当长时期的中国文化的优势却是实实在在的。先进的文化加上善于吸收融合的技巧，使中国文化具有了强大的同化力，就像把各种金属冶于一炉炼出了合金一样，外来文化因素的不断融入，成就了中国文化丰富的内涵和强大的同化融合能力。这方面的例证只要看看伊斯兰教和摩尼教的中国化，特别是佛教的禅宗就够了，连近代以强势文化传入的基督教也被改编出了一个临时的中国版本——“拜上帝会”。

近代以前，在文化交往中中国主动的时候居多，如张骞通西域、玄奘西天取经、鉴真东渡扶桑、郑和下西洋等。进入近代后，尽管相对于先进的西方工业文明，中国的农耕型文化已经落后了，但面对强势文化的冲击，中国传统文化往往能太极拳式地以柔克刚，消解攻势，一次次打破某些人“中国文化行将消亡”的预言，显示出强大的生命力，其突出的融合能力功不可没。

许多学者在描述中国文化的某一领域时，喜欢使用“综合”一词，如称中国的思维方式为“综合思维”、京剧为“综合艺术”。但本书还是认为用“融合型”的提法更好一些，这主要考虑到虽然在表达整体关照的意思上“融合”不如“综合”，但在表达化彼物为此物、推陈出新的意思上，“综合”就不如“融合”了。

四、文化是民族之魂

在共同的生产生活中，不同的人群会形成不同的思维方式和行为方式，这样的差异我们可能在生活中都遇到过。比如，中国人会把一个人在事业上的成功与否，与家族的荣辱联系在一起，而欧美人认为那纯粹是个人的事，与家里的其他人没有关系；中国人在消费上习惯量入为出，不轻易赊账借债，而欧美人则认为用银行的钱供自己消费才是聪明的，不在乎寅吃卯粮。为什么不同国家、不同民族的人们，对同一事物的认识、评判会有这么大的不同呢？根源就在于文化的差异。

不同的民族创造了不同的文化，使他们彼此区别。属于同一文化的两个人之间虽然有许多差别，但在属于另一文化的人们看来，他们之间的相同之处要更多。文化是一种氛围，像阳光和空气一样，潜移默化地发挥着作用而又不为人所知觉。不同的文化会使人们形成不同的思维模式、价值观念和行为习惯，就像不管是萝卜还是白菜，放到咸菜缸里就会变咸、放到酸菜缸里就会变酸一样。所以，我们之所以是中国人，是因为我们都是炎黄子孙，受到的都是中国文化的浸润滋养。一个从小在西方长大的中国人，以及一个在中国生活了几十年的外国人，都会有归属上的困惑，就是因为他们的国籍归属和文化归属有了冲突。多数情况下，西化的中国人很难再融入中国社会，汉化的外国人也不愿再回到故国，这就是文化的同化力和凝聚力使然。

中国的文化是独特的，它使我们中国人与众不同，是我们的民族之魂。

中国文化滋养了每一个中国人，但不是每一个中国人都了解中国文化。如果问“什么是中国文化”“中国文化和其他文化有什么不同”，恐怕许多人会觉得说不太清楚。人们对自己民族文化理念的接受和遵循是下意识的，就像呼吸一样自然，很少有人去思考其中的道理。但是，随着时代的发展和中国的进步，我们对自己的民族文化仅仅停留在自然接受的层次上就不够了，而是需要系统的了解和理性的认识。

首先，了解自己的文化是维护国家统一的需要。如果把几百年甚至几千年前的世界各国版图拿来与今天的世界地图对照，我们会发现，许多在历史上赫赫有名的古文明和帝国（如古巴比伦、古希腊、阿拉伯帝国、奥斯曼帝国）都已发生沧桑巨变。有的山河破碎、疆域缩小、雄风不再，已是名存实亡；有的或整体迁徙，或原住居民几经更迭，已是面目全非，名不副实；更有的在战争中灰飞烟灭，成了历史陈迹。但中国是个少有的例外。

从 4000 年前的夏王朝到现今，中国的居处地和原住居民基本没变，疆域在渐次扩大，人口在不断增加，虽然也有短期的、局部的分裂，但天下一统是国家的常态，并曾一度成为世界上最强大的国家。中国为什么能有不断战胜分裂的凝聚力呢？有人认为是得益于秦始皇建立的大一统制度，有人归功于汉武帝树立了儒学的正统思想地位，也有人强调不能忽视由我们农耕民族生产方式决定的社会的超稳定性和抗冲击能力，总之一句话，是文化认同的力量。试想，如果不承认炎、黄二帝为共同祖先而是各自认为自成血统，如果没有统一的文字而是各有各的语言文字，如果没有儒学作为价值认同的核心思想，而是价值判断各不相同，如果不是法统习俗世代相融相传而是各自为政，中国大概早在千百年前就已经分崩离析，变成十几个、几十个互相敌对的小国了，哪里还会有今天的大中国存在？

中国是一个不容分裂的整体，这是中华民族几千年来形成的文化认同。为维护这一认同做了贡献的人就是民族英雄，如郑成功、林则徐；破坏这一认同的人就是民族败类，如汪精卫、李登辉。现在还有一些这样的民族败类，妄图把台湾从祖国的母体上割裂出去，如果台湾人民问他们：你说我们不是中国人，那么我们使用的汉字是谁发明的？我们“赵钱孙李周吴郑王”的姓氏是从哪里来的？除夕、元宵、端午、重阳这些节日我们以后还过不过？我想“台独分子”是无法回答这些问题的。我们的文化是民族的根，海内外同根同祖的炎黄子孙血脉相连，是任何力量也不能分开的。

其次，了解自己的文化是实现国家富强的需要。要使国家富裕强大就要实现工业化、现代化，这已经成为人们的共识。那么，怎样才能实现工业化和现代化呢？有些人以为，只要简单地照搬欧美工业国成功的经验就够了，这也是“全盘西化”主张风行全球的主要原因。但是这些人不懂得，一条成功的发展道路是以一定的文化背景为前提的，把它移植到另一种文化环境中去就不一定成功。欧美国家在亚洲、非洲、拉丁美洲推行西方民主观念和制度屡屡碰壁，原因也在于此。所以，要实现中华民族的伟大复兴，就要找到一条适合中国的现代化道路，要找到这样一条道路，就必须了解中国的国情，而中国文化就是中国最基本的国情。

在外国被认同的道理要讲给中国人听，就要换一种讲法；在外国已经成功了的事情在中国办，就要换一种做法，否则就行不通。大到国家决策，小到接人待物，莫不如此。深究与计划生育国策背道而驰的“超生”思想，就会发现是“养儿防老”“延续香火”的传统观念在起作用；分析许多官员头脑里的“为民做主”而不是“为民做仆”思想，必会找到与封建的官本位观念的关联；每逢外敌入侵或内部分裂，全国人民必定同仇敌忾、决死应战，这也是千百年来“大一统”观念和爱国主义思想的自然体现。所以说，只有透彻地认识和了解我国的传统文化，才能避其弊而用其利，找到符合我国国情的现代化道路，重现中华民族的辉煌。

最后，了解自己的文化是开展国际交流的需要。大工业的生产方式打破了国与国、民族与民族的地理界限，经济全球化已经成为历史趋势。改革开放的中国正在大踏步地走向世界，谋求与世界各国和睦相处及互利合作，就需要加强国际的交流与沟通，当今全球性的外语热就是明证。但是，语言只是交流的工具，文化才是交流的内容，国际交流实际上是不同文化人群之间的相互了解和接纳。当年日本某公司曾经向欧美国家推销使皮肤美白的化妆品，结果无人问津，原因是欧美国家的人普遍以健康的小麦色皮肤为美，与东方人以皮肤白嫩为美不同。我们说的“入乡问俗”，就是讲要了解当地的文化习俗，日本那个公司就是因为不了解东西方审美观的差异而导致了产品推销的失败。我国要进入世界市场，融入全球经济，就必须与世界各国开展广泛深入的文化交流，这就要求我们理性地了解自己的文化。

另外，和平与发展是当今世界的主题，由此决定了在今后的一段历史时期内，社会主义国家和资本主义国家之间的关系主要是合作而不是对抗。显然，在中国和美国之间讨论“社会主义好还是资本主义好”是不利于合作的。那么，怎样做才有利于合作呢？那就是文化交流。美国总统特朗普、法国总统马克龙来中国，都前往故宫参观，赞叹了我们中华文化的博大精深，与中国国家主席习近平相谈甚欢，就是很好的例子。文化交流只是相互了解，交流的双方都有权保留自己的文化传统，但也要尊重对方的文化。在国际文化交流的过程中，必然会有相互吸收、融合的现象，但这都是自愿的和有益的。近年来，我国在国外举办了很多“中国文化节”“中国文化年”等活动，建立了几百所孔子学院，这就是在向世界人民讲述中国故事。同时，我国也引进了许多国外的学术思想和文学著作，我们也要听听他们的故事。这些文化举措，得到了世界各国的热烈响应，必将有力地推动我国与世界的相互了解与沟通，加快我国融入国际社会的步伐。

文化的同化凝聚力被称为“软实力”，是国家综合实力的重要组成因素。世界上许多历史短、文化底蕴不足的国家都会有各种近忧远虑，而我们中国在这方面有着独特的优势。要实现中华民族的伟大复兴，需要以社会主义先进文化作为推动力，而社会主义先进文化，是由传统文化的精华同人类最先进的文化成果有机结合形成的。作为人类最先进文化成果代表的马克思主义，形成不过 100 多年，传入中国的时日更短，而中国传统文化已经有了几千年的历史。在接受马克思主义和其他外来优秀文化成果的同时，进一步加强对中国传统文化的整理、继承和弘扬，是我们责无旁贷的义务。

在科技不发达的远古时期，人们把抗拒不了也解释不了的自然现象推给神灵，这是最简单方便的办法。但我们中国的先人在社会大变革的背景下，务实地把目光从神的世界转向世俗社会，展开了治国经邦的研究，于是便有了百家争鸣的热闹局面。儒家学说后发制人，独居正统思想地位 2000 多年，成为中国观念文化的核心。

神的世界也不单调，不但有五花八门的民间鬼神崇拜，我们的祖先还创立了世俗意义浓厚的道教。不过，佛教在传入后很快融入中国社会，从者甚众，成为与儒学（也称儒教）、道教并立的三教之一。

观念文化是不能用感官来把握的，好在我们的祖先发明了一套八卦符号，并把组成世界万物的基本材料归结为五种，称为“五行”，其化繁为简的精巧设计和深邃的哲学思考，为后来做学问的人立了规范，也方便了我们去把握抽象的事物。

第一讲　民间信仰

第一节 民间信仰的形成

一、灵魂观念的产生

人是从哪里来的？人为什么会有生死？太阳、月亮为什么东升西落？是什么力量在驱动风雨雷电？这些小孩子常常提出的问题，也是人类早期不断探寻的问题。对自身和自然现象的种种疑惑做出解释，是生存的需要，也是人类思维的本能追求。在对此类现象还不能用科学道理来解释的时候，人们就只能用迷信来解释。

对“梦”的认识就是个典型的例证。古人对梦境不能理解：为什么梦中走了很远的路，醒来却原地没动呢？为什么在梦中与猛兽搏杀负伤，醒来却毫发无损呢？为什么人们会在梦中见到死去的亲友呢？为什么人睡觉时和死了一样无知无觉呢？通过观察他们发现，人清醒时的活动有身体的参与，而人在梦中的活动身体并不参与。如果人死了，有身体参与的所有活动就都终止了。

那么，没有身体参与的活动——也就是梦中的活动的主体是什么呢？于是他们猜测：人是由肉体和灵魂两部分组成的。人睡觉时，灵魂离开肉体独立活动就产生梦境，肉体则处于无知无觉状态；灵魂回到肉体中，人就醒过来了，这时的活动就是灵魂和肉体共同参与的；灵魂不再回到肉体中，肉体就永远不能活动了，人也就死了。既然生与死取决于灵魂与肉体的结合与否，并以肉体能否活动为标志，那么死亡只是对肉体而言的，灵魂会继续活着。当死者的灵魂来和生者会面时，生者就会在梦中见到他。这样，“灵魂”观念就产生了。“既然灵魂在人死时离开肉体而继续活着，那么就没有理由去设想它本身还会死亡；这样就产生了灵魂不死的观念。”①

① 中共中央马克思恩格斯列宁斯大林著作编译局. 马克思恩格斯选集（第四卷）. 北京：人民出版社，1972：219-220.

“灵魂”观念的产生把世界分为精神现象和物质现象两大类，这是人类思想史发展中的一个重要环节。后来人们把这一认识扩展开来，做了进一步推想：动物也有做梦、死亡的现象，也应该是有灵魂的；花草树木有秋枯春荣的变化，相当于人的睡眠与苏醒，所以也应该是有灵魂的；自然界许多现象的发生时停时起，如潮水的涨落、火山喷发的间歇、昼夜寒暑的更替，与动植物的活动休眠现象相似，所以也应该是有灵魂的。于是，“万物有灵”的观念产生了。

“万物有灵”观念是民间信仰的基础，古人依据这种认识去解释世界并臆造出崇拜的对象，也试图靠这种认识找到支配自然力的方法。

二、从灵魂到神灵

有了“万物有灵”的定性判断，自然就要有“此灵与彼灵哪一个更有力量”的定量分析。人们对不同灵魂能力大小的判定，当然只能来自对现实世界的观察。他们认为，强者的灵魂当然也强，弱者的灵魂必然也弱，强壮者的灵魂一定比弱小者的灵魂有力量，猛禽猛兽的灵魂也一定会比弱小动物的灵魂更强大，这是必然的道理。

但是，不论强者还是弱者，天气寒冷的时候都可能被冻死，雷电引发森林大火的时候都可能被烧死，那么，能够支配风雨雷电、海啸山崩等不可抗拒的自然伟力的灵魂就更强大。能够控制四季寒暑变换的灵魂、能够推动日月东升西落的灵魂、能够行云布雨掌控雷电的灵魂，都具有超人的神力，这些灵魂就被称为“神灵”。

有了神灵观念，人们不但可以解释风雨雷电等自然现象发生的原因，而且可以把最困惑难解的世界起源和人类起源等问题一股脑儿地推给神，只要编出的“神如何创造了世界万物”的故事能自圆其说就行。世界上几乎所有的民族都有自己的天地开辟和人类产生的神话传说：朝韩民族有始祖檀君的传说，日本有太阳神的皇祖神——天照大神的信仰，在我们中国的神话传说中，开天辟地的是盘古。

资料：盘古开天地

盘古神话出自三国徐整所著《三五历纪》。《艺文类聚》卷一引文说："天地浑沌如鸡子，盘古生其中。万八千岁，天地开辟，阳清为天，阴浊为地。盘古在其中，一日九变，神于天，圣于地。天日高一丈，地日厚一丈，盘古日长一丈。如此万八千岁，天数极高，地数极深，盘古极长。"

传说盘古是天地混沌一团时生成的一位大神，他用自己的身体将天地撑开。后来盘古死了，他的身躯化作日月星辰、风雨雷电、山川草木。不过在盘古身躯如何化成万物方面，古书的记载不尽相同，《述异记》说："昔，盘古之死也，头为四岳，目为日月，脂膏为江海，毛发为草木。秦汉间俗：说盘古头为东岳，腹为中岳，左臂为南岳，右臂为北岳，足为西岳。先儒说：盘古泣为江河，气为风，声音为雷，目瞳为电。古说：盘古氏喜为晴，怒为阴。吴楚间说：盘古氏夫妇，阴阳之始也。"清朝马骕著《绎史》引《五运历年纪》说："首先盘古，垂死化身，气成风云，声为雷霆，左眼为日，右眼为月，四肢五体，为四极五岳，血液为江河，筋脉为地理，肌肉为田土，发髭为星辰，皮毛为草木，齿骨为金石，精髓为珠玉，汗流为雨泽，身之诸虫，因风所感，化为黎甿。"

天地万物生成，盘古就死了，造人的工作是由另一位大神女娲完成的。《太平御览》引《风俗通》的话说："俗说天地开辟，未有人民，女娲抟黄土作人，剧务，力不暇供，乃引绳絙于泥中，举以为人。"就是说，女娲先是用黄土抟捏造人，但是这样太麻烦费力，又改为用浸过泥水的绳子甩溅成人。

与中国的"盘古开天地""女娲造人"不同，基督教认为天地万物都是由上帝创造的，穆斯林则认为这个创造万物的上帝就是真主安拉。不同的神创说反映的是不同民族的文化差异。这些传说，一方面体现了在科学不发达的年代里，人们对世间万物起源的探索和幼稚认识，另一方面也是在同自然界的抗争中，人们不得不屈服于大自然伟力的无奈表现。

三、自然神崇拜与祖先崇拜的结合体——龙图腾

神灵观念产生以后，人们就把对大自然伟力的敬畏变成了对神灵的敬畏。商朝以前，神权在人世间一直是占据支配地位的，“殷人尊神，率民以事神”（《礼记·表记》），连祭祀祖先都放到第二位去了。那时，不论祭祀征伐还是婚丧嫁娶，人们都要卜卦问神，祈求神的保佑。他们还特别强调“天命”观念，认为君主是受命于天的。

但是，随着生产力的发展，人们在同自然界的斗争中逐渐取得了一些胜利，比如，在一定程度上控制水、支配火，提高了粮食产量，发明了若干工具和用具。于是，人们对神的敬畏减少了，对自己的信心增加了；以前认为只有神才能做到的事开始交给人了，人成为传说中成就伟业的主角；人性开始多于神性，留下了燧人氏发明钻木取火，有巢氏教人们构木为屋，神农氏、烈山氏教人们种粮种菜，伏羲氏驯化牲畜、始作八卦，黄帝发明宫室、舟车、指南车等故事，其中，历史传说的成分开始超过神话传说的成分。这时的人们不但崇拜自然神，而且崇拜自己的祖先。

中华民族毕竟主要是依靠种地来吃饭的，所以特别尊崇能决定风调雨顺与否的神灵。在神灵至上的年代，人们编造出了雷公、电母、风伯、雨师等自然神，赋予他们掌控降水的权力，然后又对他们顶礼膜拜。在对人类自己的力量有了信心以后，人们又津津乐道地传颂着“大禹治水”的故事。

传说尧帝时洪水泛滥，禹受命治水，历经十三年，其足迹踏遍九州，三过家门而不入，终于平定了水患。其间，他曾为穿山凿洞化身黄熊，擒拿蛟龙锁入禹城，诛防风、逐共工、杀相柳、擒无支祁，为民除害。大禹治水时吃尽苦头，显然他不是神，好像比常人也强不了多少；但他能化熊擒龙，力除四害，表现出相当的神力，又非常人所能。大禹是人还是神呢？也许因为他是夏朝开国君主启的生身父亲，其子孙世代为人，所以人们还是认为他是人，奉他为祖先。

那么，掌握行云布雨大权的究竟是神还是人呢？在既崇拜神灵又崇拜祖先的时代，我们的先人把自然神和祖先形象结合在一起，创造出了龙图腾。

图腾是最早的原始动植物崇拜对象。如果相信本氏族部落与某种动物

或植物之间存在超自然的关系，该动物或植物就会被奉为图腾，成为族徽标志。我国史籍中记载了许多不同氏族的图腾传说。例如，《后汉书·南蛮传》中的南蛮狗种传说，《后汉书·西南夷传》中的哀牢夷龙种传说，《华阳国志·南中志》中的夜郎竹种传说，《说文·闽字》中的蛇种传说，《后汉书·西羌传》中的牦牛种、白马种、参狼种传说，等等。随着炎黄部落统一中原、合并氏族，各氏族的图腾也逐渐融混，形成了龙图腾。有人认为龙是由九种图腾组成的，即蛇身、鱼鳞、鹰爪、虎掌、虾眼、牛耳、鹿角、蜃（青蛙）肚、骆驼头。

龙既是控制关乎农业收成命脉的雨水的自然神（蛇身、鱼鳞、鳄鱼嘴），又符合我们祖先的形象（传说中的伏羲、女娲都是人面蛇身），于是人们就把至关重要的控制雨水的权力赋予龙，而本来可以独立行使降雨权的雷公、电母、风伯、雨师等自然神，就通通沦为龙的下属。就这样，龙就逐渐成了中华民族共同的图腾。

恩格斯指出："这些关于自然界、关于人本身的本质，关于灵魂、魔力等等的形形色色的虚假观念，大都只有否定性的经济基础；史前时期的低级经济发展有关于自然界的虚假观念作为自己的补充，但是有时也作为条件，甚至作为原因。"[①]当远古时期的先民们需要对自然现象和人的生理现象进行解释时，就会"发明"出这种解释。他们发明了"神"，也发明了"鬼"和"妖仙"，而这些发明出来的概念，正是后来宗教信仰的基础。

第二节 鬼魂信仰

一、魂魄与鬼

"相当长的时期以来，人们一直用迷信来说明历史。"[②]"灵魂说"虽

---

① 中共中央马克思恩格斯列宁斯大林著作编译局.马克思恩格斯全集（第三十七卷）. 北京：人民出版社，1971：489-490.

② 中共中央马克思恩格斯列宁斯大林著作编译局. 马克思恩格斯全集（第三卷）. 北京：人民出版社，2002：169-170.

然能解释人的许多生理现象，但它毕竟不是科学，面对现实的提问常常难于应付。比如，为什么睡着的人往往还有一定的听觉和触觉，但完全没有视觉？同样是灵魂离开身体，为什么睡着的人还有呼吸和体温，而死人没有？为了解释诸如此类的现象，当时的人们又把“灵魂说”发展完善为“魂魄说”。

东汉高诱在注《吕氏春秋·禁塞》时就有“阳精为魂，阴精为魄”的提法，东晋流行的《解梦书》中也有“魂魄离身，神来往也”的话，但那时的魂魄还是一个整体，与“灵魂说”并无本质区别。后来，人们把“魂”和“魄”看成是两个各自独立的部分，才使“魂魄说”有了特别的意义。明代陈士元撰写的《梦占逸旨·真宰篇》说：“人之昼兴也，魂丽于目；夜寐也，魄宿于肝。魂丽于目，故能见焉；魄藏于肝，故能梦焉。”就是说，人在白天清醒时，魂附着在眼睛上，所以可以看得见；人在夜里睡觉时魄藏在肝里，它在人的感官功能停止后又维持着人的生理机能，而魂就可以毫无后顾之忧地离身出游了。这样一来，人们就既可以解释睡着的人为什么还有若干生命特征，又能继续维持灵魂离开身体的观点。再后来，人们更进一步提出了“三魂七魄”的说法。

资料：三魂七魄

古人认为人身上有三魂七魄，也有说三魂六魄的，三魂又叫三精。这种说法来源于道家，如道书《云笈七签》云：“夫人有三魂，一名胎光，一名爽灵，一名幽精。”七魄是：尸狗、伏矢、雀阴、吞贼、非毒、除秽、臭肺，皆“身中之浊鬼也”。

（引自《中国神秘文化辞典》，笔者整理）

人们认为，人死后其三魂各有职司，一魂附于坟墓受人祭扫，一魂附于神主牌供子孙叩拜，一魂往阴曹地府转世投胎。少数民族的传说中也有“人死以后有三个灵魂，一个上天，一个去投胎，还有一个守尸体”的说法。这种说法显然是在传统的丧葬祭祖习俗基础上，吸收了佛教转世托生的信仰。

“魂魄说”中的魂还是活人的魂，所以需要有魄来维持人身体的机能，以使魂归时有体可附。这种“魂魄说”反映在我国古典文学作品中，有许多精彩的故事。

《封神演义》第十三回，哪吒因打死东海龙王三太子引来四海龙王寻仇，为了不连累父母，“自剖其腹，剜肠剔骨，散了七魄三魂，一命归泉”。后来，哪吒的师父太乙真人用莲花做成人形，“绰住哪吒魂魄，望荷、莲里一推”，哪吒才得以以莲花化身复活。

《四游记》里讲到八仙中的铁拐李成仙的故事说，铁拐李经过修炼，已“能出阴神，四方清逸”，就是灵魂可以随意离身游荡。一日，铁拐李应李老君邀约，神游西域诸国，临行嘱咐其徒杨子：“吾将出神，赴老君之约于华山，留魄在此。倘游魂七日而不返，方可将吾魄化之。”杨子守尸到第六日，因其母病危，提前烧化了铁拐李的身体回家探视，致使铁拐李第七日回来时，“来茅斋寻魄，毛发无存”，“游魂到处无依，日夜凭空号叫”，“遥值饿莩之尸，倒于山侧”，“魂正无依，何暇择体，于是乃附饿莩之尸而起”，不巧那死人原是个瘸子，所以铁拐李此后也就只好永远拐着一条腿了。

哪吒有师父太乙真人以神通相助，铁拐李已是半仙之体，所以自己的身体毁了还可以借尸还魂，普通人就没这么幸运了，不能还魂只有一死。人死后已无须维护身体，魄就离体而散了。不能附体复活的无魄之魂就叫作“鬼”。

上古时人们想象中的鬼和神，都是没有肉体束缚的、比人更强有力的精灵。《墨子·明鬼》中一再提到“鬼神之明”、“鬼神之罚”和“鬼神之诛”，都是鬼神并提。又说：“古之今之为鬼，非他也，有天鬼，亦有山水鬼神者，亦有人死而为鬼者。”这里的“天鬼”和“山水鬼神”显然是后来所说的神，“人死而为”之鬼才是后来专指的鬼。

当时人们认为，鬼虽不如神本领大，但毕竟没有身体的拖累，有许多人所不能之能，比如，他们可以来去如风、日行千里、穿墙过壁，于无形中攻击人而人无法防范。

《喻世明言》中有一个“范巨卿鸡黍死生交”的故事，大意是说：楚州山阳人范巨卿与汝州南城人张元伯结为异姓兄弟，并约定来年重阳节范巨卿赴张家拜见张母。第二年范巨卿忙着做买卖，直到重阳节当天早上才想起已到约定相见之日，而楚州山阳至汝州南城远隔千里，非一日可达，眼看要失信于张元伯，范巨卿忽然想到，古人云“人不能行千里，魂能日行千里”，于是断然自刎而死，魂驾阴风，千里赴约，总算没有失信。

《左传》记载了公元前 536 年郑国闹鬼的传说。有人说被杀死的大臣伯有托梦，要向仇人驷带和公孙段讨命，时间分别是当年三月初三和次年正月二十八，而到了说定的日子两人果然都死了。

小说戏曲中常说处斩犯人要于午时三刻在十字街头行刑，其实是没有那样严格的规定的。但为什么人们会有这种说法呢？人们认为，斩杀罪犯的时候，罪犯的鬼魂会危害监斩官和行刑的刽子手，所以必须用强大的阳气压制鬼魂的阴气。古时的午时三刻相当于现在的正午 12 点前后（有“11：45～12：00”和“12：45”等不同说法），中国人认为，这是一天中阳气最盛的时候；另外，十字街头人来人往，也是阳气最盛的地方。在阳气最盛的时间和地点行刑，死者的鬼魂离开尸身以后，就会被强大的阳气压住，不可能当场施害于监斩官和刽子手，所以才有了“午时三刻十字街头行刑”的说法。

从这些故事反映的观念来看，当时的人们认为，鬼比人厉害，人们惹不起，所以只有把他们供起来祭拜了事。

二、鬼的善恶与祖先崇拜

既然人有善恶之分，人们理所当然地认为鬼也分善鬼和恶鬼。

恶鬼是害人的，总是给人们带来灾祸甚至死亡。民间传说中较常见的恶鬼有吊死鬼和淹死鬼。传说，他们身遭横死做鬼后，都必须守在其吊死或淹死的地方，直到有人也吊死或淹死在那里，有新鬼替他们守在那里，他们才能离开此地另谋超生。吊死鬼会用各种手段引诱、迷惑人上吊，淹死鬼则诱人溺水，所以，吊死过人的地方会反复有人上吊，淹死过人的地方也会不断有人淹死。还有一种恶鬼叫“虎伥”，是被老虎咬死的人的鬼魂，他们必须为老虎找到人让它吃掉，由新的伥鬼代替自己才能获得自由。他们为虎所害，本来很让人同情，但死后却帮助老虎残害同类，行为尤其无耻，特别遭人唾骂，这也是成语“为虎作伥”的由来。

恶鬼的共同特点，就是为了自己脱身超生而“寻捉替身”，无端害人。

但是，夺人性命的不一定都是恶鬼。例如，生前无辜被害，死后化鬼索命复仇的，叫作厉鬼，其大多是被人们赞赏称颂的。这样的例子很多。

《喻世明言》里还讲了一个为帮鬼朋友打架而自杀做鬼的故事，叫“羊角哀舍命全交”。故事说，春秋时的两个贤士左伯桃与羊角哀互相倾慕，结为兄弟，共赴楚国求官。不料路上遭遇风雪，迷路断粮，两人已不可能一同脱险。左伯桃断然把身上的衣服和干粮交给羊角哀，助其逃生，自己却因冻饿而死。羊角哀得官之后，选风水佳地厚葬义兄。下葬当晚，左伯桃托梦给羊角哀说：墓地虽好，但恰与著名刺客荆轲墓地相近，荆轲嫌左伯桃的墓地夺了他的风水，恃强逼迫左伯桃迁坟。羊角哀闻听大怒，先烧戎装草人为义兄助战，又到荆轲庙中毁其神像。但因阴阳相隔，不能直接帮助左伯桃对抗荆轲，羊角哀便断然掣剑自刎，“宁死为泉下之鬼，力助吾兄战此强魂”。“是夜二更，风雨大作，雷电交加，喊杀之声，闻数十里。清晓视之，荆轲墓上，震烈如发，白骨散于墓前。墓边松柏，和根拔起，庙中忽然起火，烧做白地。”羊、左二鬼联手，终于战胜了强鬼荆轲。这个故事里的左伯桃，为救义弟甘愿冻饿而死；羊角哀为义兄舍生化鬼，力抗强横，后来二人共同成为江湖义气的楷模。

保佑人的鬼就是善鬼。善鬼里最受推崇的，是人们死去的祖先。人类社会是以血缘关系为基础而形成的，长期共同生产生活的经历，使人们把血缘关系看成最重要、最可靠的利益关系。死去的祖先不但仍然是这种血缘关系的标志，而且人们相信，他们的鬼魂也一定会在冥冥之中保佑自己子孙的平安。

中国人崇拜的祖先可以分为三类：民族祖先、家族祖先和行业祖先。

中国人自称“炎黄子孙”，公认 5000 年前的炎帝和黄帝为中华民族的共同祖先。炎帝神农氏发明了农业，奠定了我国农耕文化的基础。后来炎帝部落联合黄帝部落击杀蚩尤，开辟了以中原为主的中华民族生存的基本地域。此后，炎、黄二族又通过战争兼并和经济交往，再融合东夷等其他许多部族，逐渐形成了伟大的华夏族，也就是后来的中华民族。民族祖先的认同感，成为千百年来中华民族的精神旗帜，特别是当面临民族危机的重要历史关头时，这面旗下就会聚集起千百万中华民族的优秀儿女，共抗强敌，谱写出一篇篇自救图强的英雄史诗。地域广大的中国能几千年保持稳定的大一统局面，这种民族认同感起到了重要的作用，祭拜炎、黄二帝自然也就成为所有中国人心灵皈依的重大仪式。

1946年9月12日，为纪念台湾摆脱日本殖民统治回归祖国一周年，“台湾光复致敬团”赴陕西祭拜黄帝陵，因大雨阻隔只能在陕西耀县遥祭；时隔60年后的2006年9月12日，“台湾光复致敬团”的后人再次组团到达陕西黄陵县，隆重祭拜黄帝并立碑纪念。2005年5月，台湾亲民党主席宋楚瑜抵达大陆访问，第一件事也是去祭拜黄帝陵，以示“慎终追远，不忘根本”。由此可见民族祖先对中国人具有的强大的号召力。

随着社会的进步，社会组织的基本单位由氏族转变为家族，人们在祭祀民族祖先的同时，对家族祖先越来越重视了。“民间俗信认为，人死后变成鬼魂，它只接受自己亲生儿子（及其子孙后代）的祭祀；如果没有亲生儿子及其后代，它就变成了孤魂野鬼，会过着‘挨饿受冻’的日子。”[①]人们相信，死去的人在阴间也需要吃、穿、住、用，阳世的子孙有义务为他们营造居住的坟墓，祭供食物，并通过焚烧纸质的“冥币”和物品，为他们提供较好的生活条件。当然，只有家族祭祀的香火不断，列祖列宗在阴间的生活才有保障，所以家族祖先的鬼魂也一定会竭力佑护子孙的安宁和本家族的繁衍兴旺。由此可见，祭祀家族祖先有两方面的意义，一是对另一世界的先人继续尽子孙的孝养义务，二是祈求祖先神灵的保佑。既然家族祖先与自己的血缘关系更近，他们的保佑当然来得更直接、更可靠。基于这样的认识，家族祖先的祭拜在我国有着广泛、牢固的基础。

生产能力的提高导致了社会分工，于是有了技艺不同的各行各业。人们认为，某一行业的初创之人，或对该行业的技艺改进与发展有重大贡献的人，对后来从事这一行当的人来讲是有恩的，正所谓“万贯家财不如薄技在身”，是他们给后来人找到了饭碗，传下了安身立命的本事。这样的人被尊为行业祖先，俗称“祖师爷”，受到该行从业者的顶礼膜拜。

人们相信，行业祖先会保佑徒子徒孙和本行业的兴旺发达，也相信他们有这样的神通。既然行业祖先是本行业的代表人物，那么，这个人的本领越大、出身越高贵，当然就越能抬高本行业的社会地位，所以，各行各业都有关于祖师爷奇技异能的传说，并在祖师爷人选的认定上煞费苦心。

---

① 顾希佳. 社会民俗学. 哈尔滨：黑龙江人民出版社，2003：62.

比如，乞丐业原以春秋时的范丹为祖师爷，据说范丹有一个装粮食的口袋，里面的粮食永远也用不完，可以保证乞丐们不至于饿死，连孔夫子陈蔡绝粮时都不得不向范丹借粮解难。后来，乞丐中的一部分人，又改奉明朝开国皇帝朱元璋为祖师爷，理由是朱元璋曾经要过饭，是他们这一行里混出来的，而且是混得最好的。其实这里的潜台词是乞丐也不比谁卑贱，要饭的一样可以当皇帝，以此抬高自身地位。

资料：民间部分行业崇拜的祖师

木匠业祖师——鲁班
竹匠业祖师——泰山
铁匠业祖师——李老君、尉迟恭
制陶业祖师——宁封子
制伞业祖师——鲁班
裁缝业祖师——轩辕氏
蚕丝业祖师——嫘祖
织布业祖师——黄道婆
染坊业祖师——葛洪
酿酒业祖师——杜康
茶叶行祖师——陆羽
豆腐业祖师——乐毅
火腿业祖师——宗泽
制饼业祖师——汉宣帝
理发业祖师——吕洞宾、罗祖
造纸业祖师——蔡伦
制笔业祖师——蒙恬
评话业祖师——柳敬亭
中医业祖师——华佗、扁鹊
中药行祖师——孙思邈、李时珍
梨园业祖师——唐明皇
占卜业祖师——鬼谷子

星相业祖师——柳庄

风水业祖师——刘伯温

修脚业祖师——志公

乞丐业祖师——范丹、朱元璋

（笔者整理）

与民族祖先的一致公认、家族祖先的各自确认不同，由于行业祖先逐渐向行业保护神的角色转变，他的确立受到功业认可和地域差异的影响，常常会有一业多神和多业一神的情况。“如厨业供奉的神灵有汉宣帝、灶君、易牙、詹王、彭祖、雷祖大帝、关公、诸葛亮、梅翁、叉晋老祖等。”再如，“关公就是二十几个行业的保护神：描金业、皮箱业、皮革业、烟业、香烛业、绸缎业、成衣业、厨业、盐业、豆腐业、屠宰业、肉铺业、糕点业、干果业、理发业、银钱业、典当业、教育业、命相家、军人、武师等”[①]。

中国人的祭祖传统源远流长，对祖先的崇拜极为虔诚，远在其他鬼神崇拜和宗教信仰之上。不管对哪种宗教、哪路神灵，中国人都有信的，也有不信的，即使信也难得有几人谈得上虔诚。但几乎所有中国人都虔诚地崇拜祖先，从而在崇拜文化上形成了鲜明的“重鬼（祖先）轻神”的中国特色。

三、鬼的居处

古人心目中的鬼魂除了不附于肉体、奔行迅捷、行踪诡秘以外，与人的差别并不是很大，他们也要吃、穿、用，也有固定的居所。

人们认为坟墓就是鬼的居所，鬼魂会在那里守着自己的尸骸。《独异志》引《敦煌实录》说，有一个叫王樊的人死了，盗墓贼掘开他的墓，看见王樊的鬼魂与一群鬼在掷骰子赌钱，王樊还请盗墓贼一起喝酒。

三魂说形成后，认为有一魂留在坟墓守尸，所以生者上坟扫墓，死者才能感受得到。也有的传说认为，鬼并不住在墓中，也不守着尸骸，但仍

---

① 侯杰，范丽珠. 世俗与神圣. 天津：天津人民出版社，2001：160-162.

然关心自己尸身与墓室的状况。

到了汉代，出现了阴间也有官府管辖鬼魂的说法，而鬼魂的天下总管是泰山山神。

我国古人相信天命说，认为人间帝王是受命于天的，所以称为“天子”。泰山是我国东方第一高山，当然是与天沟通的最佳地点，所以历代帝王都要到泰山“封禅”（祭天为“封”，祭地为“禅”），由此抬高了泰山山神的地位，再后来天下鬼魂就被交给他来掌管了。《云笈七签》中说：“泰山君领群神五千九百人，主治生死，百鬼之主帅也。”我国古代其他书籍中也记录有泰山山神管理鬼魂的故事。

道教和佛教兴起后，各自也有关于鬼魂管理机构的说法。

道教说鬼魂的管理机构是丰都鬼城，由丰都大帝掌管。晋代道士葛洪在其所著的《元始上真众仙记》中，有五方鬼帝说：东方鬼帝治桃止山，南方鬼帝治罗浮山，西方鬼帝治嶓冢山，中央鬼帝治抱犊山，北方鬼帝治罗丰山。梁朝道士陶弘景在《真灵业位图中》说，炎帝做了“丰都北阴大帝”，为天下鬼神之宗，设府在罗丰山。后来传说汉代的阴长生、王方平二人，在四川丰都县的平都山得道成仙，因二人的姓合称“阴王”，被讹传为“阴间之王”，所以唐宋以后人们又认为，丰都大帝的治所就是四川的丰都县。至今丰都仍被称为“鬼城”。

佛教设计的鬼魂受治之所是地狱，由十殿阎君掌管。第一殿称“玄冥宫”，是鬼魂的报到处，由秦广王蒋氏掌管；第二殿为“活大地狱”，专收伤人肢体、奸盗杀生者鬼魂，由楚江王历氏掌管；第三殿为“黑绳大地狱”，专审忤逆尊长、教唆兴讼者鬼魂，由宋帝王余氏掌管；第四殿为“合大地狱”，收审抗粮赖租、交易欺诈者鬼魂，由五官王吕氏掌管；第五殿为“叫唤大地狱”，前四殿审过的鬼魂在此上“望乡台”，可以看到家中如何受其犯罪拖累，然后下狱受刑，由阎罗王包氏掌管；第六殿为“大叫唤大地狱”，专惩怨天尤人、对北方便溺者，由卞成王毕氏掌管；第七殿为“热恼大地狱”，惩治取骸合药、离人至戚者鬼魂，由泰山王董氏掌管；第八殿为“大热恼大地狱”，凡不孝不悌、邪恶作伪者鬼魂皆入此狱，由都市王黄氏掌管；第九殿为“阿鼻地狱”，专管大案要案，对杀人放火、被绞刑正法者施以刑罚，由平等王陆氏掌管；第十殿负责终审判决，将鬼魂按善恶程度分别投胎入世，由转轮王薛氏掌管。鬼魂投胎为人前，还要被灌“迷魂汤”，以忘掉前生经历过的事情。因为第五殿阎罗王最为人熟悉，人们往往只提阎王爷，即使提到其他九殿冥王，也统称“十殿阎君”。

后来，民间泰山神传说与道教“鬼城说”、佛教“地狱说”逐渐融混，形成了以佛教“地狱说”为主、各说掺杂的“阴曹地府说”。

有人认为，佛教地狱第七殿的泰山王，就是民间泰山山神的化身，第五殿的阎罗王包氏，就是清官包拯，这算是“民神佛用”；丰都鬼城塑有一尊孟婆神，专管在佛教地狱第十殿中给转世投胎的鬼魂灌迷魂汤的工作，算是“佛神道用”，不过这里把迷魂汤改叫“孟婆汤”了。

《聊斋志异》有个关于“席方平”的故事，讲席方平死去的父亲在阴间受恶鬼欺负，席方平灵魂出窍赴冥府为父申冤，先后向城隍、郡司和冥王告状，但因这些官员都受了恶鬼贿赂，屡告屡败，其受尽酷刑。后来灌口二郎神主持公道，惩治了贪官恶鬼，并给席氏父子加寿放还阳世。故事中的城隍本是民间神，二郎神是道教神，却共同出现在佛教的地狱故事里，这种相互包容、诸说合一的鬼神系统，可以算得上是中国特色了。

中国的民间信仰是以鬼魂崇拜为核心的，这一点尤其体现在祖先崇拜上。但鬼魂毕竟原本是人，即使死而为鬼，能力仍然有限，靠他们还不能对抗自然界的灾害和威胁，所以人们还需要正神的帮助。

第三节 正神信仰

一、正神释义

从“万物有灵”的认识出发，人们又把“灵”分为两类：人的灵为“鬼”，自然界中强于人的灵为“神”。据此看来，神和鬼在本质上没有多大区别，有人认为神“充其量是鬼中之特殊鬼，或曰鬼中之首领罢了”[1]。这样就形成了鬼魂和神祇两大崇拜系统。由于人在自然界面前处于弱势地位，所以人们历来认为神祇比鬼魂更强、更有力。

人们是按照自己的直观表象来塑造神的形象的。“起初是模仿牛、马、熊、虎、各类植物以及自然存在的日、月、山、石等的形体造型。随后又发展为与兽、禽、虫等动物形体结合的人兽同体的神，如人头兽躯、人面鸟尾、人首蛇身等。后来又随着对自然界非人力量依附心理的摆脱，形成神人同形的神祇，这些神祇不仅以人类外形为形体，而且具有人的智慧、道德、意志、性格。此外更拥有超人的智力、威严、手段、法术。”[2]

原始氏族时期人们创造的神多而杂乱，并且是各自独立的，就像各部族的图腾互不隶属一样。国家出现后，神的世界也和人间一样，有了确定的职司和统属关系。这时，凡是被人们普遍认可并有固定职司和封号的神，就是所谓的正神。国家认可的宗教的神也是正神。正神多半法力强大，人们为得其庇佑往往为他们建有庙宇并经常祭祀，其中最重要者的祭祀甚至是以国家的名义定期进行的。

“神”有广义和狭义之分，广义的“神”指所有正神，主要有神、仙、佛三类。正神中狭义的神，主要指自然界中具有超人力量的自然神，如山神、土地、风伯、雨师、太阳神、太岁星等。后来，人们又把与人类社会密切相关的事物设了神来管理，称为人生保护神，如门神、灶君、送子娘娘等，这些神中有些是被人们神格化了的人。仙和佛是道教和佛教中的人经过修炼而成的，我们会在后面的宗教章节中讲到。下面我们来谈民间信仰的正神——自然神和人生保护神。

二、自然神信仰

中国人最看重的自然神是天地之神。

---

① 林礼明. 鬼蜮世界. 厦门：厦门大学出版社，1993：9.

② 马书田. 超凡世界. 北京：中国文史出版社，1990：1.

“天”的本意是地面之上的空间，人类的一切活动和雨雪风霜等自然现象都发生在这个空间里，所以控制天的神也就控制了世间万物和人类的命运，权力最大，地位也最高。《尚书·泰誓》说：“天佑下民，作之君，作之师。”不过，原始社会初期人们只有对日月星辰、风雨雷电等具体天体和气象的崇拜，到原始社会后期才出现诸神综合的天神群体，最后才演变出统管一切的昊天神。

昊天神在殷商时代被称为“天帝”“皇天上帝”，后简称“上帝”，是高居于众神之上的、具有无限权威的最高神。上帝的权威主要表现在两方面：一是掌控日月风雨，这关乎农业的时令和收成，对我们这样的农耕民族至关重要；二是支配社会现象，具有直接派遣人间君主的权力，这关乎统治者的合法性，当然也至关重要。古人相信“天命论”，认为在人类祭天的活动中，天帝会通过巫祝将其意志传达给人们，人们必须按天帝的意志去进行社会活动，否则就要受到惩罚。封建皇帝的诏书起始句“奉天承运”的“奉天”二字，就是奉承天帝意志的意思；商汤伐夏前的誓词开篇说 “有夏多罪，天命殛之”（《尚书·汤誓》），就是宣扬夏桀灭亡是天的意志。

再后来，人们干脆把天崇拜和祖先崇拜结合起来，说人间帝王是天帝的儿子，称为“天子”，是受命于天来统治万民的。历代帝王也乐于对天帝尽孝子的义务，把祭天作为国家最重要的祭祀仪式而代代相沿，先是到泰山去封禅，后来又在北京城修建了天坛，就近祭祀。

地神又称“地祇”，是仅次于天神的神祇。大地生五谷、养万民，是国家赋税的基本来源，是统治的根基。如果地神不佑，民无生计，国不安宁，这当然是不得了的大事情，所以人们在祭天之外还要祭地。

过去人们常常天地并提以示隆重，如供奉“天地君亲师”牌位，结婚称为“拜天地”等，连蒙学读物《千字文》都以“天地玄黄”起始。既然土地关乎农业收成，人们就把土地神和谷神合称为“社稷神”，一并祭祀。

自周以后，社稷祭礼就一直是仅次于祭天的国家祭祀大典，天子诸侯春祭社稷以求丰年，秋祭社稷以谢恩赏，历朝历代相沿成习。直到明清时期的北京宫城都是“左祖右社”的建构，就是左有太庙祭祖，右有社稷坛

（现为中山公园）祭社稷神。

天神地祇以外的自然神就不是那么重要了，一般得不到国家大典级的祭祀待遇，多受到的是民间或地方性的祭拜。

老百姓拜神是从实际需要出发的，靠山拜山神，靠河拜河神，有的也兼拜风伯、雨师、雷公、电母之类，所以各地会有所不同。但龙王和土地公公的神庙比较多，香火也较其他神较为旺盛，这当然是因为中国农民人数太多，处处要种地、处处要求雨的缘故。

自然神信仰体现的主要是人与自然的关系，而人生保护神信仰体现的主要是人与人的关系。随着社会生活的丰富和社会组织的日渐完善，人生保护神在人们信仰中的地位越来越重要了。

三、人生保护神信仰

民间信仰的人生保护神五花八门，各地有所不同，被普遍认可的就有几十位。这些神可以按供奉方式被分为两类：对只能护佑一家一户的小神，在家中贴挂其神像祭拜，如门神、灶君等；对能护佑较多人的大神，在通衢闹市或人群聚居之处建立庙宇供奉，如城隍神、土地神、关圣帝君、送子娘娘、妈祖等。

古人从穴居进化到屋居后，门的防护作用受到了特别的重视。但是，人们认为门还是挡不住行动诡秘的鬼，所以要请镇得住鬼的神来把守门户，于是有了门神。

最早的门神是神荼和郁垒。《山海经》中说：“沧海之中，有度朔之山，上有大桃木，其屈蟠三千里，其枝间东北曰鬼门，万鬼所出入也，上有二神人，一曰神荼，一曰郁垒，主阅领万鬼。恶害之鬼，执以苇索，而以食虎。”这两位神祇是为黄帝把守鬼门的，发现害人的鬼就捆起来喂虎，后来民间就普遍把他们的神像贴在门上防鬼。

传说唐朝有一个叫钟馗的人，应举失败，羞愧自尽，死后成为鬼王，专门捉鬼吃鬼，人们也把他奉为门神。

但流传最广、影响最大的门神，还是唐太宗李世民的两员大将秦琼和尉迟恭。《三教源流搜神大全》里说，李世民打江山时杀人太多，即位后常有恶鬼入梦搅扰，不得安宁。秦琼、尉迟恭请求夜守宫门，恶鬼果然不敢再来。李世民不忍二人夜夜辛劳，命人画二将肖像张挂于宫门之上，也能挡住恶鬼，于是天下仿效，二人被民间奉为门神。

有的地方不止贴一对门神，大门、二门、堂屋门，甚至牛马圈都要贴门神，于是上述三组门神还不够，连出身强盗的孟良、焦赞也做了门神，当然，他们出身卑微，只能去看守牛马圈了。

门神其实就是个打更的，神像贴在门上要经受日晒雨淋，还难得有供品，待遇远比不上登堂入室的灶神灶王爷。

火的使用使人们可以取暖、驱兽，并进入熟食时代，所以人类很早就形成了祭灶拜火神的风俗信仰。灶王爷到底是哪一位说法不一，《淮南子》等古书中有黄帝、炎帝和火神祝融做灶神的多种说法，战国时的庄子把灶神描绘成一位美女，道教认为灶神是昆仑山上的一位老母，许慎在《五经异义》里说灶神姓苏，名吉利；民间还流传说灶神姓张，名单，字子郭，等等。

灶神的画像一般被贴挂在锅灶上方的墙上，被奉为"一家之主"，其职责主要有两项：一是保一家平安，二是察一家善恶。保平安当然是好事，但察善恶就让人不安了。东晋葛洪《抱朴子内篇·微旨》中说："月晦之夜，灶神亦上天白人罪状。大者夺纪，纪者，三百日也；小者夺算，算者，三日也。"就是说，灶王爷平时记录其所在家中的一家人有无过错，然后上天向玉皇大帝打小报告，按过错大小，分别给予减寿三天到三百天的处罚。

对于这位玉皇大帝安在自己家里的坐探，人们是又敬又怕，所以特别在祭品中多加了糖食，据说可以使灶王爷嘴甜，到天上多说好话。

比起只能护佑一家一户的灶王爷，城隍神能保佑的范围就大多了。

古人把无水的护城河称为"隍"，城隍就是城市保护神。与其他神不同的是，城隍不是全国统一的，而是每个城市的城隍都不同，他们大多不是编造出来的，而是确有其人，一般都是生前对该城有过重大贡献、死后被人们尊奉为神的，如北京城隍于谦、南京城隍孙策、上海城隍秦裕伯、杭州都城隍文天祥（杭州是当时南宋的都城，所以称文天祥"都城隍"）。

唐以后，城隍又有了管领亡魂的职责，作为冥神被划入阴司鬼府系统，成为阎王下属的地方官。最重视城隍神的莫过于明太祖朱元璋，他封京师城隍为帝，开封、临濠城隍为王，府城隍为公，县城隍为侯，形成从中央到地方与官府并立的阴阳两套官吏系统。那时官府处斩罪犯的时候，相当于把一个人的户籍由阳间转到阴间管理，所以地方官监斩完犯人之后不能马上回家，因为死人的鬼魂可能还跟着他，所以他要先到城隍庙去烧香，表示跟专管全城鬼魂的城隍办个交接，由城隍爷收去那个鬼魂。县官离开城隍庙后还要再转几个圈，确信鬼魂没有跟在身后才能回家。

死后被奉为神的人很多，但最有名的还是要数关羽。据说南北朝时开始建有关羽庙，但宋以后才兴盛起来，并被历代皇帝大加封号。先是北宋哲宗封关羽为“显烈王”，徽宗封其为“义勇武安王”，元朝文宗加封其为“显灵义勇武安英济王”。此后，小说《三国演义》问世流传，把关羽塑造成忠义勇武的大英雄，使其在民间声望大增，明神宗干脆加封关羽为“三界伏魔大帝、神威远镇天尊关圣帝君”，使其一举成为帝君；清顺治皇帝再加封“忠义神武灵佑仁勇威显护国保民精诚绥靖翊赞宣德关圣大帝”，封号达 26 字之多；清末民初其更被奉为“武圣人”，与“文圣人”孔子比肩并立。

君皇们大封关羽，是要把他树立为忠君的榜样，而下层民众更看重他的义气。江湖帮会结义拜把子，都要在关帝像前焚香祷告，以盟祸福与共、生死同心之誓。关羽在官民两方面都大受推崇，引得佛、道两教都争着奉关羽为神，佛教以其为护法伽蓝，道教编出关羽前身是雷首山老龙的神话。老百姓喜爱关羽，认为他无所不能，对他期望极高，举凡祈福消灾、求财问命、护佑商旅、诛逆惩恶、求子延嗣，莫不求之于关帝庙。关羽影响之大，庙宇之多，在民间信仰的神祇中无出其右。

虽然人们也向关帝庙求子，但送子毕竟只是关羽的兼职，这项工作主要还是由送子娘娘来做。中国人自古重视香火延续，男人娶妻是为了生儿子传宗接代，女人只有生了儿子在夫家才有地位，所以求子之风历代不衰。

送子娘娘的来历不甚清楚，有的说是泰山女神碧霞元君，有的说是经佛祖点化的夜叉女。老百姓虽然不大关心她的来历，但对她是否灵验总是不太放心，所以人们往往还要去求他们更信任的观音菩萨和关圣帝君。

“北有碧霞元君，南有湄屿天妃”，在民间最有名的女神很可能是海神娘娘妈祖。

传说妈祖是生于北宋初年福建莆田湄洲屿的林姓女子，“自始生至弥月，不闻啼声”（《天妃显圣录》），因而名“默”或“默娘”。林默娘水性好且心肠更好，常在湄洲海面救护遇难渔民和商人，28 岁时因救难而死。人们感戴怀念她的善心善行，建立了祠堂来祭祀她，还编出了她成仙的故事，从此开始了对妈祖的崇拜。

由于信妈祖的人越来越多，以至带动了沿海经济的发展，营口、烟台、青岛、连云港等的兴起，据说都是从兴建妈祖庙开始使荒凉的渔村变为繁荣的港口城市的。

从南宋至明清，历朝对妈祖一再褒扬诰封，从妃到天妃、灵妃直至天后、天上圣母，其地位不断提高。明朝郑和七下西洋，每次都要对妈祖顶礼膜拜，修庙立碑，更在所乘舟船中供奉其神像，并著录天后显灵事迹。妈祖在东南沿海直到东南亚一带，尤其是福建、台湾影响极深，延续时间之久、传播范围之广，都是其他民间供奉的神祇所不能比的。

除了上述以外，在民间影响较大的神祇还有福、禄、寿三星，喜神、财神等，其中，拜财神的人还要多些，毕竟有钱花是比较实在的。

第四节　妖仙信仰

一、妖仙观念的形成

前面说到的仙、佛都属于正神，但妖仙却是个例外。妖仙虽然也是“仙”，但它们是非人的生灵（即禽兽草木），甚至是没有生命的东西（如石头）化成的，所以不能被列为正神。

古人认为，神是高于人的，其他生灵是低于人的。人经过修炼得到超能力，成为仙佛，就可以被列为正神，而其他生灵必须先修炼成人，再经修炼，才能成仙。如果它们尚未修成人形，即使得到了超能力也只能成妖成精，而不能成为正神。所以人们把非人的东西修成的仙家叫作“妖仙”，其中害人的叫“妖”，不害人或护佑人的叫“仙”。

显然，“妖不如神”的观念反映的是“兽不如人”的观念，而人们这种认识的形成是有一个过程的。

远古时的人们在同猛兽的对抗中处于劣势，于是产生了“人不如兽”的认识，其把某种动物说成是自己的祖先以至奉为图腾，就是屈服于“兽威”的表现。他们把神也都描绘成人兽同体的形象，如祖先神伏羲和女娲都是人首蛇身，自然神西王母长着虎齿、豹尾等。这时的兽形是具有神力的象征。

随着人类技能的提高和武器、工具的改进，禽兽被人们成批地屠戮或驯化，“兽不如人”的观念逐渐建立起来，神也就脱去了兽形，其标准形象完全人化了。这时，那个虎齿豹尾的西王母也在《汉武帝内传》中被描绘成“视之三十许，修短得中，天姿掩蔼，秀颜绝世”的美妇人了。

有了鬼神观念以后，人们逐渐形成了“三界说”，认为存在着由人组成的阳间世界、由鬼组成的阴间世界，以及由神组成的天界。普通人死后灵魂被称为鬼，去阴间世界做平民百姓，受冥府官吏的管辖，日子不比阳间世界好过，甚至还有所不如；获得超能力的人的灵魂就成了神，他们或者在天界享乐，或者在阴阳两界执掌大权，比人世间不知好过多少倍。

但人们似乎从未关注过其他生物的灵魂去了哪里，也许人们认为它们也有自己的鬼蜮世界，但与人的鬼魂不搭界，所以也就不去管它了。但修炼成仙的非人生灵会对三界构成搅扰和威胁，所以人们才对妖仙给予特别的关注。

民间信仰里本没有通过修炼可以成神成仙的思想。人成为神，要么是死后被封奉的（如关羽、岳飞），要么是吃了仙药直接成仙的（如嫦娥）。道教产生以后，凡人可以经过自己的修炼成神成仙的思想被民间信仰接受了。

这时就产生了一个问题：既然“万物有灵”，人可以修炼成仙，那么，其他生灵可不可以修炼成仙呢？大概那时的人们没有给出否定答案的理由，只能承认：禽兽草木等非人生灵也可以修炼成仙。但为了维护“兽不如人”的观念，又加上了一个限制条件，就是非人生灵必须先修成人形，再修炼法术成仙，比可以直接修炼法术的人多了一道“手续”。

但这样又产生了一个新问题：如果禽兽草木等非人生灵没有按正常过程先修炼成人形，而是走“捷径”，直接修炼法术获得了超能力，是不是可以成仙呢？人们似乎也没有理由否定，于是，为了维护只有人才能直接成神成仙的特权，人们给它们单独设了一个“妖仙”的称号，就是成了“仙”也只能入“另册”，不能被列入正神。

问题就这样解决了，当然也就在神、鬼、人之外，又多出个妖仙群体。

二、主要的妖仙及其故事

从“万物有灵”的思想可以推出“人以外万物皆可成妖”的结论，所以从可能性上讲，妖仙的种类和数量是无限的。但诸多生灵中有机会成为妖仙者毕竟是少数，且人们一般认为，就成为妖仙的可能性来讲，动物比植物大得多，植物又比非生命物体大得多。

非生命物体虽然数量庞大，但好像除了石头外还没有别的什么东西成为妖仙的。有两块得了灵性的石头，在中国乃至世界上都是非常有名的，一块在著名小说《西游记》里化作石猴孙悟空，另一块在另一著名小说《红楼梦》里化作了贾宝玉。

《西游记》第一回说，东胜神洲傲来国有一座花果山，山上有一块仙石，“其石有三丈六尺五寸高，有二丈四尺围圆”，“盖自开辟以来，每受天真地秀，日精月华，感之既久，遂有通灵之意。内育仙胞，一日迸裂，产一石卵，似圆球样大。因见风，化作一个石猴。五官俱备，四肢皆全”。[1]这就是后来大闹天宫、保唐僧西天取经、一路降妖捉怪的孙悟空。

---

① 吴承恩. 西游记. 北京：人民文学出版社，1980：3.

书里书外，人们都“这猴子”“那猴子”地叫着孙悟空，其实都错了。究其根源，孙悟空连血肉之躯的猴子都不是，只是一块石头而已，它通灵化作石猴并不是由于主动地修炼，完全是被动地接受天真地秀、日精月华的结果，实属偶然之偶然。当然了，这块石头毕竟只是化作了猴形而不是人形，所以不论从哪个角度来说，称孙悟空为妖猴，那个“妖”字都是不错的。

《红楼梦》里那块石头的来头更大，竟然是神仙女娲为补天而炼成的三万六千五百零一块石头之一，尺寸也比花果山那块大得多，“高十二丈，见方二十四丈”。这块石头能通灵不是偶然的，而是经女娲娘娘亲手锻炼的，书中说：“自经锻炼之后，灵性已通，自去自来，可大可小。”[①]这块石头因无才补天，自怨自艾，后来被茫茫大士和渺渺真人携入红尘，化作贾宝玉，于是才有了大观园里那种种故事。

不过要从石头化身推定贾宝玉是妖仙，恐怕人们很难接受。一来，这块石头是按部就班地先化作人形的，而且并未练成仙家法术，不同于孙悟空是以猴身直接获得神通的；二来，贾宝玉是出了名的儿女情长，比所有人都更有人情味，他要不是人岂不是就没有人了？

石头成精的固然少，草木成精的也不多，但草木毕竟是有生命的，比石头修成妖精的还是要多一些。

《西游记》第六十四回中讲到，唐僧在荆棘岭上木仙庵里遇到一群树精，被孙悟空指破后，猪八戒“一顿钉钯，三五长嘴，连拱带筑，把两颗腊梅、丹桂、老杏、枫杨俱挥倒在地，果然那根下俱鲜血淋漓”[②]。

《红楼梦》里说，灵河岸上三生石畔有一棵“绛珠仙草”，“后来既受天地精华，复得甘露滋养，遂脱了草木之胎，幻化人形，仅仅修成女体”[③]，这就是后来的林黛玉。当然，林黛玉也是人，而不是妖仙，道理与贾宝玉相同。

草木成精的不但不多，而且即使成了精大多也不为大害，像《西游记》里的几个树精，不过是与唐僧谈论诗文，顶多也就是要与唐僧结成夫妻。

---

① 曹雪芹. 红楼梦. 北京：人民文学出版社，1964：2.

② 吴承恩. 西游记. 北京：人民文学出版社，1980：827.

③ 曹雪芹. 红楼梦. 北京：人民文学出版社，1964：5.

动物成为妖仙的是最多的，而且往往为害甚烈，特别是猛兽。我们在《西游记》里可以看到诸多猛兽化作妖精的故事。

不过民间百姓口耳相传的妖仙里却少有猛兽，大多是让人感到行踪诡秘的动物，如狐狸、黄鼠狼和蛇。

狐狸和黄鼠狼被人们并称为“胡黄二仙”，都以狡猾诡秘出名，在民间的影响远在其他妖仙之上。但不论就名气还是流传的诡异故事的数量来讲，“黄大仙”都是比不上“胡大仙”的。

著名的鬼狐故事集《聊斋志异》收集的大量狐仙故事，就都是直接来源于民间的。其中有一篇 “捉狐”的故事，讲一个人已经用带子系住了狐狸的腰，但狐狸“忽缩其腹细如管，几脱去”，“急力缚之，则又鼓其腹粗于碗，坚不可下！力稍懈，又缩之”。就在此人一回头间，“则带在手如环然，物已渺矣”，竟不知狐狸是怎么脱身逃走的。人们很愿意相信这种狡猾机灵的动物可以修炼成更神奇的法术。

在另一篇“狐嫁女”的故事里，一个人亲眼见到了狐狸结婚的情景，参加婚礼的狐狸都呈人形，衣饰与人无异，酒宴上使用的酒具金爵极为珍贵，这个人还私藏了一只。若干年后这个人做了官，一次到某大户人家赴宴，见所用酒具与当年狐狸婚宴上的相同，向主人问起，主人说，自己有家传的一套金爵八只，不知怎么丢了一只，“疑家人所窃取，而十年尘封如故，殊不可解”。原来狐狸有千里之外取人财物的法术。

在“胡四姐”的故事里，狐仙胡四姐不但会画符为人免灾，后来还炼成金丹名列仙籍。

故事里的狐仙大多都化身为美女，迷惑男子甚至夺其性命，所以人们就把以容貌诱惑男子的女人叫作“狐狸精”，这也表明了民间妖仙信仰影响的强大。

中国人对蛇的崇拜源自远古，伏羲、女娲都是蛇身，华夏族的图腾——龙也是蛇身。可能是因为体形像龙的关系，人们想象蛇的法力比狐狸要大。

《穷神秘苑》里说，益州邛都县有个老太太，养了一条头上长角的蛇。一次，这条蛇把县官的马吃了，县官捉不到蛇就杀了老太太。蛇为给老太太报仇，施展法力使县城陷落为湖泊，全城人都变成了鱼。像这样祸福一方显然是狐狸做不到的，而滥施法力殃及无辜也确实是妖仙的作为。

蛇仙故事里最有名的当属白娘子白素贞了。

《警世通言》里“白娘子永镇雷峰塔”故事中的白娘子，因盗人财物连累许宣先后两次被发配做苦工，被识破本相后，竟以全城百姓性命相要挟，逼许宣与自己维持夫妻关系，后来还是许宣与高僧法海里应外合擒住了白蛇，将其镇压在雷峰塔下。故事里的蛇精虽未害人，却未脱妖仙本性。

后人把这个故事改写成剧本《白蛇传》，改许宣为许仙，增加了白娘子开药店济世救人、昆仑山盗仙草救许仙性命等情节，许仙虽知白娘子是蛇精，但双方仍是恩深爱重。而法海则成了无事生非、令人讨厌的恶僧，非要拆散这对恩爱夫妻，惹得白娘子大战法海，水漫金山。后来法海用计取胜，把白娘子镇压在雷峰塔下。若干年后，白娘子的结拜姐妹青蛇炼成法术，救出白娘子，战败的法海躲到螃蟹肚脐眼里，再也出不来了。剧本里的白娘子乐善好施，勇于争取自己的幸福，和许仙的爱情真挚感人，是妖仙形象里最美好的一个。

此外，有些民间信奉的偶像已经神妖难分了，比如牛王神、马王神、蚕神、蛙神等，它们的形象有的已经基本人形化了，有的还保留着较多的动物特征，也有的各地塑造的神像大不相同。总体来看，它们应该被列入妖仙，但老百姓还是尊称它们为“神”，这也许和称狐狸、黄鼠狼为“仙”一样，是心怀敬畏的缘故，何况还寄希望于它们可以给人们某种保护呢！

第五节　民间信仰的特点

一、多元调和性

中国的民间信仰在形成过程中，吸收了不同地域、不同部族的神灵鬼魅，并且它们还能够和谐安宁地共处，甚至融为一体，龙的形成就是一个典型的例证。

这一特点在宗教产生以后依然保留着，如佛教和道教，基本能和睦共处，从来没发生过如西方十字军东征那样的宗教战争。

这是中国传统文化融合型特点在信仰领域的表现。

二、务实随意性

农耕民族是务实的，他们的信仰也是务实的。种地的人拜土地神和龙王，祈求风调雨顺；出海的人拜海神娘娘妈祖，期盼一帆风顺；拜送子娘娘是为了子孙兴旺；拜财神爷是为了财源茂盛。与己无干的神人们是不拜的，所以西北内陆的人们不拜海神，平原地区的人们也不拜山神。

如果需要，人们也可以随意造神，像“白毛女”故事中的喜儿被奉为“白毛仙姑”、《红楼梦》里的晴雯死后成为花神，皆属此类。

生前为民众做了好事或为人敬仰的人死后也可能被民间认可为神，像修建都江堰的李冰父子、抗金英雄岳飞、忠义无双的关羽，都被人们立庙供奉，就属此类。

这是中国传统文化农耕型特点在信仰领域的表现。

三、世俗从属性

从周公“制礼作乐”到儒家的“尊王攘夷”，人君的权力越来越重，神灵的威势越来越轻，特别是汉武帝时儒学独尊地位的确定，使鬼神在皇权面前相形见绌，即使在佛教传入、道教产生以后，虽说三教并立，但儒学第一的地位从来不曾动摇。

如同现世利益比来世利益更受重视一样，在中国，大多数时候神权对皇权处于从属地位。当菩萨“观世音”和皇帝“李世民”的名字发生冲撞时，菩萨只好避皇帝的名讳，去掉“世”字，改称“观音”。

这是中国传统文化人伦型特点在信仰领域的表现。

本讲小结

我国的民间信仰是多元性的，华夏族在形成的过程中融合了各部族的信仰，形成了包括鬼魂、正神和妖仙在内的庞大神灵系统。中国人对祖先的信仰最为虔诚，从古至今不断其香火；而对其他鬼神采取的是实用主义的态度，有用就拜，没用就不拜，并不虔诚。

从民间传说中神话成分的减少和史实成分的增加、从传说主角由人兽同体的神到有一定神力的人的转变，我们可以看到，人们的目光逐渐从天上转回人间，思想观念也在从神学向哲学演化。这是生产力发展的结果，是人们对世界的认识更加清晰的表现，这标志着我国古代思想文化正走向成熟。

“君权神授”的观念使君主神化了，也使神灵人化了。周朝在建立后，把尊天命和重人德结合起来，并通过制定礼乐制度，把作为统治者的“百姓”和作为被统治者的“庶民”截然分开，严格规定了维护天子权威的统治阶级内部的等级秩序。这时，除了宗族祭祀以外，人们同上天之间只是通过天子保持着间接的联系，而天子驾驭万民却是直接的。从此，神权在中国社会退居次位，再也没能超过政权的势力。也正因如此，此后几千年的中国没有成为宗教社会，而是为世俗思想的统治留出了位置。

第二讲　儒　　学

第一节 诸子百家学说

一、学术大繁荣的时代背景

春秋战国时期，我国出现了学术思想大繁荣的局面，梁启超在《论中国学术思想变迁之大势》中描述说："孔北老南，对垒互峙，九流十家，继轫并作。如春雷一声，万绕齐茁于广野；如火山乍裂，热石竞飞于天外。壮哉壮哉！非特我中华学界之大观，亦世界学史之伟迹也。"这样壮观场面的出现，是有其特定的历史条件的。

文以载史，史从文求。先秦三朝，夏无文字出土，商有甲骨文面世，周则文典大盛。

殷墟甲骨文所记载的内容涉及商代社会生活的诸多方面，大部分是殷商王室占卜的记录和少数记事刻辞。

周初建立的礼乐制度把贵族统治阶级分为四等：天子、诸侯、卿大夫和士。天子是天下共主，分封王室宗亲和部分有功之臣建立诸侯国，掌控着制定礼乐和决定征伐的大权。诸侯国君各守疆土，自行治理，服从天子国并承担纳贡的义务。卿大夫辅佐国君治理国家，士在各自国家中担任或文或武的职务。这样的局面一直维持到西周末年。

随着生产力的发展，封建的地主制经济开始取代落后的领主制经济，旧制度、旧观念受到猛烈冲击，社会各阶层都受到极大震动而出现了新的分化组合。

西周灭亡后，东周王室日渐衰微，天子已经无力控制诸侯，诸侯国则开始了互相兼并的战争。春秋时代 300 年间，"弑君三十六，亡国五十二，诸侯奔走不得保其社稷者不可胜数"（《史记·太史公自序》）。这就使许多原来依附于王公贵族、诸侯大夫从事文化事业的"士"，以及藏于深宫的文化典籍流向民间，礼乐制度及"学在官府"的局面日渐难以为继。

在若干弱小国家被强国、大国灭掉后，先后有五个最强的大国威迫其他诸侯国承认自己的霸主地位，史称“春秋五霸”。称霸的诸侯国“挟天子以令诸侯”，自行礼乐征伐大权，借机消灭异己，扩张版图。在这种“礼崩乐坏”的乱世中，弱小国家要谋求生存，强大国家要扩张版图，各国都把提高整体实力放在头等重要的地位。为此，它们纷纷张榜招贤，广揽人才，寻求富国强兵之术。

社会的需要就是最好的学校。正是在这样的历史条件下，“私学”兴起，代表社会各阶级、各阶层利益的思想家，纷纷投入治国经邦的实践和研究中去，他们或著书立说，或游说列国，众多学术流派先后产生，他们在天道观、认识论、名实关系、社会伦理、礼法制度以及各种政治主张等问题上展开争论，极大地推动了当时文化、学术的发展和社会的进步，史称“百家争鸣”。

“百家”不是实指，只是很多的意思。西汉司马谈（《史记》作者司马迁的父亲）在《论六家之要指》中，把先秦学术流派分为六家，东汉班固在《汉书·艺文志》中则将其分为十家，其中儒、道、墨、法、名、阴阳六家，与司马谈所分六家相同，另列有农、小说、纵横、杂四家。

二、儒家学说

儒家学说是春秋末期孔子所创的，其学说以“仁”为核心、以“礼”为伦理规范、以“中庸”为思想方法。

“仁”是做人的道理、处理人际关系的准则和治国的方法。

“仁”首先是“爱人”（《论语·颜渊》），即人们应该彼此关心友爱，不要仇恨和敌对，应该培养自己的仁爱之心，所谓“仁者人也”（《礼记·中庸》）。要做到爱人就要推己及人，所谓“己欲立而立人，己欲达而达人”（《论语·雍也》），“己所不欲，勿施于人”（《论语·颜渊》），自己希望得到的也给予别人，自己不喜欢的不要强加于人。

但是，人与人之间有尊卑长幼等身份地位的差别，所以爱的内容也必须是有等次差别的。统治者宽厚待民并施以恩惠，去苛政而行德政，就是本着“仁”的精神治国了。所以，“仁”首先是个人的道德修养，然后是处理人际关系的准则，最后是治国经邦之道。

儒学经典《大学》里把这一思想概括为“修身、齐家、治国、平天下”。个人道德修养的最高目标是成为圣人，治国平天下的理想境界是达到以德服人的王道，这叫作“内圣外王”。

“礼”是指道德规范和政治制度，是实现“仁”的工具。仁爱思想作为一种观念，要通过“礼”的形式表现出来；而礼的制定，要以上下、长幼、男女的尊卑关系为依据。爱父母叫作“孝”，爱兄长叫作“悌”，爱君主叫作“忠”。爱是“仁”，用与身份地位相当的不同方式表达爱就是“礼”。为了不使“礼”的表达混乱，就要“正名”，以便按名分施行“礼”，所谓“名不正则言不顺，言不顺则事不成，事不成则礼乐不兴，礼乐不兴则刑罚不中，刑罚不中则民无所措手足”（《论语·子路》）。

孔子理想的“礼”是周公制定的礼乐制度，要把它恢复起来，就要克制乱礼的欲求，所以他说“克己复礼为仁”（《论语·颜渊》）。“仁”是自律，“礼”是他律。如果人人都能做到“非礼勿视，非礼勿听，非礼勿言，非礼勿动”，则“天下归仁焉”（《论语·颜渊》）。

“中庸”是一种思想方法，有中正、中和、不偏不倚，以及平常、常道的意思，主张做事不走极端，不能过，也不能不及，即所谓“过犹不及”。这种思想方法也是为实现“仁”服务的。“中庸之为德也，其至矣乎”（《论语·雍也》）是说言行恰当得中，就达到了最高的道德标准。“中”的准则是“礼”，实际“中庸”就是“中礼”。《孔子家语·论礼》第二十七载孔子的话说：“敬而不中礼，谓之野；恭而不中礼，谓之给；勇而不中礼，谓之逆……礼乎，夫礼所以制中也。”事事中礼，自然就符合中庸了。

孔子去世后，儒学分为八派，出了许多著名学者，其中孟轲和荀况尤为突出。

孟子主张“性善说”，认为人性生来就是善的，并指出恻隐之心、羞恶之心、辞让之心、是非之心是与生俱来的，是仁、义、礼、智四种美德的萌芽，他称之为“四端”。他把孔子的仁学发展为仁政学说，认为君主应该行爱民之政，不强征暴敛，少用严刑峻法，使民有恒产。“得天下有道：得其民，斯得天下矣；得其民有道：得其心，斯得民矣；得其心有道：

所欲与之聚之，所恶勿施，尔也。”（《孟子·离娄上》）就是说，顺民意者得民心，得民心者得天下。他还提出“民为贵，社稷次之，君为轻”的观点，把儒家的民本思想发展到一个新的高度。

荀子主张“性恶说”，认为“目好色，耳好声”（《荀子·性恶》）源于人的生理需求的“天情”，任其发展就会造成物欲横流，泯灭仁义廉耻。要使人性由恶转善，就要“化性而起伪”（《荀子·性恶》），要变化先天的本性，兴起后天的人为，进行后天的礼义道德教育。荀子吸收法家思想，主张礼法并用。他还提出了“天人相分”的思想，认为人在天面前不是完全被动的，“天行有常，不为尧存，不为桀亡。应之以治则吉，应之以乱则凶”。人们可以“制天命而用之”（《荀子·天论》），就是可以利用自然规律，这种对自然规律的认识，达到了那个时代的最高水平。

三、道家学说

道家学说是由春秋末期老子所创的，其以“道”为根本范畴，推导出崇尚阴柔、无为不争的处世原则，以及“绝仁去智”的社会历史观。其学说中丰富的辩证法思想，是留给后人的一笔宝贵财富。

老子认为，“道”是虚无的存在，从中生出混沌一体的“有”，再从“有”中生出万物。老子表述为：“天下万物生于有，有生于无。”说“道”是虚无的，是因为它“视之不见，名曰夷；听之不闻，名曰希；搏之不得，名曰微”（《老子·十四章》）。“夷”是无象，“希”是无声，“微”是无形。无象、无声、无形，不可感知，当然就是“虚无”了。然而，“无形而有形生焉，无声而五音鸣焉，无味而五味形焉，无色而五色成焉。是故有生于无，实出于无”（《淮南子·原道训》）。一切的“有”都是从“无”中所生，所以“道”是客观存在的。

“道”不但是“有”和万物生成的根本，而且为天地万物和人类社会提供遵循的法则。“人法地，地法天，天法道”（《老子·二十五章》），这里的“法”就是效法的准则；人、地、天实际上都是以“道”为法则的，那么，“道”的法则是什么呢？“道法自然”（《老子·二十五章》），

"道"的法则就是顺应自然，自然而然。

从"道"中得出的"自然而然"的法则，是通行天下的，个人处世、君主治国概莫能外。世间的搅扰祸乱都起于纷争，而纷争又源于人的贪欲，所以只要任其自然地做到"见素抱朴，少私寡欲"（《老子·十九章》），遇事能够退避谦让，不与人争，就符合"道"了。国家的治理也一样，"道常无为而无不为。侯王若能守之，万物将自化"（《老子·三十七章》）。就是说，"道"并不强制干预任何事物的发展过程，放任事物在自然状态中兴衰枯荣，这是"无为"；越不受干预，事物的发展就越符合无所不在的"道"，当兴则兴，并无阻碍，这又是"无不为"。如果统治者也能守定不强力干预的原则，反而有利于化解纷扰，也就会自然而然地出现祥和安定的社会局面。

按照"道"的自然法则，原始质朴的生活是最好的。但是，物质财富的增长使人贪欲增长，知识的增长使人为名利而起纷争，"道"的法则被抛弃了，世道也就乱了。"大道废，有仁义；智慧出，有大伪；六亲不和，有孝慈；国家昏乱，有忠臣。"（《老子·十八章》）如果伦理观念不乱，何须提倡"智慧""仁义"？如果家国不乱，何须称颂"孝慈""忠臣"？"失道而后德，失德而后仁，失仁而后义，失义而后礼。"（《老子·三十八章》）可见，"德""仁""义""礼"这些概念，离"道"越来越远了，到了不得不提倡"仁义"的时候，这个世界已经乱了套了。所以，"绝圣弃智，民利百倍；绝仁弃义，民复孝慈；绝巧弃利，盗贼无有"（《老子·十九章》）。越是不提倡圣智、仁义、巧利，民风越是淳朴，反而可以归于大道，这就是无为而治。

道家思想中充满着哲学的睿智，其"将欲歙之，必固张之；将欲弱之，必固强之；将欲废之，必固举之；将欲夺之，必固与之"（《老子·三十六章》）、"祸兮福之所倚，福兮祸之所伏"（《老子·五十八章》）的相辅相成思想；"反者道之动"（《老子·四十章》）、"大音希声，大象无形"（《老子·四十一章》）、"大直若屈，大巧若拙，大辩若讷"（《老子·四十五章》）的物极必反思想；"夫唯不争，故天下莫能与之争"（《老子·三十二章》）、"柔弱胜刚强"（《老子·三十六章》）的逆向思维，都给后人以深刻的启迪。

战国时期的庄周继承了老子的学说，提出许多独创性的观点，但也不免失之于极端。

道家超功利的自然观与深邃的哲学思辨，恰好可以补救注重人伦功业的儒学思想体系之不足。后世儒家学者不断从道家学说中吸取营养，儒道互补成为我国思想界的常态。

四、墨家学说

墨家学说是春秋战国时期的墨翟所创的，以“兼爱”为理论核心，衍生出“非攻”“节用”“尚贤”“尚同”“非命”等主张。关注社会问题和人民疾苦是其特色。

“兼爱”就是不分人我地彼此相爱，目的是为了解决天灾人祸带来的民众疾苦。墨家认为，人民的忧患主要有三种：“饥者不得食，寒者不得衣，劳者不得息。”（《墨子·非乐》）造成“三患”的主要原因是统治者的横征暴敛、搜刮无度，以及诸侯间连年不断的兼并战争。实行“兼相爱、交相利”就可以从根本上解决问题。如果“视人之国，若视其国；视人之家，若视其家；视人之身，若视其身”（《墨子·兼爱中》），如果人们都把别国、别家和别人，当成本国、自家和自身来看待爱护，自然就不会相互施暴，于是三患不生，万民衣食丰足，天下也就太平了。

“兼爱”与儒家的“仁爱”不同，“仁爱”是讲等级差别的，身份地位的不平等决定了给予对方的爱也是不对等的，卑贱者给予多、得到少，高贵者给予少、得到多。而“兼爱”是在平等前提下的互爱，“有力者疾以助人，有财者勉以分人，有道者劝以教人”（《墨子·尚贤下》），不以富厌贫，不以智欺愚。

要做到“兼爱”就要“非攻”，就是反对战争。“兼爱”讲相互爱助，而战争是相互残杀，与“兼爱”思想完全背离，所以要反对。战争导致荒废农耕，消耗财物，劳役人畜，“则百姓饥寒冻馁而死者，不可胜数”（《墨子·非攻》）。进行战争要兴师动众，再加上旷日持久，死伤将士；即使战胜，“计其所得，反不如所丧者之多”（《墨子·非攻》）。但“非攻”不是反对一切战争，只是反对攻伐无罪之国，而禹征有苗、汤伐桀、武王伐纣，都叫“诛”而不叫“攻”。“诛”是顺天应人的，不在被反对之列。

从不分贵贱贫富的“兼爱”思想出发，自然会得出治国应以贤能为用人标准的“尚贤”结论。宗法制的世卿世禄制用人不问贤愚，“其所富，其所贵，皆王公大人骨肉之亲”（《墨子·尚贤》），“不能治百人者”，却“使处乎千人之官”，难免“失措其国家，倾覆其社稷”（《墨子·尚贤》）。所以，举贤应不分门第出身，“虽在农与工肆之人，有能则举之，高予之爵，重予之禄，任之以事，断予之令”（《墨子·尚贤》）。贤能尽展其才，自然政治清明，所以“夫尚贤者，政之本也”（《墨子·尚贤》）。

但是，要想社会长治久安，只靠“尚贤”是不够的，还要统一人们的思想、意志和行为，这就是“尚同”。如果人人“人是其义，以非人之义”（《墨子·尚同》），就会思想混乱，进而社会混乱。怎样做才是“尚同”呢？就是在以贤才治国的基础上，百姓“闻善而不善，皆以告其上。上之所是，必皆是之；所非，必皆非之”，“天下之百姓，皆上同于天子”，而“天子又总天下之义，以尚同于天”（《墨子·尚同》）。就是百姓以长官的意志为是非标准，全国又以天子的意志为是非标准。

墨家学说当时与儒学并称“显学”，影响极大，但在秦汉以后却后继无人，成为绝响。大概是他们与近代“民主”“平等”“博爱”等接近的观点主张太过超前，与当时的国情相去甚远，所以曲高和寡，不能见容于当世所致。

五、法家学说

法家起源于春秋时的管仲、子产，发展于战国时的李悝、商鞅、慎到和申不害等人，韩非是集大成者。法家学说以“法”“术”“势”的概念为核心思想。

商鞅重“法”。他认为，“法令者，民之命也，为治之本也”（《商君书·定分》）。他还认为，“仁义不足以治天下”，圣明的君主应该“不贵义而贵法，法必明，令必行”（《商君书·画策》）。打破儒家“刑不上大夫，礼不下庶人”的等级原则，实行法律面前人人平等，“刑无等级。自卿相、将军以至于大夫、庶人……有功于前，有败于后，不为损刑。有善于前，有过于后，不为亏法”（《商君书·赏刑》）。不论身份地位，都不能因为以前立过功、做过好事，犯罪时就枉法减刑。

申不害重“术”，就是君主驾驭群臣的权术。“术者，因任而授官，循名而责实，操生杀之柄，课群臣之能者也。此人主所执也。”（《韩非子·定法》）术是君主专用的，其作用在于辨别臣子的忠奸，考核其能力，衡量其功过，以加强法制和君主专制。

慎到重“势”，就是权势。他认为，“贤不足以服不肖，而势位足以屈贤”（《慎子·威德》）。只靠贤能不能让无能之辈服从，因为贤者没有权势；但无能之辈掌了大权，却可以使贤能的人不得不屈服，可见权势的重要性。加强君权，使君主拥有足够强大的“势”，才能治理好天下。

韩非比较了法、术、势三派的得失，认为商鞅变法成效明显却半途而废，是因为“无术以知奸”；申不害执政有术而十七年未能助君主称霸，是因为法令不统一；慎到理国有治有乱，就因为有势无术。所以他主张法、术、势结合使用。他认为，“法”的内容分为赏、罚两方面，“赏存乎慎法，而罚加乎奸令者也”（《韩非子·定法》）；“刑过不避大夫，赏善不遗匹夫”（《韩非子·有度》），不论等级，赏罚依法而行。有法还要有术，“术者，藏之于胸中，以偶众端而潜御群臣者也。故法莫如显，而术不欲见”（《韩非子·难三》），以术驾驭群臣，可以辨知忠奸，不受蒙蔽。“势”是实行法和术的基础，“势者，胜众之资也”（《韩非子·八经》），君主无权势，法不能行，术不能用，所以君主要“不养恩爱之心，而增威严之势”（《韩非子·六反》）。法、术、势三者“不可一无，皆帝王之具也”（《韩非子·定法》）。

法家学说也是战国时的“显学”，多国因变法而强，其也是秦王朝统治天下的政治理论。儒学取得独尊地位后，历代统治者多撷取法家思想，引法入儒，儒法并用，或“阳儒阴法”，使法家思想在后世一直有所保存和应用。

六、其他学术派别的思想

班固在《汉书·艺文志》中归纳的先秦学术流派十家中，除上述儒、道、墨、法影响较大的四家外，还有阴阳、名、纵横、农、杂、小说六家。

阴阳家的代表人物是邹衍，他们以阴阳五行说来解释和推演朝代更替，认为每一朝代都受五行中某一行的支配，每一朝都按五行相胜的关系替代前朝并被后朝所替代，周而复始。例如，周取代商是“火德”克“金德”，而周将被代表“水德”的王朝取代。这是一种历史循环论。

名家的主要代表是公孙龙和惠施，他们专门研究“名”与“实”的关系，就是事物是否名副其实的问题。他们提出的“白马非马”“白坚石”等著名辩题，对逻辑学的发展有重大贡献。

纵横家的代表人物是苏秦和张仪，研究的是国家间的政治外交战略与谋略，他们围绕秦国与六国关系提出的“合纵”“连横”主张，对战国时期的政治格局发生过重大影响。

农家的主要代表是许行，他们主张重视农业、鼓励耕桑、兴修水利、改进生产技术、提高粮食产量，以使百姓衣食丰足。他们的许多观点符合社会需要，为后世统治者所采用。

杂家的代表人物是吕不韦，他们试图“兼儒、墨，合名、法”（《汉书·艺文志》），取百家学说之长而融为一体，并按这一设想编撰了以儒家学说为主干，以道家理论为基础，以名、法、墨、农、兵、阴阳家思想学说为素材的著作《吕氏春秋》。

小说家被史学家班固评价为：“街谈巷语，道听涂（途）说者之所造也……如或一言可采，此亦刍荛狂夫之议也。”（《汉书·艺文志》）颜师古注：“稗官，小官。如淳曰：‘细米为稗，街谈巷说，其细碎之言也。王者欲知闾巷风俗，故立稗官使称说之。’”。此处略去不谈。

以上六家中，农家、名家和纵横家的思想从不同方面于世有益，而阴阳家的“五德终始说”不符合科学与史实，杂家的思想没能自成体系，小说家没有多大实际意义。

在上述十家之外，我们不能不特别提到兵家。兵家专门研究战争规律和作战取胜的谋略，代表人物有孙武、吴起、孙膑、司马穰苴等名将，其皆有兵书传世。孙武所著《孙子兵法》一书，以其深邃的哲思和精妙的谋略为后世立法，孙武也被后人奉为“兵圣”。当今，《孙子兵法》的内容在海外广泛流传，其谋略思想被广泛应用于战争以外的众多领域，受到世界人民的喜爱和推崇，是我国学术思想和谋略文化中的瑰宝。

百家争鸣的现象，出现在春秋战国这样的乱世时期，是各诸侯国兼并争霸所需的历史条件的产物。随着秦王朝的建立，国家由分裂归为统一，其也必然要求思想上的统一。百家争鸣时代终结、儒家学说走向独尊，就顺应了这一历史要求。

那么，百家之中为什么是儒学取得了独尊地位呢？

第二节 儒学的独尊与传承

一、儒学的独尊

百家学说是为诸侯富国强兵而兴的，从几百年兼并战争的结果来看，采用法家主张的秦国成功了。秦孝公任用商鞅变法，秦王嬴政（即秦始皇）采用韩非的主张，都取得了显著成效，使秦国迅速强大起来，这为最后统一六国奠定了坚实的基础。

秦王朝建立后，以郡县制取代了分封制。为保证皇帝的高度集权专制，秦王朝制定了极其严苛残酷的刑罚，“秦始皇、秦二世尤重韩非学说，商鞅加韩非，秦政治残暴到无以复加的程度”[①]。比如，秦制规定，有人犯罪而邻居不告发，则十家同罪连坐。

严刑酷法之下，再加上大兴土木耗尽民力，百姓求生无路，被迫铤而走险。先是陈胜、吴广揭竿而起，天下纷纷响应，结果在农民大起义的冲

① 范文澜.中国通史（二）.北京：人民出版社，1978：18

击下，秦王朝只存在了短短的十五年就灭亡了。

秦朝因苛法短命而亡，这给后来的统治者以深刻的教训。

率军进入咸阳的刘邦，用三条简明的法令“杀人者死，伤人及盗抵罪”（《史记·高祖本纪》）取代了秦朝繁复严酷的刑罚，得到关中百姓的热烈拥护。汉朝建立后，实行以“约法三章”为基础的比较宽松的法律，同时轻徭薄赋，不搞大的土木工程，采用的是道家“无为而治”的治国理论，出现了为后人称道的太平盛世“文景之治”，但也产生了诸侯王叛乱的问题。

到汉武帝继位时，汉朝粮钱丰足，国力已经极为强盛。有了雄厚的物质基础，拥有雄才大略的汉武帝决心有所作为，当然就不能再用寡欲无为的道家学说了。汉武帝认为，秦朝以法家主张治国失之于太刚，结果激起民变而丢了江山；汉初以道家思想治国失之于太柔，致使诸侯国坐大叛乱。所以，他需要一种刚柔兼济的治国理论，以求巩固汉朝统治并干出一番事业。于是，汉武帝在采用策问（考试）选拔人才时，凡是讲道家、法家主张的一概不取，而儒生董仲舒、公孙弘等却得到了重用。

董仲舒抓住机会，在公元前140年向汉武帝进言：“《春秋》大一统者，天地之常经，古今之通谊也。今师异道，人异论，百家殊方，指意不同；是以上亡以持一统，法制数变，下不知所守。臣愚以为诸不在六艺之科、孔子之术者，皆绝其道，勿使并进。邪辟之说灭息，然后统纪可一而法度可明，民知所从矣。”（《资治通鉴》卷十七《汉纪》）这段话的意思是说，思想统一是千古不变的治国方略，但现在传授、信奉什么学说的都有，法制不能一贯，百姓无所遵从，君主无法统治，这不利于国家稳定。所以建议，除了儒学以外，其他学说一概禁绝。没有了异端邪说，法令就可以统一，百姓就知道遵纪守法了。汉武帝采纳了这一建议，明令罢黜百家，做官非儒生不取。

汉武帝“罢黜百家，独尊儒术”的政策，使儒家学说一跃成为统治阶级的思想。这样，儒学就从百家之说中脱颖而出，取得了独尊地位。

秦始皇废分封、立郡县，在疆域和制度上统一了中国；汉武帝确立儒家学说的正统地位，在思想上统一了中国。后来，人们常常将“秦皇汉武”并称，就是因为由此形成的“大一统”观念，其作为一种成熟的制度和主流意识形态成为定型，统治了中国长达 2000 年之久，使“中华民族”的身份认同融入了每个炎黄子孙的血脉，影响深远。

二、神学化的汉代儒学

孔子一定想不到，他半生游说而不被诸侯接受的学说，会在 300 多年后成为中国的正统思想。但是，他知道了也不一定高兴，因为这时的儒学经过董仲舒的改造，已是“此儒非彼儒”了。

经过秦始皇焚书坑儒的打击和汉初无为而治的冷落，先秦儒学经典多有流失，传承下来的也版本不一，所以汉朝兴起了考订、解说儒学经典的“经学”。经学又分为古文经学与今文经学两大派别，前者注重探寻经文的原意，后者强调把儒学作为治国的理论根据。

董仲舒是今文经学的一代宗师，很得皇帝器重，这就使他有条件根据时政的需要，以群儒之首的身份，对孔孟学说进行加工改造。董仲舒在这方面主要做了三项工作：兼容道、法、名、阴阳各家思想于儒学；用“天人感应”说解释儒学；将儒学义理化简化为“三纲五常”的伦理规范推向全社会。

董仲舒的“儒”是不纯的，杂有多家思想。他继承了孔孟重修身的德教思想，但又吸取法家观点，认为应以刑罚辅助德教。他坚持儒学宗法等级观念，但又认为必须“深察名号”，以便正名，从而掺入了名家思想。他把邹衍的“五德终始说”改成“三统说”，认为朝代是按照黑统、白统、赤统的顺序依次循环更替的，新王改制必改服色，但不能改“道”。“道”是大纲，人伦、道理、政治、教化、习俗、文义，这些原出于天，“天不变道亦不变”。这就把阴阳家和道家的某些东西加进了儒学。像这样的做法还有很多。

董仲舒建立了一套“天人感应”的理论，并把它与儒学揉在一起。他认为：“人有三百六十节，偶天之数也；形体骨肉，偶地之厚也。上有耳目聪明，日月之象也；体有空窍理脉，川谷之象也；心有哀乐喜怒，神气之类也……此见人之绝于物而参天地。”（《春秋繁露·人副天数》）这是说，人的身体是按照自然界的物象构造的，人是天的副本。他又从“天道之常，一阴一阳”（《春秋繁露·阴阳义》）的前提进行推断说：“天有阴阳，人亦有阴阳。”（《春秋繁露·同类相动》）人“身之有性情也，若天之有阴阳也”（《春秋繁露·深察名号》）。“恶之属，尽为阴；善之属，尽为阳。”（《春秋繁露·王道通三》）董仲舒又把天道的阴阳套用于人道，认为“君臣父子夫妇之义，皆取诸阴阳之道。君为阳，臣为阴；父为阳，子为阴；夫为阳，妻为阴”（《春秋繁露·基义》），所以人与人之间的贵贱主从关系，是与天道相符的，也就是不能更改的，从而为君权、宗法的不容置疑找到了根据。

对比先秦儒学从人的本性和社会伦理出发的理论，被董仲舒揉入“天人感应”说的汉代儒学已经神学化了。

董仲舒还提出了“三纲五常”的伦理规范，这一点后面会专门谈到。

汉代儒学在大汉一统天下时应运而生，使儒学此后稳居思想统治地位2000年，对我国政治、制度、文化、教育等多方面产生了深刻的影响。

三、哲理化的宋代儒学

汉代以后，儒学虽然成为正统思想，但由于其中的“天人感应”思想具有神学色彩，很快就与编造隐语预言以附会社会现象的谶纬迷信相结合，形成一股反理性的思想逆流。于是，源于道家思想的魏晋玄学流行开来，佛教禅宗也勃然兴起，二者都对独尊的儒学发起了冲击。从汉朝到宋、明两朝，在相互排斥、相互对抗和相互融合的过程中，根基深厚的儒学吸纳佛、道两家的思想，产生了升级换代的新儒学——宋明理学。

宋明理学从北宋周敦颐始创，中经张载，到二程（程颢、程颐兄弟）后分为两支：朱熹承袭程颐，成为理学的集大成者，其理论被称为“程朱理学”；陆九渊承袭程颢，再传至明代王阳明为止，被称为“陆王心学”。程朱理学影响较大，被后世视为儒学正宗。

二程讲“理”，张载讲“气”。朱熹把这两个范畴都吸收过来，认为“天地之间，有理有气。理也者，形而上之道也，生物之本也；气也者，形而下之器也，生物之具也。是以人、物之生，必禀此理，然后有性；必禀此气，然后有形”（《朱文公文集》卷五十八）。理是本，气是末，气以理为宗，理以气为用，而能化生万物。他把气比作天地万物的种子，“且如天地间，人物草木禽兽，其生也莫不有种，定不会无种子，白地生出一个物事，这个都是气”（《朱子语类》卷一）。只是气的轻重、清浊不同，才使生成之物有所区别。人的生成也是气，朱熹说：“天地之初，如何讨个人种？自是气蒸凝结成两个人后，方生许多万物。”（《朱子语类》卷九十四）程朱学说中包含太极、阴阳五行的概念，太极就是理，阴阳五行就是气。“总天地万物之理，便是太极。”（《朱子语类》卷九十四）“二气、五行经纬错综于其间。得其气之精英者为人，得其渣滓者为物。”（《朱子语类》卷九十四）可见人和物的区别主要是气的质量不同。

“理一分殊”是程朱理学的核心观点。他们认为，“理”就是天理，就是天地万物的根本规则。虽然理只有一个，但又包含在所有事物之中，就像天上的月亮映在世上所有的水中一样。因为万物生成时的结构不同，同一的理在不同事物中的作用也不同。“理一”是天地之性，“分殊”是气质之性，“论天地之性，则专指理言”。“论气质之性，则以理与气杂而言之。”（《朱文公文集》卷五十六）前者主宰后者。把这一观点用到人身上，“天理”决定了人性是善的，但因“气”有清浊之分，人性就善恶相杂了。所以他说：“天地间只是一个道理，性便是理，人之所以有善有不善，只缘气质之禀，各有清浊。”（《朱子语类》卷四）人性之善源于天理，人性之恶源于人欲。饮食男女就是人欲。人欲有所节制就符合天理，纵欲无度就会败坏天理。只求吃饱穿暖、娶妻生子是合乎天理的；若是衣食奢靡、不安于夫妇之道、放荡淫欲，就是伤天害理了。所以要“存天理，灭人欲”，使人各安本分。

程朱理学集儒学之大成，兼容道家和佛学，剔除了“天人感应”等荒谬成分，对自然现象和社会现象的解释比以前更加严密完整，使儒学理论更加哲理化，体系结构更加精致，是儒学发展中的一个高峰。

儒学能够长盛不衰，同历代儒学大师的努力是分不开的。孔子的开创，孟子、荀子的丰富，董仲舒的发展和朱熹的完善，还有许多无法一一提及的儒家学者的工作，使儒学能够不断补充、更新，以适应社会和统治阶级的需要。但仅有这一点还是不够的。如果儒学只是大师、学者书斋里的东西，平民百姓搞不懂，就不能被用来统一人们的思想和言行，不可能成为大一统中国的正统思想。

于是，为适应儒学平民化、普及化的需要，“三纲五常”就应运而生了。

第三节　“三纲五常”

一、“三纲五常”的形成

我国历代都有化简道德伦理的做法。

《尚书·尧典》记载，为解决“百姓不亲，无品不逊”的问题，尧任命契做司徒，“敬敷五教”。后人把这“五教”解释为父义、母慈、兄友、弟恭、子孝。

周朝制定了较完备的宗法伦理制度，到春秋时期就提出了“六顺六逆”的概念。“六顺”是君义、臣行、父慈、子孝、兄爱、弟敬，“六逆”是贱妨贵、少陵长、远间亲、新间旧、小加大、淫破义（《左传·隐公三年》）。彼时还提出了君懿臣恭、父慈子孝、兄爱弟敬、夫和妻柔、姑慈妇听的五种行为规范（《左传·昭公二十六年》），后世称之为“五伦”。

墨子提出：“为人君必惠，为人臣必忠，为人父必慈，为人子必孝，为人兄必友，为人弟必悌。”（《墨子·兼爱下》）

《管子·牧民》说：“礼不逾节，义不自进，廉不蔽恶，耻不从枉。”这是以礼义廉耻作为“四维”。

先秦儒学伦理思想的概括主要见于孔子和孟子。从《论语》中看，孔子的道德观以“仁”为核心，包括中庸、礼、义、智、信、忠、恕、孝、悌、勇、宽、敏、惠、温、良、俭、让、敬、和、爱、友、善、逊、廉、正、聪、庄等众多概念，内容错杂繁复，理解和记忆都比较难，要和其他学派争夺民众显然没有优势。

孟子从性善论的立场出发，认为人人都有与生俱来的恻隐之心、羞恶之心、恭敬之心和是非之心，并由此产生了仁、义、礼、智“四德”，又把君臣、父子、兄弟、夫妇和朋友五种关系称为“五伦”。“四德五伦”的概括，使儒学的道德伦理体系简明了，也为“三纲五常”的提出奠定了基础。

“三纲五常”是由汉儒宗师董仲舒首先提出并阐释的。

董仲舒说：“凡物必有合……阴者阳之合，妻者夫之合，子者父之合，臣者君之合……君臣父子夫妇之义，皆与诸阴阳之道。君为阳，臣为阴；父为阳，子为阴；夫为阳，妻为阴。”（《春秋繁露·基义》）“天子受命于天，诸侯受命于天子，子受命于父，臣妾受命于君，妻受命于夫。”（《春秋繁露·顺命》）“循三纲之纪，乃可谓善。”（《春秋繁露·深察名号》）按照阳尊阴卑的定位，为阴的臣、子、妻必须服从为阳的君、父、夫，这就是“三纲”。

“五常”是董仲舒在《举贤良对策》的第一篇（共三篇）中提出的：“夫仁谊（义）礼知（智）信五常之道，王者所当修饰也；五者修饰，故受天之佑，而享鬼神之灵，德施于方外，延及群生也。”（《汉书·董仲舒传》）

“三纲五常”，仅仅用了“君为臣纲、父为子纲、夫为妻纲”和“仁、义、礼、智、信”十七个字，就将儒家伦理思想的精要表达出来了，观点明确，不生歧义，语言通俗，朗朗上口，便于记忆、背诵和流传。这是儒学能够深入人心、历久弥新的重要原因之一。

二、“忠孝”是“三纲五常”的核心

按照历史和逻辑的顺序，是先有“孝”后有“忠”的。《说文解字》说：“孝，善事父母者。从老省，从子，子承老也。”“孝”字由省略笔画的“老”字和“子”字组成，是说子女善待顺从父母就是孝。

为了群族繁衍的需要，孝亲思想大约萌生于原始社会时期，《礼记·礼运》中对其有“老有所终，壮有所用，幼有所长，鳏寡孤独废疾者皆有所养”的描述，可见那时已经有了朴素的孝的观念。

夏、商、周三代都是按血缘关系继承天子位的，可见家族关系已经十分重要。周朝制定宗法制度，实行嫡长子继承制，父子关系地位突出，孝的观念当然就至关重要了。儿子服从父亲是无条件的，比如，父亲要杖责儿子，儿子得跪在那里承受，这叫“小杖则受”，但如果父亲下重手，可能要出人命，那儿子就要逃了，这叫“大杖则走”，逃命也是为了宗族香火的延续。在宗法制社会里，家族、宗族的稳定就是社会的稳定，而孝亲可以使家族、宗族和谐安定，所以大力倡导孝道是符合当时的社会状况和统治者意志的。

汉朝以后，事亲尽孝与儒学的礼教名分找到了共同点，得到统治者的大力提倡，《孝经》《二十四孝》《百孝图》等专门著作先后问世。《晋书》开始为孝子立传，此后历代史书相沿成习。“百善孝为先”逐渐成为普遍观念。

按照儒学“修身、齐家、治国、平天下”的处世哲学，一个人的道德修养首先要表现在“齐家”上，做不了孝子就不能做官。反过来，即使能尽职尽责地做好官，但不尽孝道，仍然难为世人所容，皇帝有时也不能不顾及民意，惩处不孝的官员。比如，隋朝上柱国（大将军）郑泽，因不与母亲住在一起被人举报为不孝，隋文帝随即下诏免其职。唐代李钧、李锷兄弟在京城为官，二十多年不与家乡老母联系，皇帝下令处以车裂之刑。

虽然我国历代统治者提倡孝道的目的是维护封建统治，但孝亲思想包含的合理的人伦亲情是超越时代的，就是在今天其仍然有积极意义。

资料：不孝有三

“不孝有三，无后为大”出自《孟子·离娄上》。《十三经注疏》中在“无后为大”下面有注云：“于礼有不孝者三，事谓阿意曲从，陷亲不义，一不孝也；家贫亲老，不为禄仕，二不孝也；不娶无子，绝先祖祀，三不孝也。三者之中无后为大。”

“忠”的概念当然是国家产生以后的事。先秦时期虽然有“忠”的观念，但因为那时的社会是“家国同构”的，父兄为君，子弟为臣，国君就是家长，忠即是孝，孝即是忠，两者并不是截然分开的。秦始皇统一中国以后，废除分封而立的诸侯国，官职由世袭改为皇帝任命，各级官员之间不再有血亲关系了，这时就需要倡导一种与血缘无关的新伦理观念，以利于皇帝约束臣民，这个观念就是不讲血缘关系的“忠”。

身体发肤，受之父母，所以人们很容易接受孝的观念。但对没有血缘关系的皇帝为什么要忠呢？儒家学说给出的解释是：天子是代天牧民，国就是最大的家，天子就是大家长，是天下共父，也叫“君父”；天下人不论为官为民，都是天子的子民，也叫“臣子”，君臣如父子。这样一来就可以借水行船，化孝为忠，即所谓“君子之事亲孝，故忠可移于君”（《孝经·广扬名章》），进而推出“在家尽孝，在国尽忠”的结论。

为了强化这一观念，历朝历代的统治者都大肆宣扬在孝子中选拔官员，所谓“古者求忠臣于孝子之门，诚以居家孝，故忠可移于君”（《明经世文编》卷八十四《扶植纲常疏》）。战国成书的《孝经·开宗明义章》说：“夫孝，始于事亲，中于事君，终于立身。”其认为奉养父母只是孝的开始，必须经过“事君”（就是忠）和“立身”的阶段才算完成。北宋程颐也说：“忠孝、恩义，一理也。”（《二程集·文集》卷八）

“孝”是倡忠的根基，“忠”是彰孝的目的，“君为臣纲”实际上是三纲的核心。历朝历代对孝子忠臣的表彰和嘉奖都是不遗余力的。有的当世得享高官厚禄，福泽延及子孙；有的身后可以青史留名，博得后人钦仰。如果忠孝不能两全，自然是先忠后孝。鞠躬尽瘁死而后已的诸葛亮、前赴后继满门忠烈的杨家将、抗击金兵精忠报国的岳飞、扬州城破举家自杀的史可法，许许多多的英雄故事史不绝书。

“君为臣纲”鼓吹的盲目忠君的封建思想应该批判，但其中超越时代的爱国主义思想的精华，仍然是应该大力提倡的。

“做忠臣孝子”简单明了地解说了儒家“修齐治平、内圣外王”的核心思想，从而成为无数中国人孜孜以求的目标。能够树立皇权至上的社会意识，基本保持国家大一统的局面，忠、孝两纲的作用功不可没。

三、夫权观念是封建制度的重要基石

在父系社会建立的时候，男尊女卑的观念就产生了。家庭中男耕女织的生产分工，以及逐步演变为“男主外女主内”的社会分工，是夫权观念产生的物质基础。

男权社会是以女人受压迫为前提来维持的。“牝鸡司晨，惟家之索”（《尚书·牧誓》），就是说女人做主就像母鸡啼鸣，是悖逆天理的，会导致家业败落。这种认识是夫权观念产生的思想基础。

按照周礼的规定，只有男子才能继承祖业家产，女子是没份的；儒学经邦治世、建功立业的那一套理论，也是为男人准备的，与女人无关。于是，操持家务、相夫教子成了女人的主要职责，也使她们实际上成了男人的附属品。

“夫为妻纲”只说到了女子对丈夫的依附，更能全面反映妇女对男人从属地位的规定是“三从”，即“未嫁从父，既嫁从夫，夫死从子”（《周礼·天官·子夏传》）。就是说，未婚时要服从父亲（父亲不在就服从哥哥），出嫁后要服从丈夫，丈夫死后还要服从儿子。可见女人一生都在男人的控制之下。

男人娶妻生子只是为了传宗接代，延续香火，女人只是为男人生孩子的工具，这就决定了封建婚姻都是无爱的，只要男女双方的家长在门第、钱财、利益等方面达成交易，婚事就可以确定。男子如果对婚姻不满意，还可以找各种理由续娶三妻四妾，而女子只能从一而终，一生的命运就赌进去了。

如果女人没能为夫家生出儿子或有其他“过错”，就会受人歧视、羞辱，还有可能被丈夫赶出家门，这就是“休妻”。休妻是男子单方面拥有的解除婚姻关系的权利，女子是不能“休夫”的。据《大戴礼记·本命》载，丈夫可以以“七出”为理由休妻。“七出”是：不顺舅姑、无子、淫佚、口多言、嫉妒、恶疾、盗窃。就是说，如果被丈夫或公婆认为犯有多嘴多舌、气量狭小的所谓“过错”，就可能被一纸休书赶走；即使没有过错，只要得了不可抗拒的病症，也会被无情地扫地出门。

封建社会强调妇女单方面保持“贞节”，尤其是宋代理学兴起之后。“贞”指婚前保守童贞，婚后忠于丈夫；“节”指丈夫去世后守节不嫁。如果其在丈夫死后主动殉葬或为保贞节而死，则被称为“烈”。彼时，男子寻花问柳是风流，顶多是作风不正派，而如果女子不守妇道，就会遭到包括自己家人在内的全社会的口诛笔伐，无地容身。

宋代理学家程颐极力提倡女子守节，甚至说“饿死事极小，失节事极大”，反对寡妇再嫁。

元代以后，政府对寡妇守节大加褒奖。例如，明洪武元年规定：民间寡妇从三十岁以前守寡至五十岁仍不改嫁的，“旌表门闾”，“免除本家差役”。“旌表”就是立贞节牌坊，或挂匾额表彰。

明清两朝，贞操节烈之风大盛。据《古今图书集成》记载，“烈女”“节妇”唐代只有 51 人，宋代增至 267 人，明代竟达 36 000 人，而到了清代，仅安徽省休宁县一个县，就有 2200 多人，史书不载的当然更多。倡导节烈，实际是以妇女一生的幸福甚至生命为代价，换取所谓的家族“荣耀”。

能不能当贞女节妇，也并不是妇女自己做得了主的。如果某女遭恶人强暴，舆论更多的不是谴责施暴者，而是指责受害妇女未能拼死抗争；即使反抗而死但未能保住贞操，也不能被称作“节烈”，只算白死了。被拐卖为娼妓，更是许多贫贱家庭女子的悲惨宿命。丈夫甚至可以出卖或典当妻子，这时，妇女守贞操就要违夫命，所以往往只能忍辱从夫。丈夫死后，即使妇女自愿守寡也未必能如愿。按照封建家族制度的规定，夫家族人有权决定丧夫妇女的去留，或卖给他人为妻为婢，或“转房”配给族中其他男子为妻妾，根本不需要征求妇女本人的意见。

如果说忠孝观念还可以推陈出新，为今天所用的话，体现夫权观念的“夫为妻纲”则完全是封建垃圾。“夫为妻纲”把社会人群一分为二，埋没了全国半数人的尊严、幸福和聪明才智，为祸甚烈。

四、作为社会行为准则的“五常”

“常”是恒常不变的意思，“五常”是指五种根本的道德准则，就是仁、义、礼、智、信。

孟子最早把仁、义、礼、智合在一起提出，认为“恻隐之心，仁之端也；羞恶之心，义之端也；辞让之心，礼之端也；是非之心，智之端也。人之有是四端也，犹其有四体也”（《孟子·公孙丑》）。董仲舒在此“四端”的基础上，又加上了儒家学者格外重视的“信”，构成了“五常”。

“仁”是儒家学说的核心概念，有仁爱、宽容、谦让、忠恕等意思。儒家的仁爱是有标准的，这就是“克己复礼为仁”（《论语·颜渊》）。“仁”首先是内心对自己的要求，所谓“非礼勿视，非礼勿听，非礼勿言，非礼勿动”（《论语·颜渊》），要长久坚持并不容易。孔子曾赞扬自己最得意的学生颜回，“其心三月不违仁”（《论语·雍也》），十分难得。“仁”又是与人相处的准则，就是多为别人着想，舍己从人，即使对方有错，也该尽量忍让，尤其不能将自己的意愿强加于人，这就是所谓的“己所不欲，勿施于人”。

“义”与“仁”是互为表里的，是正义、合宜、坚持原则的意思。见到有益于仁的事情不避艰难地去坚持，遇到违背仁的事情敢于挺身去阻止，就是所谓的见义勇为。可见，有仁心才能有义举。当代为救灾济贫而举行的义演、义赛、义诊的“义”字，就与儒家所倡相通。儒家特别强调义利之辨，就是有义当为，不为利动，“君子喻于义，小人喻于利”（《论语·里仁》）。尤其要注意的是，五常之义与江湖义气的“义”完全不同，不可混淆。

“礼”是儒家的又一核心概念，原指周礼，后泛指维护封建等级秩序的所有行为规范。儒家特别看重礼，认为人的一生都应循规蹈矩，遵礼而行，不得有丝毫逾越。礼虽然是形式，但却是实行儒家主张的保证，忠、孝、仁、义的理念莫不赖其落实。孔子在解答什么是孝的时候，就概括其为“生，事之以礼；死，葬之以礼，祭之以礼”（《论语·为政》）。若是礼崩乐坏，大家都不守规矩了，那就是乱世。

“智”指学识、才智，以及明断事理、把握分寸的能力。作为一位教育家，孔子非常重视培养学生多方面的知识和才干，这就奠定了儒家把求知好学作为做人准则的基础。儒家虽然特别重视品德修养，但也认为要成为圣人必须德才兼备。他们认为学习是一件认真的事，不能作假，“知之为知之，不知为不知，是知也”（《论语·为政》）。学习又是一生的事，五十岁才能知天命，而“朝闻道，夕可死矣”（《论语·里仁》）。

“信”是诚实不欺，信守承诺。《论语》中有许多地方讲到信，例如，“人而无信，不知其可也”（《论语·为政》）；“老者安之，朋友信之，少者怀之”（《论语·公冶长》）；“子以四教：文，行，忠，信”（《论语·述而》）；“言必信，行必果”（《论语·子路》），等等，都是强调信守承诺的重要性。在国家治理的层次上，信是指统治者要得到民众的信任，因为民众信任你，才会拥戴接受你的治理。

有一次，子贡问孔子怎样治理国家，孔子说，有粮食、有武器，再有人民的信任就可以了。子贡问：如果三项中必须去掉一项，应该先去掉哪一项？孔子说可以去掉武器。子贡又问：若必须再去掉一项，该去掉哪一项？孔子说可以去掉粮食，因为“自古皆有死，民无信不立”（《论语·颜渊》）。由此可见，儒家对“信”是非常看重的。

本讲小结

孔子创立儒学至今已经 2500 多年，其取得官方哲学的独尊地位也有 2100 多年了。在这样长久的年代里，儒学理论不断发展，日臻完善，影响遍及东方各国，其基本理念在今天还被人们所遵循，这本身就是一个奇迹。

儒学居于统治地位几千年，在我国的历史和文化上留下了深深的印记。由于儒学的统治，我国一直保持着重人轻神的世俗社会面貌，而没有成为西方和中东那样的宗教国家；中国人尊祖敬宗，重视血缘关系，同西方重视地缘关系的观念大不相同；我们有注重个人修养和以德治国的历史传统，也有尊师重教、求知好学的习惯，尤其是因长期的地域统一和思想统一而形成的强大民族凝聚力，是中华民族历经磨难而越挫越勇的深层原因。此外，儒学还在价值观、审美观、思维方式、行为方式等方面，留下了深刻而久远的影响。

历史和现实都告诉我们，儒学是中国文化中至关重要的部分，不应该也不可能被抛弃，它一定会在新的历史条件下找到新的生存方式，焕发活力，成为中国特色社会主义文化的组成部分。

第三讲　道　　教

第一节 道教的成仙思想与渊源

一、道教的成仙思想

宗教是一种历史现象，它在史前社会的后期产生，那时主要表现为原始拜物、图腾崇拜、祖先崇拜等，被称为自然宗教。进入阶级社会后，人们按照人间的君臣官民关系，建立了各司其职又等级严明的鬼神系统，宗教理论也进一步被精致化了，这样就先后产生了多神教和一神教。我国的道教就属于多神教。

宗教一般都是追求理想的“彼岸世界”的，认为那里没有现实的“此岸世界”的所有痛苦和罪恶，信教拜神、按教义行事的人，死后就能到那里去享受安宁喜乐。这个“彼岸世界”在基督教和伊斯兰教中被称为“天堂”，在佛教中则被称为“极乐世界”。但他们认为理想的“彼岸世界”和现实的“此岸世界”是隔绝的，只有符合条件的人死后才能进入。相信“彼岸世界”的教徒是不畏惧死亡的，他们认为人世只是自己暂时的居所，美好的“彼岸”才是人类永久的家园，所以死是解脱，灵魂离开肉体是永久幸福生活的开始。

我国的道教与它们不同。道教也相信有比人间更美好的仙界，但和死后才能到达的“彼岸世界”不同，道教认为进入仙界不需要付出生命的代价，相反，它以长生不死、肉身成仙为主要的信仰和追求，也就是说，进入仙界意味着人的永生不死。

道教认为，老子《道德经》中“长生久视”“谷神不死”的说法，以及庄子书中“真人”“神人”“不食五谷，吸风饮露”“乘云气，御飞龙”的描述，说的就是不死的神仙。道教认为，人和仙都追求享受快乐和幸福，而任何享乐都是以肉体的感受为基础的，所以一定要保持身体的健康和长寿。但是，再长寿也难免一死，而死了就什么快乐幸福也不能再享受了，所以还是要追求成为不死之身，也就是肉身成仙。东汉刘熙所作《释名·释长幼》里说“老而不死曰仙”，仙人就是长生不死的人，成仙是道教的最高追求。

可以看出，道教和其他宗教的不同之处就在于如何看待现实世界、如何看待生死。

基督教认为，犯有原罪的人使人间充满了罪恶；佛教认为，人生中的生老病死使尘世成为无边的苦海，因此他们都希望通过死来摆脱人世，进入完美的“彼岸世界”。而道教更看重“此岸世界”，看重人世间的美好和快乐，他们不愿因自己或父母妻儿去世而破坏天伦之乐，所以要想尽办法活得长久，直至永生不死。

总之，成仙是道教的核心思想，其教理、教义和各种修炼方法都是围绕着这个核心展开的。所以，与崇尚死后进入“天堂乐土”的其他宗教不同，道教是贵生厌死的，具有强烈的世俗意义，这是道教的突出特色，是中国传统文化的人伦性的表现。

那么，贵生厌死的成仙思想源自何处呢？这还要从原始的鬼神崇拜谈起。

二、原始巫术和对药的迷信

我国远古的先民相信存在着能支配各种自然伟力的神灵，人们只有对神屈服顺从才能得到神的佑护。所以，大到禅位征战，小到婚丧嫁娶，人们都要祭拜鬼神。这样就产生了专门的神职人员——巫祝。巫，就是以解说龟卜筮卦来将神的旨意传达给人的人；祝，就是以奉行祈祷仪式来把人们的愿望申告于神的人，二者也简称巫师。

那时，人们的生活条件十分艰苦，又要与猛兽、天灾对抗，人生病受伤是难免的，但人们以为是神以伤病来惩罚自己的某种过失，所以还要请求神来治病疗伤，这当然也是由巫师代劳，这样，巫师也兼做医师，巫、医是不分的。

巫师的治疗有时也很有效，因为有些伤病本来就可以不治而愈，况且他们在请神之外也会采用一些药物。长期的医疗实践使巫师们的医术不断进步，他们使用的某些药物也被证实确有疗伤延命之效。在那个人均寿命不到 20 岁的时代，治好较重的伤病等于救人一命，代神行医的巫师因此受到人们的尊敬自不必说，而被认为是神赐的药物的效用，也被人们不断地夸大神化，甚至相信有可以让人不病不死的药，也就是后来人们所迷信的仙方妙药。

当然，这些仙方妙药一定是掌握在巫师手里的。《山海经·海内西经》中有一段描述："开明东有巫彭、巫柢、巫阳、巫履、巫凡、巫相，夹窫窳之尸，皆操不死之药以距之。"这段话是说窫窳（音 yà yǔ，传说中的一种怪兽）死了，几个巫师拿着不死药围着它施法，企图助它去除死气，重新活过来。可见人们相信巫师手里有起死回生的仙药。

资料：我国历代人民的平均寿命

夏、商时不超过 18 岁；西周、秦汉时为 20 岁；东汉时为 22 岁；唐时为 27 岁；宋为 30 岁；清为 33 岁；1949 年中华人民共和国成立前为 35 岁。1957 年为 57 岁；1981 年为 68 岁；1985 年为 68.97 岁。

（转引自《资料卡片》合订本第四集总 1259 页）

由于可以与鬼神沟通，巫师的社会地位一度是很高的，这种情况在少数民族地区保持的时间比较长，如 1206 年，萨满教法师通天巫阔阔出，依仗通神的权威，甚至敢于向成吉思汗的王权挑战。随着社会的发展和医学水平的进步，中原地区很早就开始了巫医分流，出现了专以医术和药物治病的医生，而巫师的地位日益下降，最后流入民间，其掌握长生不死仙方的社会角色被后来的方士所取代。

三、"不死药"与方仙道

诸子百家中本有神仙家，《汉书·艺文志》说："神仙者，所以保性命之真而游求于其外者也。聊以荡意平心，同死生之域，而无怵惕于匈中。"

神仙之说起源于战国时燕、齐一带的近海地区。临海而居的人有时能见到海市蜃楼的幻象，又不能对其给予科学的解释，于是就有人借机宣扬说：海上有仙山，山上住着吃了不死药的神仙，如果得到了不死药，人人都可以像神仙一样长生不死。自称能寻到不死仙方的人被称为“方士”。

战国时的邹衍本为方士，据说能预言天象、推知未来，成为燕、齐方士的祖师。他还通晓天文观象和律历之学，在齐国倡阴阳五行学说，探讨阴阳变化和五行运转之理，所以又是阴阳家的创始人。战国末期，神仙家和阴阳家合流，融入方技和术数，形成了以鼓吹神仙之说和研习成仙之术为内容的“方仙道”。

先秦的书籍里有许多描述仙人、仙药和仙境的文字，如《庄子·逍遥游》中转述肩吾的话说：“藐姑射之山，有神人居焉，肌肤若冰雪，淖约若处子，不食五谷，吸风饮露，乘云气，御飞龙，而游乎四海之外。”《列子·汤问》中说，渤海之东有一大壑叫作“归墟”，“其中有五山焉：一曰岱舆，二曰员峤，三曰方壶，四曰瀛洲，五曰蓬莱。其山高下周旋三万里，其顶平处九千里，山中之间相去七万里，以为邻居焉。其上台观皆金玉，禽兽皆纯缟。珠玕之树皆丛生，华实皆有滋味，食之皆不老不死。所居之人皆仙圣之种，一日一夕飞相往来者，不可数焉” 。这段文字描绘了美轮美奂的仙境，提到吃了“华实”可以让人不老不死，而仙人居住的五座仙山中的瀛洲、蓬莱，后来与方丈合称为海外三仙山，成为求仙药者的神往之地。

《史记·封禅书》中还记载了齐威王、齐宣王和燕昭王派人寻三仙山的事，书中说：“自威、宣、燕昭使人入海求蓬莱、方丈、瀛洲。此三神山者，其传在勃海中，去人不远；患且至，则船风引而去。盖尝有至者，诸仙人及不死之药皆在焉。其物禽兽尽白，而黄金银为宫阙。未至，望之如云；及到，三神山反居水下。临之，风辄引去，终莫能至云。”看得到却无法接近，既说明三神山是存在的，又表现了神山确实神，这显然是方士们编出来骗人的。

对于每日为衣食奔波的普通百姓来说，根本顾不上考虑能不能长生不死，而对于拥有无尽财富和权势的帝王来讲，这就是最大的问题了。虽然他们锦衣玉食，夜夜笙歌，要风得风，要雨得雨，但寿限一到，也只能与平民百姓一样魂归地府，不会得到半点优待，因此，他们求长生的愿望特别强烈。方士们正是看准了这一点，所以专向他们讲述自己编出来的故事，借以谋得高官厚禄。信方士神仙故事的君主大有人在，其中最有名的就是秦始皇和汉武帝了。

秦始皇灭掉六国统一了天下，人力所能及的都做到了，但他对早晚将至的死亡却毫无办法，对长生的渴望尤为迫切，这时听到方士们编的神仙故事，自然是宁可信其有而不愿信其无了。为了永享人间的荣华富贵，他大肆延揽方士，一次又一次地派人出海寻找仙山、仙药。

最得秦始皇信任的徐福，带数千童男童女出海求仙，但一去杳无音信，有人说他遇风浪翻船而死，有人说他到日本自立为王了。秦始皇并不死心，又派出了卢生、韩终、侯生等人继续寻找仙山、仙药，当然还是一无所获。那个卢生害怕获罪，干脆一走了之。秦始皇震怒之下，一举活埋了 460 多个他认为有罪的人，其中许多是无辜的读书人，这就是历史上著名的“坑儒”。

秦始皇死后 70 年，雄才大略的汉武帝也步其后尘，再次掀起求仙高潮。

最先受到汉武帝宠信的方士叫李少君，此人能言善辩，爱卖弄玄虚。他能说出 90 多岁老人少年的事，还能认出 500 多年前齐桓公用过的铜器，使人以为他有几百岁了。他还说自己曾经在海上见过成了仙的安期生，安期生给他带来的仙山上的枣像瓜那么大。他教汉武帝用丹砂炼黄金，说用这种黄金做成食具可以延长寿命，以便有机会见到蓬莱的仙人，那时再进行封禅，就可以像黄帝那样成为不死的神仙。汉武帝对他深信不疑，一面派人出海寻找安期生，一面亲自烧火炼黄金。直到李少君死了，汉武帝还认为他是尸解成仙了。

此后，汉武帝继续宠信了许多方士，其中，齐少翁和栾大还被封为将军。汉武帝求仙 40 多年，耗费无数财物，最后还是难免一死。

从上面的事例可以看出，方士们是靠神仙方术谋生的职业集团，已经带有某些宗教性质，他们编出来的神仙之说和炼金术，后来都被道教所吸收。所以说，方仙道是道教的前身，为道教的形成准备了条件。但是，仅有鬼神崇拜和成仙追求的方仙道还不是宗教，因为其还没有形成自己的理论体系。随着黄老学说的融入，道教的理论才逐渐完备了。

四、黄老学说和黄老道

黄老学说起于齐国的稷下学派，是黄学和老学的合称。其主张以老子所创的道家学说为主，吸收了儒、墨、名、法、阴阳等多家学说的内容。为了提高其学说的权威性，有人就假托民族始祖黄帝著书，称为“黄学”，马王堆三号汉墓出土的《黄帝四经》就是当时黄学的内容，大体与老学相近。后来黄学与老学合在一起，不再区分。

黄老学说包括天道和人道两个方面，天道就是宇宙观，人道又可分为治国之道和治身之道。治国之道就是济世经邦之术，治身之道就是养生长寿之术。根据“人法地，地法天，天法道，道法自然”（《老子·二十五章》）的观点，黄老学者认为，天道和人道、治国和治身道理相通，都应该效法清静无为的自然之道。

由于楚汉战争的破坏和秦朝苛政亡国的教训，西汉初期的统治者为休养民力，采用了黄老学说的治国之道，实行无为而治。他们废严刑峻法，轻徭薄赋，鼓励农耕，爱惜民力，创造了太平盛世“文景之治”，国力日渐强大。但汉武帝即位后，独尊儒学，崇信神仙方术，黄老学说的治国之道遭到冷落。于是，黄老学说另寻出路，重点转向发展治身之道，也就是养生长寿之术。

在先秦道家学者的著作中，就有治身之道重于治国之道的思想，这为黄老学者专心研究养生长寿之术提供了依据。

《庄子·在宥》中讲，黄帝曾到崆峒山向仙人广成子问道，他先问“欲取天地之精，以佐五谷，以养民人”的治国之道，广成子回答说：你净问些细枝末节的问题，不值得我跟你讲“道”这样高深的道理。黄帝回去重新思考，三个月后他再次去见广成子问道时，就问“治身奈何而可以长久”的治身之道。广成子高兴地说：这样问就对了，现在我给你讲道吧。于是滔滔不绝地讲了一大套养生长寿之术。后来，黄帝终于修道成仙，乘龙升天而去。

这种看重养生之术的思想与汉武帝长生成仙的欲求相吻合，所以得到了官方的支持，有了较大的发展。大约东汉时成书的《老子河上公章句》中，讲了许多黄老家养生的方术，如除情去欲、保养精气、呼吸绵绵等。

东汉时，由于统治者的提倡，黄老学再次兴起。但此时的黄老学与西汉初的治国之说已经全然不同，它日益与神仙方术靠近，迷信色彩极为浓厚，其主要表现就是神化老子。

东汉章帝时的益州太守王阜作《老子圣母碑》称："老子者，道也。乃生于无形之先，起于太初之前，行于太素之元，浮游六虚，出入幽冥，观混合之未别，窥清浊之未分。"这就把老子与作为天地万物之源的"道"合而为一了。

东汉桓帝的大臣边韶所作的《老子铭》说："老子离合于混沌之气，与三光为终始，观天作谶，升降斗星，随日九变，与时消息……道成身化，蝉蜕度世，自羲农以来，世为圣者作师。"这段话是说老子不但有通天彻地之能，而且历朝历代都化身入世，以教化君王和世人。

这些宣传扩大了黄老学的影响，也抬高了老子的地位，汉桓帝就曾两次亲自到老子的家乡苦县（今属河南省鹿邑县）祭拜老子。此后，黄老学说与方仙道逐步合流，形成了以崇奉老子为神明的黄老道。

从原始巫术到方仙道再到黄老道，崇拜偶像、修炼方法和宗教理论都具备了，道教的形成已经是水到渠成的事了。

五、道教的形成与发展

道教正式形成于东汉末年，太平道和五斗米道是其早期的两大派别。

太平道创始人张角是冀州巨鹿（今河北平乡）人，原为黄老道道徒。他与弟子以符水咒语为人治病，跟从入教者众多，十几年间信徒多达数十万人。太平道以《太平经》传播道教，以推翻汉朝、实现"黄天太平"的理想社会为纲领，人称"太平道"。太平道设置三十六"方"（地方教团），按军事形式组织教众，于184年举行起义。因起义者以头裹黄巾为标志，史称"黄巾起义"，旬月之间，天下响应，京师震动。虽然最后失败了，但黄巾起义是道教开始登上历史舞台的标志。

资料：《太平经》

又称《太平青领书》。据说是汉成帝在位（公元前 32～前 7 年）时方士甘忠可假托仙人赤精子所作，原名《天官历包元太平经》，后亡佚，只在民间隐秘流传。到汉顺帝时，由方士于吉收集整理成一百七十卷的《太平青领书》。主要内容是宣扬奉天地、顺五行、去乱世、致太平、救穷周急的主张，也有养生成仙、符咒治病的方术。宫崇进此书于汉顺帝，襄楷再进于汉桓帝，均不用。汉灵帝时始得重视。此书对太平道和五斗米道都产生过一定影响，是研究东汉社会和道教的重要资料。

（笔者整理）

五斗米道的创始人是张陵，亦称张道陵，沛国（今江苏沛县）人。东汉顺帝在位（125～144 年）时，张陵入蜀郡鹤鸣山学道，自称太上老君梦中降临，授予他“天师”称号，并受命出山传教。他既治病传道，也传授养生术，借以招纳信徒，因入教者须交纳五斗米，所以人称“五斗米道”。

张陵去世后，其子张衡称“嗣天师”，孙张鲁称“系天师”，承袭传教。张鲁以政教合一的方式统治汉中近三十年，实行宽刑、禁酒、禁杀、收租米、编户籍、建“义舍”等措施，很得人心。

215 年，曹操灭掉张鲁政权。为防止张鲁的势力死灰复燃，曹操把关中数万户教民迁往中原，五斗米道也顺势发展到全国，改称“天师道”。

太平道在黄巾起义遭镇压后一蹶不振，而五斗米道不但延续了下来，而且在宗教著作、教职、科仪、法术等方面有很多建树，因此，后世一般以张陵为道教创始人。

东汉桓帝时，有个叫魏伯阳的人写了本名为“周易参同契”的书，书中结合《周易》阐说了黄老学说和炼丹术，“是借《周易》卦爻象数之象征性符号，又以天文律历图谶等术语作比喻，其核心内容是以修炼金丹为主旨，长寿成仙为目的，其要意是以阴阳二者的配合、进退变化，阐明修炼的功理及功法”[①]。魏伯阳的水平很高，被称为“丹经之王”，后世虽

① 任法融. 周易参同契释义. 西安：西北大学出版社，1993：3.

有外丹、内丹之分，但都奉此书为宗。魏伯阳只尊炼丹术为修仙正途，贬斥其他方术，因而他这一派被人们称为“金丹道”。

后来道教分为两大派，一是继承天师道（即正一教）的符箓派，以符水治病、祈福禳灾等法术为主，多在下层民间活动；二是宗法金丹道的丹鼎派，侧重炼制丹药、清修养生，更多地流行于上层士族中。

东晋时，出了个著名的道教学者叫葛洪，他全面总结了晋以前的神仙理论和方术，写了本名为“抱朴子”的书，将丹鼎、符箓两派的教义与方术统一起来，其对道教理论体系的完善贡献巨大。他特别看重炼丹，在书中对金丹的炼制方法和功效做了具体详细的介绍。

葛洪去世 100 多年后的南北朝时期，在当时的统治者的支持下，嵩山道士寇谦之和庐山道士陆修静对道教进行了改革，使道教得到很大的发展。他们引入纲常礼教，使道教教义与儒家伦理规范相统一；整顿教规，建立了完整的科仪制度和按修行升迁教阶的制度；建立道馆，使道教的经济来源由向教民征租收米，改为依赖朝廷敕给馆户（为道馆服役的隶户）和富户布施。改革后，嵩山教团被称为北天师道，庐山教团被称为南天师道，二者成为官方承认的正统道教组织。陆修静还整理了道教经典 1000 余卷，他创造的“三洞四辅十二类”的道教典籍分类体系，一直为后世所沿用。

隋唐五代时期，道教发展到了新的高峰。

隋文帝开皇年间（581～600 年），罗浮山道士苏元朗始倡内丹之道，“根本主旨是以心神为火，以精火为要，以气行为途径，还精归本，即还丹”①。其说成为后世内丹派兴起的肇始。

唐朝李姓皇帝自称是老子后裔，尊老子为“圣祖”，唐高宗又追封老子为“太上玄远皇帝”，使道教成为国教。唐玄宗建立“道举”制度，以道经开科取士，并组织编集道教典籍《一切道经》。由于李唐王朝的大力推崇，道教组织得到了很大发展，以江西龙虎山天师府为中心的道教正一派，成为符箓派的正宗，在民间影响极大，上清派、洞渊派、金丹派、炼养派、占验派等遍地开花。

① 吴言生. 道教故事. 西安：陕西旅游出版社，2006：92.

隋唐五代还出了一大批有名的道士，如张果老、吕洞宾、陈抟、李淳风、袁天罡等。五代道士徐子平推演的“四柱推命术”，被后世尊为算命术的正宗。

宋代最推崇道教的是宋真宗和宋徽宗。宋真宗尊黄帝为赵氏始祖，并上尊号“圣祖天尊大帝”。宋徽宗自己兼任全国道教教主，并组织编写《道史》《道典》。

金世宗时，王喆（道号重阳子）创立全真教，提倡三教合一。王重阳的七名弟子（即“全真七子”）各立门户，使修持内丹之风大盛，几乎无丹不成道。

金元之际，北有全真教、南有正一教的大格局形成。

明、清两朝道教日趋衰落。明太祖朱元璋靠民间宗教起家，深恐宗教势力的发展危及政权，所以对佛、道两教均实行严格控制。信仰藏传佛教的清朝贵族入主中原后，由于政治上的专制，更是使得儒、释、道三教齐衰。虽然明、清各有正一、全真的短暂中兴，但在总趋势上，丧失了理论创造力的道教是加速世俗化和走向衰落了。

第二节　道教的世界与神仙系统

一、道教的世界

“道”是道教的根本信仰，而“道”的概念来自道家哲学。“有物混成，先天地生。寂兮寥兮，独立而不改，周行而不殆。可以为天地母。”（《老子·二十五章》）这就是“道”。庄子说：道是“有情有信，无为无形；可传而不可受，可得而不可见；自本自根，未有天地，自古以固存；神鬼神帝，生天生地；在太极之先而不为高，在六极之下而不为深，先天地生而不为久，长于上古而不为老”（《庄子·大宗师》）。道教接受了这个概念，并从宗教的角度把道说成是“虚无之系，造化之根，神明之本，天地之源”，“其大无外，其微无内”（唐•吴筠《玄纲论•道德章第一》）的神异之物。

“大道无形，生育天地；大道无情，运行日月；大道无名，长养万物。吾不知其名，强名曰道。”（《太上老君说常清静经》）道教认为，是道生成了世界万物。《太上老君开天经》说，在宇宙初始的虚无状态中，“道”的化身太上老君就“犹处空玄寂寥之外，玄虚之中”。经过虚空未分的“洪元”状态，又有“混元”，而后是天、地、人三才产生的“太初”之世；接下来的“太始”之世是万物之始，其与此后的“太素”“混沌”都属于上古时期。之后的“九宫”“元皇”“天皇”“地皇”“人皇”“尊卢”“句娄”“赫胥”到“太连”，属于中古时期。太上老君历劫降世传道，是创世之主。下古时期太上老君也以不同化身入世，教伏羲氏推演八卦，教神农氏种植五谷，教燧人氏钻木取火，教祝融氏修三纲、齐七政。明代王圻在所编的《续文献通考》中，引葛洪的话说：“老子无世不出，数易姓名。出于黄帝时号广成子。周文王时号燮邑子，为守藏史。武王时号育成子，为柱下史。康王时号郭叔子，汉初为黄石公。汉文帝时号河上公。”（明•王圻《续文献通考》）

资料：七政

说法不一。（1）北斗七星。见《史记·天官书》。（2）春、秋、冬、夏、天文、地理、人道。见《尚书大传·唐传·尧典》。（3）日、月、五星（水火木金土）。见《史记·五帝本纪》裴骃集解引郑玄说。（4）北斗七星各主日、月、五星。见《史记·天官书》司马贞索隐引马融说。①

后来另有一套创世的说法。据葛洪《枕中书》说，天地之先已有盘古真人，自号元始天王，分天地阴阳，住玉京山上。后生成太元圣母，元始君与其“通气结精”，“阴阳调和”，生天皇、西王母；天皇生地皇，地皇生人皇。天皇即原始天尊，地皇即灵宝天尊，人皇即道德天尊。元始天

① 辞海编辑委员会. 辞海. 上海：上海辞书出版社，2000：14.

尊开劫度人，太上老君、太上丈人、天真皇人、五方天帝及诸仙官，都是元始天尊所度。这一说法把创世主由太上老君改成了盘古真人。

道教的世界共有三十六重天，分为六界。第一界是“欲界”六天，“有色有欲，交接阴阳，人民胎生”（《云笈七签·四梵三界三十二天》），也就是我们凡人的世界。第二界是“色界”十八天，“有色无情欲，不交阴阳，人民化生”（《云笈七签·四梵三界三十二天》），这里的人不用婚嫁就能生成，而且没有欲望和情感，这表明他们的修炼已有小成。第三界是“无色界”四天，“无复形欲”（《云笈七签·四梵三界三十二天》），这里的人已经修炼到不但无情欲，且有形而不自觉的地步，只有真人才能看到他们的形状。第四界是“四梵天”，这里三灾不能及，居住的都是长生不死的神仙。第五界是“三清天”，由道教的三清尊神居住，分别是居玉清境清微天的元始天尊，居上清境禹余天的灵宝天尊，居太清境大赤天的道德天尊（太上老君）。最高的第六界是“大罗天”，是“道”的象征。

资料：云笈七签

道教经典。北宋张君房等编，今存一百二十二卷。道教称书籍为“云笈”，道书分为三洞（洞真、洞玄、洞神）四辅（太玄、太平、太清、正一），合称“七签”，故名。涉及道教各派宗旨、仙真位籍、养身炼修、历史、文学等，是研究道教的重要典籍。[1]

天地间共有五方六国，除中国外，东西南北和上方还各有一国，都有与中土不同的形状各异的人居住（《云笈七签·天地部·总说天地五方》）；八方巨海中还有十洲三岛（包括传说中的三神山），都有仙人管辖，人间修成地仙者可以飞达其间居住（《云笈七签·十洲三岛》）。人世间神仙的住处叫作“洞天福地”，我国有十大洞天、三十六小洞天、七十二福地（《云笈七签·洞天福地》），分布在全国15个省（自治区、直辖市）。

道教对世界的描述在不同的经书中并不完全一样，一是因为其理论和教义需要不断完善，二是在其发展过程中，不可避免地会受到儒学、佛教

① 何本方，李树权，胡晓昆. 中国古代生活辞典. 沈阳：沈阳出版社，2003：876.

和民间信仰的影响。这一点在其神仙系统的构建中表现得更加明显。

二、道教的神与仙真

“列缺霹雳，丘峦崩摧。洞天石扉，訇然中开。青冥浩荡不见底，日月照耀金银台。霓为衣兮风为马，云之君兮纷纷而来下。虎鼓瑟兮鸾回车，仙之人兮列如麻。”这是唐朝诗人李白在《梦游天姥吟留别》一诗中，对群仙降临时盛大辉煌情景的描绘。像这样有关仙人仙境的描写，在他的诗里还有很多。

那么，道教到底有哪些神仙呢？

道教的神仙系统分为“神”和“仙”两部分，在道教发展的不同时期和不同宗派中，说法不尽相同。我们先来说“神”。

道教早期信奉的最高神是“太上老君”。东晋时先后出现了“灵宝”和“上清”两个重要的教派。为了提高本派的地位，灵宝派就说他们信奉的“灵宝天尊”是比太上老君更高的神，上清派说他们的经书传自比太上老君所居更高的仙界。这样就在太上老君之上又造出了“元始天尊”和“灵宝天尊”两位更高的神。这一说法在教派的交流和融合中被接受，也就形成了道教以元始天尊、灵宝天尊、道德天尊（即太上老君）这“三清”为最高神的共识，原来唯一的最高神太上老君在“三清”中反而只居末位。大概是为了对被降职的太上老君给予补偿，他们又说元始天尊和灵宝天尊并不直接对世人传道，所以直接和我们打交道的还是太上老君，相当于“常务副教主”。

唐代皇帝奉老子为始祖，当然要为太上老君讨回公道，所以就有了“一气化三清”的说法，认为这三位尊神都是同一股先天之气化生的，不分先后。

仅次于“三清”的是“四御”（另有“六御”和“四御”中无玉皇大帝之说），即主宰天地事务的四位天帝。排在第一位的是人们最熟悉的玉皇大帝，他是“诸天之主”“万天之尊”（《高上玉皇本行集经》），是总执天道之神。第二位是中央紫微北极大帝，是协助玉皇大帝执掌天地经纬、日月星辰、四时气候之神。第三位是勾陈上宫天皇上帝，是协助玉皇大帝执掌南北极与天、地、人三才，并主宰人间兵革之神。第四位是后土皇地祇，是执掌阴阳生育、大地万物繁衍的女神。四御中，玉皇大帝地位突出，另外三位都被他的光芒所掩盖，几乎不为人所知，这是由于赵宋王朝的大力推崇。

出于政治的需要，宋真宗宣称赵氏的祖先叫赵元朗，是玉皇大帝派到下界的天尊神人，奉玉皇大帝之命治理天下。这样，赵家就与玉皇大帝攀上了关系。此后，玉皇大帝的地位被不断提升，到了明清之际，民间百姓更是只知有玉皇大帝而不知有三清，已经把他当成了最高天神来看待。

唐朝尊三清，宋朝崇玉皇大帝，“三清四御”的尊崇地位也一直被后世接受和延续了。

四御以下，神的次序就有点乱了，有称王称帝的，有称妃称后的，连灶王爷有时也被称为“东厨司命大帝”，所以他们相互间的统属关系很难被搞清楚。下面列几位相对比较重要、职司也比较清楚的神。

三官大帝，指天官、地官、水官。天官赐福，是管人间福禄的神；地官赦罪，有赦免人的罪过的权力；水官解厄，可以解救人们于各种磨难。三官各管一摊，属于“条条”管理。祈福免灾是人们生活中常常要面对的，三官大帝的庙宇遍布全国，香火极盛。

五岳大帝，指分管东岳泰山、西岳华山、南岳衡山、北岳恒山和中岳嵩山的山神，是群山的领袖。这五位各管一方，属于“块块”管理。其中，泰山有“五岳独尊”之称，这是因为民间有泰山神管鬼的传说，使泰山神比另外四位多了一项重要的“条条”管理的职司，再加上历代帝王都要到泰山封禅天地，其地位当然就要高得多了。

人体各器官也都有神主宰，例如，“发神苍华字太元，脑神精根字泥丸，眼神明上字英玄，鼻神玉垄字灵坚，耳神空闲字幽田，舌神通命字正伦，齿神峨峰字罗千。”（《黄庭经·至道章第七》）

道教一方面自己造神，另一方面对民间信仰的神几乎照单全收，什么风伯、雨师、雷公、电母、福神、禄神、寿神、喜神、门神、土地、城隍、灵官、关羽等，都在道教神坛上得到了一席之地。

道教的神基本上都是虚构出来的，即使像关羽和城隍这些历史上确有其人的神，也是死后追封的。死后封神并不是重生厌死的道教的追求，而且这种可遇不可求的事不大靠得住，而修仙是人人可为的，所以道教的主要教义还是教人修炼成仙。

什么是仙呢？东晋著名道教学者葛洪说：“仙人者，或竦身入云，无翅而飞，或驾龙乘云，上造天阶，或化为鸟兽，浮游青云，或潜行江海，翱翔名山，或食元气，或茹芝草，或出入人间，而人不识，或隐其身草野之间，面生异骨，体有奇毛，恋好深僻，不交流俗……颜色和泽，老而不衰，延年久视，长在世间，寒温风湿不能伤，鬼神众精莫敢犯，五兵百虫不能近，忧喜毁誉不为累。”（《神仙传·彭祖传》）

葛洪还援引当时的《仙经》说仙有三种：“上士举形升虚，谓之天仙；中士游于名山，谓之地仙；下士先死后蜕，谓之尸解仙。”“举形升虚”就是以肉身升天，“游于名山”就是尚不能升天，“先死后蜕”就是脱尸骸而去。天仙、地仙都是肉身成仙，尸解仙成仙时要留下肉身，但最后还是要把肉身带走的。

尸解仙有许多名堂，“有死而更生者，有未敛而失尸者，有发脱而形飞者”（《后汉书·王和平传》）。还有寄物尸解，就是借用某一物化身仙去，身去物留。有化为剑者，有化为杖者，有火炭烧死者，有溺死于水者，分别叫作“剑解”“杖解”“火解”“水解”，此外还有多种尸解的方式。

道教认为，尸解并不是死，而是修炼者阳神已经炼成，形体失去了作用，其脱离形体犹如蝉蜕。葛洪还举例说，道士李意期和两个徒弟死了，几年后打开棺材只有一根手杖而已，即“杖解”成仙；李少君死了，汉武帝让人开棺也只见到衣帽，即“衣解”成仙。

《钟吕传道集》又把仙分为五等：鬼仙、人仙、地仙、神仙、天仙。修道者急于求成，未能炼至纯阳，至死未悟大道，死后出阴神，就成为“鬼仙”，“虽曰仙，其实鬼也”（《钟吕传道集·论真仙》）。普通人死后生命一般不能延续，而鬼仙可以在抛弃肉体后生命继续延续，所以可以称仙。修炼一法一术有成却尚未得道，但总算身体健康、少有疾病、可以长寿的人，就是“人仙”。按照这一标准，我们身边的“仙”是越来越多了。虽然未悟大道，但修炼已有小成，修成了不死之身但还没有神通力的人，就是“地仙”。地仙修炼到有了神通力，可以谢绝尘俗往返仙山，就是“神仙”了。神仙传道人间而功德圆满，就可以受天书以返洞天，就成为“天仙”了。

《天隐子·神解》对五仙提出另一种解释：“在人谓之人仙；在天曰天仙；在地曰地仙；在水曰水仙；能变通之曰神仙。”此说与前说不同处可以意解，不再赘述。

还有一种“真人”，其等级地位在“大神之下，仙人之上”（《太平经》卷四十二《九天消先王灾法》）。《文子》说：“得天地之道，故谓之真人。”《淮南子·本经训》里说：“莫生莫死，莫虚莫盈，是谓真人。”看来一定得是穷通至理并具有极大神通的人，才有资格做真人。其实，有时候“仙”与“真”是很难区分的。

历代道教经书里记载的仙人不断增多。汉代刘向的《列仙传》有 72 位，梁朝陶弘景的《真灵位业图》有 500 多位，南宋道士陈葆光的《三洞群仙录》提到的神仙有 1054 位。宋以后仍有增加，直到明代已经把张三丰都看成神仙了。

比较有名的仙真有：黄帝、赤松子、宁封子、广成子、赤精子、彭祖、容成公、许真君等，还有“四大真人”（南华真人庄周、冲虚真人列御寇、通玄真人辛钘、洞灵真人亢仓子）、“三茅真君”（茅盈、茅固、茅衷）、“北五祖”（王玄甫、汉钟离、吕洞宾、刘海蟾、王重阳）、“南五祖”（张伯端、石泰、薛式、陈楠、白玉蟾）、“北七真”（马钰、谭处端、刘处玄、丘处机、王处一、郝大通、孙不二）和“八仙”（铁拐李、汉钟离、张果老、何仙姑、蓝采和、吕洞宾、韩湘子、曹国舅），等等。上述仙真里，大概以八仙在民间最为有名。

第三节　道教的修炼与法术

一、炼金与炼丹

要长生不死就得吃仙药，要得到仙药就必须找到仙山，这种信念促使帝王们掀起一次次寻仙求药的高潮，耗费了大量的人力和物力。但仙山找不到，仙药寻不着，一次又一次的失望使帝王没了耐性，开始诛杀不能兑现许诺的方士。秦始皇一次杀了数百人，汉武帝也接连杀了最受宠信的方士少翁和栾大。方士们吓破了胆，不敢胡说八道了，只好想别的办法。

于是有人想：仙药一定在海外吗？中国这么大，有的是高山密林，不会一点儿仙药也没有吧？于是，他们开始把目光由下海寻药转向上山采药了。

仙药是什么样的呢？方士卢生曾对秦始皇说过“臣等求芝奇仙药者常弗遇”（《史记·秦始皇本纪》），汉武帝也曾“复遣方士求神怪采芝药以千数”（《史记·封禅书》），因为中草药里草本植物居多，方士们自然认为仙药也应该是某种植物，所以下意识地用了“芝奇仙药”“芝药”之类的词。

这种猜测对于后来的人就成了救命稻草，他们想当然地认为：既然他们都这么说，那么仙药一定是某种草本植物。估计那时人们一定试过人参、灵芝、雪莲一类的草药，当然是失败了。人们又苦苦反思失败的原因，得出的结论是：“且草木药，埋之即朽，煮之即烂，烧之即焦，不能自生，焉能生人？”（《黄帝九鼎神丹经诀》）古人相信：食物被人吃下去，其特性就会转移到人身上，就是所谓“吃什么补什么”。草木自身都不能保证不朽坏，吃下去怎么会使人不衰老而永葆青春呢？要讲不朽坏，含有中药中植物、动物成分的肯定都不行，那就只有含矿物成分的了。他们开始把目光由植物转向矿物。

方士们尝试过哪些矿物我们已经无从知晓了，但在东汉末年成书的《周易参同契》中，已经有了“金性不败朽，故为万物宝。术士服食之，寿命得长久”的结论；东晋葛洪在《抱朴子内篇·仙药》里也明确说道：“服金者寿如金，服玉者寿如玉。”可见那时黄金已被选中，不过凭常识判断，未必有人敢服用。《红楼梦》第六十九回有尤二姐吞金自尽的情节，如果那时有人尝试服食，必定也是死了。

为什么金不能服食？《黄帝九鼎神丹经诀》卷九中说：“凡服金银，金银多毒，必须炼毒尽，乃可服之。”这就是说，金银有毒，必须经烧炼去毒后才可以服食。也有人认为，采掘来的自然金都不能食用，必须是人工炼制合成的“药金”才可以服用。“药金服之，肌肤不坏，毛发不焦，而阴阳不易，鬼神不侵，故寿可无穷也。”（《张真人金石灵砂论》）究竟是对自然金锻炼去毒，还是炼制人工合成金？从后来的炼金实践看，后者占了上风。

那么用什么矿物可以炼制黄金呢？人们在观察中发现，“上有丹砂者，下有黄金”（《管子·地数》）。这种现象使人们猜测：丹砂可以在某种条件下变成黄金。进一步推想，丹砂也应该能炼制成金。于是，道士们就这样炼制了。

但是，经烧炼的丹砂只能变成水银，继续烧炼又变回丹砂，翻来覆去就是变不成黄金。一开始道士们很泄气，后来就有人反过来想：丹砂这种“万变不离其宗”的稳定性，不正是炼金所要追求的吗？如果直接服食丹砂，将这种不变中有变的特性转移到人身上，不就能成为既长生不死又有神通变化的神仙了吗？这一发现真是非同小可，它把人们对黄金的注意力转移到丹砂上来，把炼金变成了炼丹，把研究炼金术变成研究炼丹术了。

在长年的炼丹过程中，道士们形成了几点主要的认识。一是丹砂直接服食效果并不好，因为自然状态的丹砂不纯净，又没有变化的特性，所以必须要炼制。二是只有炼成的丹能点化他物成金，服用才有长生之效，吃全无化金之效的丹，怎么能使人身体不朽坏呢？三是炼制过程中丹砂转还次数越多功效越强，服食后成仙越快。炼制中，丹砂变为水银后再变回丹砂叫“一还”或“一转”，转还次数越多越好，以九次转还为上限，称为“九还丹”或“九转金丹”，是丹中极品。

资料：九转金丹

葛洪在《抱朴子内篇·金丹》中说：“一转之丹，服之三年得仙；二转之丹，服之二年得仙；三转之丹，服之一年得仙；四转之丹，服之半年得仙；五转之丹，服之百日得仙；六转之丹，服之四十日得仙；七转之丹，服之三十日得仙；八转之丹，服之十日得仙；九转之丹，服之三日得仙。”

同海外寻仙药和炼金术的短命不同，炼丹术兴旺了几百年，而且随着道教影响的扩大，其从宫廷走向了民间。

但是，炼丹实践却屡屡失败。几百年里千千万万的炼丹者，有谁真正炼成了仙丹呢？哪一位在众目睽睽之下白日飞升了呢？

其实，金丹中含有铅、汞等有毒物质，不但不能延寿长生，而且长期服用可能危及生命。李申在其所著的《怎样得道成仙》一书中指出，“赤汞，就是丹砂”，而“作金药物中有一味是‘玄黄’，它由水银和铅作成”[①]。长期服食含有铅、汞成分的金丹，其后果可想而知。仅唐朝就有十个皇帝服过金丹，唐太宗李世民第一个中毒而死，唐穆宗、唐武宗、唐宣宗三位也追随而去，高官重臣死得更多，但还是有人视死如归，“前赴后继”地炼丹服药。每死一个皇帝就会有一批道士被砍头，几个回合下来，道士们视炼金丹为畏途，敢于以身犯险的人越来越少，炼丹服食成仙之路越来越走不下去了。

正是在这样的情况下，“内丹说”兴起了。

二、内丹理论与修炼

什么是内丹？内丹怎么炼？隋代道士苏元朗的解释是：以身体为鼎炉，以精气神为药物，在人体内模拟金丹的炼制过程，成丹于体内。唐代道书《通幽诀》说：“气能存生，内丹也；药能固形，外丹也。”就是说，在体内用气炼成的叫内丹，在体外用矿物炼成的叫外丹。

可是这样讲与传统的丹经理论不符。被丹鼎派奉为经典的《周易参同契》里，明明白白写到了鼎炉、水火、铅汞等炼丹的用具和原料，在人体内炼内丹哪用得上这些呢？

为了回答这类问题，持内丹说的人就重新研究《周易参同契》，并且按自己的意愿有了新的“发现”。他们的新“发现”是：这本书本来就是讲炼内丹的，只不过用语多属隐喻，后人没理解，炼错了。比如，以“鼎

① 李申.怎样得道成仙. 成都：四川大学出版社，1995：70.

炉”比喻身体，以“丹砂”比喻五脏之气，“铅”“水”指的是肾，“汞”“火”指的是心。为什么这么说呢？因为按照阴阳五行理论，五脏、五方、五色都是与五行对应的。五脏中的肾对应水和北方，“北方玄武”色黑，对应铅；心对应火和南方，“南方朱雀”色红，对应丹砂（可以炼成汞）。所以在身体（鼎炉）里炼的是五脏之气，首先是肾心（铅汞）之气。至于《周易参同契》里把铅汞的化合说成是“龙虎交媾”，按“东方青龙”对应木和肝、“西方白虎”对应金和肺来理解，是说还要炼肝肺之气。这样一解释，《周易参同契》竟然完全成了讲内丹的经书了。内丹学者还进一步发现：老子也是讲内丹的。《道德经》说：天、地、人三才都是由永恒的“道”产生的，所以人和天地间的万物一样，永恒性是与生俱来的，根本用不着从外部寻找和移入。

那么，具有永恒性的人为什么会死呢？怎样才能不死呢？办法就是通过炼内丹，使寿命有限的人返回到原始的永恒的“道”的状态去。

《老子》说：“道生一，一生二，二生三，三生万物。”也就是说，道生一气，一气生阴阳，阴阳生三才（天、地、人），再衍生万物。这是一个自然的顺行过程，炼内丹是一个倒转的逆行过程。体内原有三宝，即精、气、神，通过“炼精化气”使精气合一，只剩下气和神；通过“炼气化神”使气神合一，只剩下神；再通过“炼神返虚”，达到虚无，虚无就是“道”。回到了“道”，也就找回了永恒性，人就长生不死了。就是说，按“道→一→二→三”的过程，顺行则成人；按“三→二→一→道”的过程，逆行则成仙。所以，只要把这个逆行过程反复多次，长年坚持不懈，就可以在丹田处凝结成内丹，这时人就可以成为永生不死的仙真了。

资料：丹田

道教术语。有多种含义。一指脐下三寸，男子精室，女子子宫，为内丹家炼丹之处，故名。《黄庭经》：“丹田之中精气微……玉房之中神门户。”二指人体内三个部位，《抱朴子内篇》：脐下为下丹田，心窝为中丹田，两眉间为上丹田。三丹田亦为三叠。又指

> 中医针灸穴位，人体脐下的阴交、气海、石命、关元四个穴位，称丹田。[1]

从理论上讲，炼内丹是很神秘、很复杂的，但其实也很简单，就是我们常说的练气功。练气功时，要排除杂念，做到心中空旷无物，再用意念引导真气按经络运转，贯通任督二脉，体内会渐渐感到充盈，最后把运转之气纳入丹田。不过，气有先天、后天之分，社会上流行的气功练的是后天的气，而内丹气功炼的是先天的气，是真气、元气，写作“炁”（音气），是比后天气功层次更高的“炁功”。

练炁功虽不敢保证长生不死，但强身健体之效是有目共睹的。所以从唐末五代始，外丹黄白术迅速衰落，内丹气功勃然而兴，到全真教兴起后，更是炁功风行，鼎炉尘封，内丹派已经是横行天下了。（“炼金与炼丹”和“内丹理论与修炼”两节的内容，主要参考了李申先生的《怎样得道成仙》一书，书中有更专业的讲述。）

三、道术的“旁门左道”

道教讲究不仅要有“道”还要有“术”，因为“道无形，因术以济人”（《云笈七签·秘要诀法·序事第一》）。教无道不成，道无术不行，“道术”就是寓道于术，所以道教是非常看重道术的。

道教的道术主要来自原始巫术和神仙方术，种类很多。内丹说兴起之后，修炼内丹被道士们看作是得道成仙的唯一正途，而将其他道术归纳为九十六种左道，三千六百旁门，合称“旁门左道”。其中比较常见的有：仙药、金丹、黄白、守一、存想、守静、内视、行气、导引、吐纳、服气、服饵、胎息、辟谷、八卦、星算、六壬、遁甲、符箓、降神、禁咒、祈禳、房中、守庚申等。所谓的“旁门左道”虽然被认为不如修炼内丹来得纯正地道，但入门容易且见效快，对健身延年有一定的作用，修习者也

---

① 吴康. 中国神秘文化辞典. 海口：海南出版社，1993：28.

为数不少。

道术按用途可分为修炼方法和法术，修炼方法用于己，法术施于人。

修炼方法中较重要的有服饵、胎息、辟谷、守庚申等。

服饵是指服食草木、丹药的养生术。被认为服用效果较好的动植物药有灵芝、白术、首乌、人参、菊花、枸杞、黄精、鹿茸、蛇蜕、熊胆等。服用外丹也属于服饵之术。唐末以后服用外丹衰落了，但服饵术采用的许多药方却被证明确有强身健体的作用，为历代医家所重。

胎息就是闭气，闭气时间越长越好，当功力达到一定程度时，甚至可以像胎儿在母腹中一样没有呼吸，所以叫胎息。道教认为胎息有返老还童之效、延年益寿之功。

辟谷指不食五谷的修炼方法，亦称断谷、绝谷、休粮。道教认为，人体中有三尸虫，上尸好宝物、中尸好五味、下尸好色欲，此三尸是人欲望的根源。三尸靠谷气生存，人不食五谷，就可以灭掉三尸虫，从而灭掉欲望，达到延年益寿的目的。辟谷时间当然也是越久越好，《史记》说张良曾“绝谷一年”，葛洪说“余数见断谷人三年二年者多，皆身轻色好，堪风寒暑湿，大都无肥者耳”。

守庚申就是在庚申日坐守一夜不睡，这也是为对付三尸的。因为三尸“每到庚申之日，辄上天白司命，道人所为过失”（《抱朴子内篇·微旨》），就是每逢“庚”“申”之日，就上天向掌管人寿命的神告恶状，减人的寿命。人不睡觉三尸就走不了，甚至“三尸皆尽，司命削去死籍，著长生录，上与天人游”（《云笈七签》卷八十二《庚申》）。

法术中较重要的有符箓、卜筮、解梦、占星、祈禳等。

符箓，指道教秘文。符，是道士假借神仙名义书写的指令箓，是记录天神的名册，都是用一种似字非字、似图非图的符号写成的。道教徒说，符箓是尊神赐予他们的信物，可以用来调动神将、镇邪、驱鬼，还能治病。符箓术是天师道、正一道派的主要法术，他们也因此被称为符箓派，与崇尚丹药的丹鼎派同为道教两大派别。常与符箓并用的还有禁咒、令和印。禁咒，是所谓天神的语言，亦称神咒。令，是对鬼神下的命令。印，是天神的印信。这些也都是遣神驱鬼所用的。

卜筮，是指以观察龟甲和蓍草的纹路来推算人的命运。龟甲（一般取腹甲）要以火烤灼从而形成裂纹，蓍草要把草茎从中剖开，以便观察。后来，把用铜钱、竹签、纸牌物用来推断吉凶祸福，也泛称为“卜卦”。

解梦，就是通过对梦境的分析判断，预言做梦者的吉凶祸福。托名周公旦所作的《周公解梦》一书，是解梦说的代表作。

占星，是通过观察日月星辰的运行变化来推断人间的吉祥灾祸。古代人认为星象的运行与个人乃至王朝的命运有着某种联系。《三国演义》第一百零三回中，诸葛亮就是仰观星象，见“三台星中，客星倍明，主星幽隐，相辅列曜，其光昏暗”，从而断定“天象如此，吾命可知”。

祈禳，指采用某种宗教仪式与神沟通，求福祛灾。《三国演义》第四十九回诸葛亮祭东风，以及第一百零三回禳星延命，使用的就是祈禳术。书中对祭东风的仪式有较详细的描写，还提到了诸葛亮禳星前仰观星象。

本讲小结

道教是我国土生土长的宗教，具有鲜明的中国特色。道教贵生厌死，主张享受人生，关注现实世界，表现出较强的世俗性。这就把它同其他宗教区分开来，也使它更容易从民间获得营养，更容易与儒学结成同盟，长期共处。道教同原始宗教、神仙方术及民间信仰有着很深的渊源，是中国正统文化的重要组成部分。

道教曾与儒学联合抵抗外来的佛教，既促进了自身的发展，也促进了佛教的中国化，形成了在思想界儒、道、佛三足鼎立的局面。全真教主张“三教合流”，是道教内丹学、佛教禅宗和儒家理学相结合的产物。下层民众曾借用道教的组织形式发动过多次起义，统治者也利用道教神权为自己政权存在的合法性提供证明。道教对我国不同文化领域、不同层次人群，都产生过相当大的影响。

道教的修炼术和法术，对我国的医药、养生、体育、武术、天文等许多方面都有较大影响，在有些领域还做出了较重要的贡献。后来，炼丹术通过阿拉伯传入欧洲，成为近代化学的先驱。

本节小结

第四讲　佛　　教

第一节　佛教的产生和基本教理

一、印度佛教的产生与派别

佛教产生于公元前 6 世纪，创始人乔达摩·悉达多，是古印度北部迦毗罗卫国（今尼泊尔境内）净饭王的儿子。为了寻找摆脱生老病死等人生烦恼的途径，他于 29 岁时出家修行，六年后，在尼连禅河边伽耶城外的一棵菩提树下，悟得了解脱之道，觉悟成佛。乔达摩·悉达多创立佛教后，弘扬佛法，广收弟子，传教 40 余年，80 岁时因病圆寂于拘尸那揭罗的跋提河畔。因为他是释迦族人，后来被人们尊称为“释迦牟尼”，意为释迦族的圣人。

释迦牟尼在世时没有留下著作，后来传世的佛经，都是他的弟子们凭记忆背诵他的言论，经大家同意和认可再记录下来的。释迦牟尼在世时宣称自己是凡人，直到他逝世后的 100 年左右时间内，佛教并不奉佛，教内也没有宗派之分，所有佛教徒信奉的教理与戒律都是一致的。后来，这一时期的佛教被称为“原始佛教”。

随着佛教传播范围的扩大，信徒日渐增多，教徒对教理与戒律的认识也产生了分歧，出现了不同的派别，主要分为上座部和大众部两派。一般认为，上座部在教义和戒律方面比较接近原始佛教，大众部则有了某些变革。在此后的二三百年里，在上座和大众两个根本部里，又衍生出了十八部（亦有说法是二十部），都有各自宗奉的经、律、论典籍。不过同后来产生的大乘佛教相比，这些部派之间的差别并不是很大。这一时期被叫作“部派时期”。

1 世纪前后，正是印度社会开始由奴隶制社会向封建制社会过渡的时期，佛教内部逐渐形成了自称“大乘”的派别，他们把部派时期的学说统统称为“小乘”。小乘佛教以证得阿罗汉果位为最高目标，主张通过修习“戒、定、慧”三学，达到个人的精神解脱。大乘佛教认为，小乘佛教的修行就像只造一个人乘坐的小船一样，只能渡自己到彼岸世界去；而大乘佛教的主张是造一只大船，既渡己又渡人，共同到达脱离生死轮回的彼岸，这才符合佛祖普度众生的思想。为了做到这一点，大乘佛教认为，不能仅仅修习“戒、定、慧”三学，还要实践布施、持戒、忍辱、精进、禅定、智慧等“六度”，这是六条到达彼岸世界的道路。他们认为，阿罗汉果位并不是修行的最高目标，还可以修成更高的菩萨和佛。

大乘佛教在修行的最高目标和修习途径上，对传统的佛教思想有所变革，因而被小乘佛教斥之为“非佛说”，不承认它是佛学的一部分。但是对佛教的基本教理，大乘、小乘还是都能认同的。

二、佛教教理的主要思想

当年释迦牟尼在菩提树下苦思冥想所悟得的道理，被弟子们整理归纳出来，就成了佛经。在长期的发展中，佛教的理论体系日趋精密和完善，但由于语言和文化的差异，我们中国人往往会感到其论证艰深复杂，用词拗口难懂。所以，这里只介绍佛教最基本也是最重要的“四谛”“八正道”“三世”“十二因缘”和“六道”等教理。

佛教中的“谛”就是真理的意思。“谛”又分为“俗谛”和“真谛”，“俗谛”是凡俗世人所认可的“世俗真理”，“真谛”则是佛教所认识的“真正的真理”。“四谛”，就是佛教认为最具根本性的四种真理，分别被称为“苦谛”“集谛”“灭谛”和“道谛”。苦谛，是指出“人生皆苦”的真理。佛教认为，世界是一片无边的苦海，人人都在这苦海中沉浮，所以人生无事不苦。人生之苦有八种，分别是生、老、病、死、怨憎会、爱别离、求不得、五蕴炽盛。婴儿从温暖的母腹中来到人世，先要受到风刀刮身的痛苦，所以每个人都是哭着出生的，此后的一生也是磨难重重，这是生之苦；到了年迈之时，皮皱发落，做事力不从心，如果再不能自食其力，难免仰人鼻息，屈己从人，这是老之苦；人生中难免得病，大病小病不知会有多少，大病大苦，小病小苦，身受煎熬在所难免，这是病之苦；一旦阳寿尽、死期临，不管如何留恋红尘欢娱，也只能骨肉分离，撒手西去，这是死之苦；人生在世，有许多相互厌恶和仇恨的人却不得不生活在一起，这叫怨憎会；又有许多相亲相爱的人不得不分开，这叫爱别离；还有如升官、发财、出名和获得美色等诸多欲望不能一一得到满足，这叫求不得；佛教用“色、受、想、行、识”概括人身心的各种感受，称之为五蕴，身心的各种痛苦和烦恼相互交织，就叫五蕴炽盛。

集谛，是解释苦的原因和根源的真理。佛教认为，一切苦都是因缘的集合，因缘有烦恼和业两类。人由于“无明”（不懂佛教的道理）就会有烦恼，由于烦恼而作“业”（就是人的一切思想言行），作业又引来所有的苦。所以说，业是苦因，烦恼是致苦的助因。人无明就不可能没有烦恼，有烦恼就会作业，作业就会带来无尽的痛苦。

灭谛，是指出消除苦难的办法的真理。佛教认为，要结束人生的苦难就要断绝无明，灭绝烦恼和业，而只有通过修习佛学达到灭寂并进入涅槃，才能彻底摆脱三界中的生死之累，得到永恒的快乐。

道谛，是灭苦的道路，也是进入涅槃境界所要遵循的修行方法。其共有七科：一为“四念处”，二为“四正断”或“四正勤”，三为“四神足”或“四如意足”，四为“五根”，五为“五力”，六为“七觉支”或“七菩提分”，七为“八圣道”或“八正道”。以上合称三十七菩提助道品法。下面着重介绍“八正道”。

八正道就是：①正见，指对佛教所说的真理具有正确的认识和理解；②正思维，能按照四谛的真理进行正确的思维和分析；③正语，不讲违背佛教教义、教理的话语；④正业，就是一切行为符合佛祖的教诲，保持身业清净；⑤正命，坚持正确的生活方式，过符合教义、教规的生活；⑥正精进，坚持不懈地进行正确的佛法修行；⑦正念，正确的思想意念，铭记教义教规，念念不忘四谛；⑧正定，精神集中，专心禅定，从内心领悟佛法真谛。

八正道等修行方法，正是四谛中最后一谛的具体内容，八正道中最重要的是正见，也就是信奉四谛。有了正见，其他七正道才能施行。

“三世”“六道”和“十二因缘”，也是佛教最基本的教义。

三世就是过去世、现在世、未来世，人在三世间按业报轮回，善行得善报，恶行得恶报。佛教认为，一个生命体的一生，是由跨越三世的、有因果关系的十二个环节组成的，这个过程叫作十二因缘：①“无明”，指过去世因无知而产生烦恼；②“行”，由烦恼产生的善恶业行；③“识”，带着过去世的善恶之业来现在世投胎；④“名色”，胎儿身心渐次发育；⑤“六处”，眼、耳、鼻、舌、身、意形成，即将出世；⑥“触”，刚出世接触外界还没产生苦乐感受的幼儿；⑦“受”，已经能感受苦乐的七八岁儿童；⑧“爱”，产生强盛爱欲的青年；⑨“取”，有强烈追求索取欲望的成年人；⑩“有”，由贪欲和索取的烦恼决定的业；⑪“生”，依现在世的业而定的再世的生；⑫“老死”，由来世的生决定的必然衰老而死。

在这十二个环节中，①②发生在过去世，又是现在世的因；③④⑤⑥⑦⑧⑨⑩发生在现在世，其中，前五项是过去世的果，后三项是未来世的因；⑪⑫是未来世必然要发生的事，也是现在世的果。这样就构成了三世两重因果，这种因果关系也叫作“业报”，每个生命体就依业报在三世中流转轮回，永无休止。

业报更具体地表现为一切众生都在六道中轮回。

六道，指地狱、饿鬼、畜生、人、阿修罗和天。六道的前三道为恶道，其中地狱道最苦，共有十八层，前世大奸大恶之人在这里受到种种酷刑；入饿鬼道者，或常年不得饮食，或有饮食吞咽不下，受尽饥渴；畜生道，指沦为飞禽走兽，愚痴无知，任人畜养宰杀。后三道为善道。人道，即人间；阿修罗原意为恶神，作业微恶者沦入此道；天道，指成为诸天，接近于我们中国人说的仙人，是六道中最好的一道。

“六道说”认为，前世作恶者死后入恶道，沦为猪狗畜类，甚至下地狱受苦；前世行善者死后入善道，即使身为畜生，也可积善而转化为人身，或富贵或长寿，直至升为天人。但只要身处六道之中，就无法摆脱生死轮回，即使成为天人，有大神通，寿命亿万年，终究会出现“五衰”之象，命尽而死。所以，六道中的众生必须勤修佛法不得中断，直至脱离六道轮回，进入极乐世界，才能得到最终的解脱。

资料：天人五衰

天人将死时出现的五种现象：“一者衣裳垢腻，二者头上花萎，三者身体臭秽，四者腋下汗出，五者不乐本座。”(《涅槃经·十九》)

一般的宗教信仰都是对人而言的，而佛教却是对众生的。“众生”是佛教专有的名词，包括凡人，也包括六道中的天人、畜生、恶鬼等生灵。佛教认为，各种生灵都在六道中轮回。今世是人，来世可能是畜生；今世是畜生，来世可能是人。所以众生是平等的。

佛教不杀生、不吃肉，据说也是因为每一动物都可能是你自己的父母转世托生，杀而食之违逆伦常。佛教讲“普度众生”，就是说，要六道皆度，不能厚此薄彼。虽然佛教有时候也用“度人度己”一词，但这里的“人”是己身以外的泛指，其实还是众生。

第二节　佛教修持的果位及其时空观

一、涅槃与果位

佛教认为，人世间是一片苦海，六道是更大的苦海，即使进入六道中，最好的天道也没有摆脱轮回，终究还是身在苦海。只有经过不懈地佛法修持，到达“涅槃”境界，才能跳出六道，摆脱轮回，彻底脱离苦海。

一般人理解的涅槃就是死亡，如称僧人逝世为涅槃。但佛教徒所说的涅槃不是死，而是经过修持达到的彻底觉悟的状态。“西域高僧鸠摩罗什译为‘灭’或‘灭度’，唐玄奘则译为‘圆寂’……所谓灭、灭度，是指灭烦恼，灭生死因果，进入不生不灭的境界。所谓圆寂，就是烦恼尽去，圆满寂静……中国在玄奘以前，多用灭或灭度，玄奘以后，多用圆寂。”[①]通

① 李士生. 中国传统文化散论. 北京：中国社会出版社，2005：201.

过各种修持达到涅槃境界，是佛教徒的最高追求。

八正道是佛教最主要的修持方法之一，按层次又可以归结为“戒、定、慧”三学：正语、正业、正命属于戒，正念、正定属于定，正见、正思维、正精进属于慧。戒，是佛教的戒律，又分为防止恶行的“止持戒”和奉持善行的“作持戒”两种，是用来约束佛教徒的行为的；定，是佛教徒修持时全神贯注的精神状态，是三学中最重要的内容。中国佛学又把含有“宁静深思”意思的“禅”，与之合称为“禅定”，强调了专注修持与探究义理并重的更高要求；慧，是指由修持而得到的佛教智慧，由此，智慧就可以断除一切烦恼，进入涅槃境界。

那么，进入涅槃境界的人叫什么呢？小乘佛教称之为阿罗汉（简称罗汉），是教徒修行所能达到的最高成就。小乘佛教把修行的成就分成四“果位”（即四个层次）：得初级果位“预流果”者，轮回时只入善道不入恶道；得二级果位“一来果”者，轮回时只转生一次；得三级果位“不还果”者，不再回“欲界”投生而能超升天界；得四级果位“阿罗汉果”者，已经功德圆满，跳出三界六道轮回，永远不再受转世投胎之苦。

大乘佛教的果位分三级，由低到高分别是罗汉、菩萨和佛。

大乘佛教认为，像罗汉这样只图自己脱离苦海而独善其身的修行，不能体现佛祖普度众生的大慈悲心，所以罗汉只是初等果位。

菩萨，是梵语“菩提萨埵”的音译简称，是高于罗汉的果位。菩萨虽然已经超脱了生死轮回，但他们具有慈、悲、喜、舍的“四无量心”，不忍见芸芸众生在苦海中挣扎，所以立下宏大誓愿：一是“自度度他”，就是要与众生一起脱离苦海；二是“自觉觉他”，就是要与众生一起觉悟，所以菩萨们往往并不在极乐世界享乐，而是在世间普度众生。

佛，是梵文“佛陀”的音译简称，意译为“觉悟者”或“智者”，为大乘佛教的最高果位。大乘佛教认为，“觉悟”有三个层次，就是自觉、觉他和觉行圆满。罗汉只达到了自觉，菩萨达到了觉他，而佛已经达到了觉行圆满。

佛、菩萨和罗汉是跳出了轮回的，显然佛教理解的世界远不止六道这么大。那么，佛教理解的整个世界是什么样子的呢？

二、佛教世界及其主要佛神

大乘佛教空间世界的基本单位是“小世界”，小世界以须弥山为中心，由下而上分为“三界二十八天”。“三界”即欲界、色界和无色界。欲界又分“六欲天”、人界四大洲和无间地狱，居住着有食欲和淫欲的六道众生，我们就居住在人界四大洲之一的“南赡部洲”；欲界之上的色界分为四级，即“四禅天”，还可再细分为十八天。此界已无食、淫二欲，五官感受次第减少为只有意识，但还有身体、宫殿等物象存在；无色界又在色界之上，也分为四级，即“四空天”，是无欲望无形象的众生所居之处。欲界六天、色界十八天，再加上无色界四天，就是“二十八天”。众生只要身在“三界二十八天”之中，就没有跳出生死轮回，只有达到涅槃境界的佛、菩萨和罗汉，才能脱离三界。

大乘佛教描述的空间世界极为浩瀚。据《长阿含经》等书记载，佛教以同一日月照耀的一方天地为一个“小世界”，一千个小世界为一个“小千世界”，一千个小千世界为一个“中千世界”，一千个中千世界为一个“大千世界”，所以，一个大千世界等于十亿个小世界。因为大千世界是由小千、中千、大千三个层次组成的，所以也叫“三千大千世界”，是由“三个千的层次”构成的一个大千世界，而并不是“三千个”大千世界的意思。每个小世界都相当于一个太阳系，其中都有佛，他们各自在自己的佛国或佛刹普度众生，所以佛的数量多如恒河的沙粒。

佛教以“劫”为常用时间单位。佛教认为，由于水、火、风三灾会定期发作，娑婆世界处在反复地形成和毁灭过程中，每一次成毁被称为一大劫。每一大劫由四个中劫组成，分别以“成、住、坏、空”命名。“成劫”是世界形成时期，“住劫”是六道众生生存时期，“坏劫”是世界毁坏时期，“空劫”是世界空无一物的待再生成时期。每一中劫又由二十个小劫组成，每一小劫由“减劫”和“增劫”两个阶段组成，分别以人的寿命增减趋势命名。佛教认为，每一小劫开始时人的寿命是八万四千岁，每过一百年减少一岁，直至减到十岁，这一阶段就叫“减劫”；此后，人的寿命每过一百年增加一岁，直至增到八万四千岁，这一阶段就叫“增劫”。

以此计算，每一小劫合一千六百七十九万八千年，每一中劫合三亿三千五百九十六万年，每一大劫合十三亿四千三百八十四万年。在不特别说明的情况下，佛教用作时间单位的“劫”，都是指大劫。过去的“住劫”名为“庄严劫”，现在的“住劫”名为“贤劫”，未来的“住劫”名为“星宿劫”。这三大劫的住劫中，各有千佛出世，称为“三劫三千佛”。

小乘佛教以释迦牟尼为佛教创始人，所以在空间上只承认现世的释迦牟尼为佛，在时间上只谈释迦牟尼及其之前的六位祖师，即“过去七佛”。

过去七佛，是指释迦牟尼和他以前的六位佛。第一位毗婆尸佛，第二位尸弃佛，第三位毗舍婆佛，这三位是过去庄严劫的最后三佛，在距今九十一劫至三十一劫时出世；第四位拘楼孙佛，第五位拘那含佛，第六位迦叶佛，第七位释迦牟尼佛，这四位是在现在贤劫出世的。

大乘佛教认为，释迦牟尼之前之后都有佛，在无限的时间和空间里有无数的佛，最著名的是“横三世佛”和“竖三世佛”。

横三世佛，是指按空间排列的东方“净琉璃世界”的教主药师佛、中央“娑婆世界”的教主释迦牟尼佛、西方“极乐世界”的教主阿弥陀佛。东方是日出之地，净琉璃世界象征着生的乐园，其教主药师佛成佛时曾立下十二大誓愿，要消除众生的疾病痛苦，使信奉者起沉疴、去痼疾，益寿延年。中央是众生的现实居处之地，娑婆世界是无边的苦海，教主释迦牟尼致力于普度众生，可以帮助信奉者脱离苦海，跳出轮回。西方是日落之地，极乐世界象征着死的妙境，其教主阿弥陀佛成佛前，曾发愿成就一个尽善尽美的佛国，阿弥陀佛成佛后创造了万物光丽、美轮美奂的极乐世界，那里没有苦痛，只有快乐，是众生跳出轮回后向往的去处。

竖三世佛，是指时间上前后相继的过去世的燃灯佛、现在世的释迦牟尼佛、未来世的弥勒佛。燃灯佛是以前的佛教教主，在释迦牟尼还是孩子的时候收他为弟子，并预言他将在九十一劫后的贤劫成为教主。弥勒佛的名字叫阿逸多，生于南天竺婆罗门家，将继承释迦牟尼成为未来世的教主。

在我国，最有名的菩萨是与四大佛教名山对应的四大菩萨：观音菩萨、文殊菩萨、普贤菩萨和地藏王菩萨。

观音菩萨，本来被称为“观世音”，为避唐太宗李世民的讳改称“观音”，以浙江普陀山为道场，与大势至菩萨一起作为阿弥陀佛的左右胁侍

（即助手），象征大悲。原为男身，唐以后转为女像，有杨柳观音、滴水观音、送子观音、马头观音、千手和千眼观音等造像。他出家修道时发愿，不普度世间众生，誓不成佛。据说信徒只要念其名号，就可以消灾解难、水火不伤、祈福得福、求子得子，是最受人们信仰和崇拜的菩萨。

文殊菩萨，与普贤菩萨一起为释迦牟尼佛的左右胁侍，以山西五台山为道场，其造像为头顶结五髻，执宝剑、跨青狮，象征大智。

普贤菩萨，以四川峨眉山为道场，造像为身跨六牙白象，象征大行。

地藏王菩萨，以安徽九华山为道场，象征大愿。据《地藏菩萨本愿经》中说，地藏受释迦牟尼嘱托，要在释迦灭度后、弥勒降生前的无佛时期留住世间，教化众生，并度恶道众生，所以他发誓："地狱未空，誓不成佛。"

我国佛寺供奉的罗汉，常见的有十六罗汉、十八罗汉和五百罗汉。据说十六罗汉本是释迦牟尼的十六个弟子，受命在佛祖灭度后不入涅槃，常住世间护持佛法。约在五代时增加两位，后被清朝乾隆皇帝封为"降龙罗汉"和"伏虎罗汉"，成为十八罗汉。

"五百罗汉"之称始于唐末五代，其来历说法不一：有的说他们是常随释迦牟尼听法的五百弟子，有的说是参加迦叶主持的第一次结集（就是共同忆诵佛祖言论）的五百比丘，还有的说是随成佛的雁王涅槃的五百只大雁所化，也有的说他们是受佛法感化放下屠刀的五百个强盗。

佛、菩萨和罗汉之外，佛教还有数量众多的护法神。佛教护法神分为天众、龙众、夜叉、阿修罗、乾闼婆、紧那罗、迦楼罗、摩睺罗伽八类，因为是以天众和龙众为首，所以统称为"天龙八部"。天龙八部本是印度神话中的神鬼，后被佛教采用。

天，是六道中最善、最好的去处，只有得到极大福报的众生，才能往生天道成为天众，也叫诸天、天人。诸天以居须弥山顶的帝释天为首，四大天王、韦驮、阎王皆是其部属。

四大天王也称四大金刚，居住在须弥山腰的犍陀罗山的四个山峰上，各护一方世界：持国天王名叫多罗咤，身白色，手持琵琶，护东胜神州；增长天王名叫毗琉璃，身青色，手执宝剑，护南赡部洲；广目天王名叫毗留博叉，身红色，手缠一龙，护西牛贺洲；多闻天王名叫毗沙门，身绿色，右手持宝伞，左手握神鼠，护北俱卢洲。在我国佛寺的天王殿里，四大天王已经被汉化为顶盔贯甲的武将形象，手持的武器也被赋予“风调雨顺”的吉祥寓意。韦驮是南方增长天王的八大将领之一，手使金刚杵，奔走如飞，善捉鬼贼，其造像立于天王殿弥勒佛像身后。

龙众，是专管兴云降雨的龙神（与我国的龙王传说十分相似），居于须弥山周边的七重香水海中。夜叉，是一种捷疾勇健、既吃鬼也害人的鬼。阿修罗也是六道之一，往生此道的是行善而好怒的人，因为他们有天人福分却无完好品行。阿修罗有神通，丑陋好斗，也有七情六欲。乾闼婆是香神或乐神，职司雅乐。紧那罗是歌神，担任诸天法会的奏乐工作。迦楼罗是一种以蛇为食的金翅神鸟。摩睺罗伽是大蟒神。

第三节　佛教的中国化

一、佛教在我国的流传

据史书记载，佛教在两汉之际传入我国。不过在很长的一段时间里，佛教只是在宫廷内部和少数贵族中流传，而且人们只是把它当成神仙方术的一种，所以影响并不大。东汉末至三国时期，外国和我国西部来内地的僧人增多，也有更多的佛经被译出，佛教的影响越来越大，大乘佛教和小乘佛教同时被介绍到我国。

汉末、三国到两晋南北朝，我国社会陷入长年的战乱，社会生产力遭到极大破坏，民不聊生，统治阶级和被统治阶级之间以及统治阶级内部的种种矛盾日趋激烈和复杂，人们普遍有朝不保夕、世事无常的感觉。这时，宣扬人世如苦海、主张另寻极乐净土的佛教，就适应了人们的心理需求。这一时期出现了一批著名僧人，他们在不同方面所取得的成就，推动了佛教的传播，促进了佛教的发展。

三国时，僧人康僧会从交趾（今越南）来到建业（今南京）传教，得到割据江东的孙权的支持，从此佛教开始在江南流传。

曹魏时，印度僧人昙柯迦罗到洛阳传授佛教戒律，开了中国佛教界按正规仪式传授戒律的先河。

西晋僧人竺法护翻译佛经 100 多部，其中，《法华经》《光赞般若经》等曾对推动中国佛教的发展起过重大作用。

西晋末，西域龟兹（今新疆库车一带）擅长法术的僧人佛图澄来到洛阳，得到后赵的石勒、石虎的宠信，得以参与军机。他利用其特殊身份劝化石氏父子允许汉人出家为僧，大建寺院，广收弟子，并注重在民间传教，使佛教盛极一时。

到了东晋时期，佛教在南北方分别形成两大中心。著名僧人释道安和鸠摩罗什，是以长安为中心的北方佛教领袖；而以庐山东林寺和建康（今南京）为中心的南方佛教，则以慧远为主要代表。

释道安长于以当时流行的玄学义理解释佛教教义，并组织领导了佛经翻译、整理等工作，还为僧侣团体制定了共同生活的法规仪式，他的这些工作对后世均有重大影响。

生于西域龟兹的著名僧人鸠摩罗什，"年轻时即博览大小乘经论，名闻西域诸国，龟兹王曾为之造金狮子座。罗什每至讲说，诸王长跪高座之侧，令罗什践其膝以登焉"（《高僧传》）。前秦苻坚发兵攻破龟兹国，得到了鸠摩罗什。在后秦皇帝姚兴的支持下，鸠摩罗什翻译了 30 余部共计 300 余卷经书，其中，《大品般若经》《妙法莲华经》《金刚经》《阿弥陀经》《维摩诘经》等对后世影响极大。他与真空、玄奘、不空，并称为中国古代"四大译经家"。

慧远是释道安的弟子，后来离开释道安南下，曾长期在庐山讲授佛学，著书立说，佛学修为达到了很高的程度。当时全国许多高僧都慕慧远之名云集东林寺，相互交流研讨，盛极一时。慧远还发起了我国佛教史上第一次结社，因名士谢灵运曾为他在东林寺开种两池白莲，其所创之社遂称"白莲社"（后世的白莲教也因遥尊慧远为祖而得名）。他注重宣扬佛教因果报应、生死轮回的思想，提倡死后转生极乐净土，因此被后人尊为影响极大的净土宗的初祖。唐朝时，东林寺的智恩和尚、鉴真法师东渡扶桑传教，净土宗的教义亦随之传往日本，至今日本东林教仍尊慧远为始祖。

这一时期已经开始有人西行拜佛求经。三国时的朱士行，是我国第一个西行求佛经的人，他曾西行到于阗，求得梵本《大品般若经》。东晋时僧人法显，西行历时 14 年，到过印度、尼泊尔、狮子国（今斯里兰卡）等 30 余国，带回了许多梵本佛经。他还写了《佛国记》一书，记录了所经各国的风土人情，为后人的研究提供了珍贵的资料。

南北朝时有几个皇帝极为崇佛。宋文帝亲自研究佛经，宋孝武帝造无量寿佛金像，梁武帝、陈武帝、陈后主都曾舍身入佛寺，其中，梁武帝更是四次舍身同泰寺。北方从北魏文成帝开始，大建佛像石窟成为一大特色，云冈石窟、敦煌千佛洞、龙门石窟、麦积山石窟、天龙山万佛洞、响堂山石窟等，都主要是在这一时期开凿而成的。这些皇帝的推崇自然加快了佛教的传播。

南北朝时，印度佛教各派的经典教义已经基本传入我国，国内一些高僧各依研究所得传授弟子，从而形成了不同的佛学派别。其中，以竺道生、慧观为代表的“涅槃学派”，以真谛、昙迁为代表的“摄论学派”，以僧朗、僧诠为代表的“三论学派”，以菩提流支、勒那摩提和慧光为代表的“地论学派”，以僧旻、法云和智藏为代表的“成实学派”，以慧集为代表的“毗昙学派”，均较为著名。

在大乘佛教成为主流在我国大部分地区流传的同时，小乘佛教也在我国西南的傣族、布朗族、佤族和崩龙族聚居地区得到传播。另外，属于大乘佛教分支的藏传佛教也在藏族、蒙古族、土族、羌族、裕固族等民族中流传开来。

资料：藏传佛教

即“喇嘛教”，是佛教与西藏原有的“本教”长期相互影响斗争的产物。7 世纪中叶由当时的藏王松赞干布始创，10 世纪后半期正式形成。教义上大小乘兼容而以大乘为主，大乘中显密俱备，尤重密宗，并以无上瑜伽密为最高修行次第。

主要教派有格鲁派（黄教）、宁玛派（红教）、噶举派（白教）、萨迦派（花教）等。主要传播于中国藏族、蒙古族地区，不丹、锡金、尼泊尔、蒙古和俄罗斯西伯利亚部分地区也有传播。

（笔者据《辞海》条目整理）

二、三教的论争与融合

作为外来宗教，佛教在中国流传的过程，也就是融入中国文化的过程。这个过程大致包括“用中国文化来解说佛教”“佛教与中国文化相抗衡”，以及“佛教融入中国文化”三个阶段。

佛教刚刚传入中国时，首先要面对的问题是如何让中国人理解佛教，这就不能不借助于中国人习惯的表现形式和思想学说。

从表现形式上讲，当时的僧人往往借用方术来显示佛法的神奇，如佛图澄就“善诵神咒，能役使鬼神，彻见千里外事，又能预知吉凶”①，据说他就是用“水盆里变莲花”的魔术取得石勒的信任的。安世高、鸠摩罗什等僧人，也都有许多神异的故事流传。正因如此，那时的人们是把佛教当成一种神仙方术来看待的。

从思想内容上讲，当时的传教者总是试图用儒道学说来解说佛教，前文讲释道安用玄学义理解释佛教教义就是例证。在佛教刚刚传入中国时，佛教徒就造出了“老子入夷狄化为浮屠”（《后汉书·襄楷传》）之说，以和中国文化认同；最早见于南朝刘宋时的《牟子理惑论》，其作者是一位精通儒学、博览百家的人，自称“略引圣贤之言证解之”，实际也是力图说明佛教教义与中国的传统思想是一致的。

尽管佛教做了种种努力企图求得中国人的认同，但随着佛教经典翻译日渐增多，它与中国原有儒道文化的巨大差别逐渐表现出来。信仰不同再加之争夺信徒等原因，三教之争终究还是无法避免。东晋时就有大臣主张僧人见皇帝应行跪拜礼，佛教徒则因认为“跪拜皇帝就意味着并未彻底弃俗出世”而反对。道教为了争夺信徒也向佛教发难。

西晋道士王浮为与僧人帛远辩论佛、道二教的邪正，作出了《老子化胡经》，说老子携关令尹喜西入流沙，在西域教化于阗等 80 余国，又以神力化为佛形入摩竭国建立佛教，其弟子尹喜则降生于天竺国（即印度）化身为释迦牟尼。此后，佛、道双方就此经的真伪辩论了近千年。道教徒

---

① 中国佛教协会.中国佛教（第二辑）.上海：东方出版中心，1980：17.

又相继作了有化胡内容的《玄妙内篇》《出塞记》《关令尹喜传》《文始内传》《老君开天经》等道经，以证明道在佛先，道教优于佛教。佛教徒也竭力反击，作伪经《周书异记》《汉法本内传》等，说老子、孔子都曾师从佛祖释迦牟尼。

南北朝时，道教联合儒学排挤佛教，先后著有《夷夏论》《三破论》等文，用词激烈。例如，《三破论》说，佛教违反礼教纲常，“入国破国，入家破家，入身破身”，老子因“胡人粗犷，欲断其恶种，故令男不娶妻，女不嫁夫，一国伏法，自然灭尽”，以侮辱佛教。佛教徒也作《老子大权菩萨经》《清静法行经》等经书，说佛祖派摩诃迦叶、儒童菩萨、光净菩萨三弟子来中国教化，这三弟子分别化身为老子、孔子和颜渊，所以儒道之说皆源于佛教。

三教相争中，居于正统思想地位的儒学因与政权相结合，始终立于不败之地，而佛、道两教则是得君王支持者占上风，互有胜败，各自遭逢过多次劫难。

446 年，北魏太武帝拓跋焘发动大规模灭佛运动，毁寺焚经，没收财产，勒令僧尼还俗，使佛教势力大减。

北周武帝宇文邕多次组织辩论会以定三教优劣，最后于 574 年下诏同时废佛、道二教，令僧人、道士一律还俗，没收寺庙财产，散给王公大臣。

隋朝开国皇帝杨坚因幼年曾得女尼智仙抚养，故隋初按佛、道、儒次序排定三教地位。

唐李王朝因与太上老君攀亲，所以唐高祖李渊确定了道、儒、佛的三教次序。626 年发生“玄武门之变”，以王远智为首的道教徒支持李世民，杀死了受以法琳为首的佛教徒支持的李建成，得了帝位的太宗李世民于 637 年下诏，重申崇道抑佛政策。唐高宗和武则天当政时，佛教两次奏请朝廷禁毁《老子化胡经》并获准，道教大受打击。唐玄宗恢复崇道抑佛政策，到唐武宗时更进一步，845 年再次大规模灭佛，全国毁佛寺 4600 余所，被逼令还俗僧尼 260 000 余人，收田地数千万顷，佛教一蹶不振。

五代后，周世宗柴荣于 955 年又兴灭佛之举，“凡未经国家颁给寺额的寺院，基本上一律废除……国境内寺院废除的过半。因废寺院还连带将民间保存的铜制佛像全数没收，用来铸钱，以充实国家的经济”[①]。

信仰藏传佛教的蒙古族人入主中原建立元朝后，佛教地位大为提高，元朝统治者把中国人分为十等，第一等就是僧人。元宪宗蒙哥年间，全真道在与佛教辩论中惨败，以掌教张志敬为首的 17 名道士被暂时削发为僧，以示侮辱。10 余年后，元世祖忽必烈又在佛教人士的鼓吹下，下令收缴并焚毁了大量道经。经这两次焚烧，被佛教恨之入骨的《老子化胡经》终于彻底焚毁亡佚。

在长期的对骂争斗中，佛、道双方的许多有识之士早就认识到了“斗则两伤、和则双赢”的道理，在相争相斗的过程中，也有相互容让、共同向儒学靠拢、走向三教合流的趋势。

佛、道两教在南北朝时已经有了融合的迹象。佛教天台宗三祖慧思所作的《誓愿文》说：“愿诸贤圣佐助我，得好芝草及神丹。”显然有承认并借助儒、道的意思；著名道士陶弘景曾梦见佛祖授其为“胜力菩萨”，誓愿受五大戒，并以道术授净土宗始祖昙鸾，这又是在提倡佛、道双修了。

唐宋之际，随着儒道释各自理论发展的成熟，三教之间的相互影响也日益加深了。唐朝时，道教由于与皇帝攀上宗亲而空前兴盛，佛教也开花分叶形成了众多宗派，儒学则正酝酿着更严谨、精致的理学体系，它们之间的论争不只有相互伤害，更有相互借鉴和包容，所以才可能在相互促进中共同走向繁荣。宋徽宗时的宰相商英作《护法论》、李纲作《三教论》，都主张三教合一。

金世宗时的道士王重阳认为，道家的“清静无为”、佛家的“禅定”、儒家的“真实无妄”等思想，有相近相通之处，于是提出了三教同源论，并创立了三教合一的全真教。

明宪宗朱见深曾亲自画了一幅《一团和气图》，并解释说图中相互抱成一团的三个人，分别是晋代儒学之秀陶渊明、佛教高僧慧远法师和道教之良陆修静，寓意三教和睦相处，融为一体。

---

① 中国佛教协会. 中国佛教（第一辑）. 上海：东方出版中心，1980：74.

资料：《一团和气图》

明朝第九代皇帝宪宗朱见深画于即位的第一年。画幅借用东晋儒生陶渊明、和尚慧远、道士陆修静“虎溪三笑”的典故，以儒、释、道三教合一的理想，来表明自己对新的一年的期望。画幅上的人物远看好似一个大圆球，仔细看了之后才发现是三个人相拥相抱在一起，三个人脸的五官互相借用，合成为一张脸。造型之奇妙，令人叫绝。人物的线条也相当流畅。

清朝雍正皇帝更是用“佛以治心，道以治身，儒以治世”一句话，表达了三教相辅相成、各尽其用的意思。

历经千年坎坷的佛教最终还是融入了中国文化，而佛教中国化的标志就是众多佛教宗派的形成。

三、中国佛教的主要宗派

随着魏晋时期佛经的大量译出，我国的佛学研究得到了很大发展，许多高僧和佛教学者，常常针对某一部佛经进行专门深入的研究。因所习经典有异，心得不同，所以逐渐形成了各自的学说流派。到隋唐时期，中国佛教达到极盛，而标志佛教中国化的主要佛教宗派也形成了。

中国的佛教宗派主要有八宗，分别是三论宗、唯识宗、天台宗、华严宗、净土宗、律宗、密宗和禅宗。

三论宗，因研习《中论》、《十二门论》和《百论》而得名。主要创立者吉藏是陈隋之际人，七岁出家，师从三论学大师法朗。吉藏勤勉博学，在三论研究上名噪一时，从其学说者数以千计。三论宗主要坚持“诸法性空”的思想，认为现实世界的万事万物都是空幻不实的，人们为世俗见解所迷惑，把虚妄的名、利、色、相当成真实的东西去追求，从而迷失了本性。只有从事物由因缘而生的原理出发，破除外道邪见，才能使中道实相之理自然显现。

唯识宗，以《解深密经》《瑜伽师地论》和《成唯识论》为主要经典，因主张“万法唯识”而得名，由唐代著名的玄奘法师和他的弟子窥基所创。唯识宗认为，世间各种物象的根源都来自人的心识，是心识的显现。而“识”按作用和变现又可分为三类八识：第一类六识，即“眼、耳、鼻、舌、身、意”，起感觉作用；第二类一识，叫“末那识”，起思维和判断作用；第三类一识，叫“阿赖耶识”，也叫“藏识”，是万物之源，又是前七识的依据。“藏识”往往因遭污染而不能为前七识提供正确的依据，佛教修行的目的就是使万法根源的“藏识”转变为纯净。唯识宗还有“三性说”和“五百位法”的现象归类法等思想。

天台宗，以《法华经》、《大智度论》和《中论》等佛经为依据，整合了中外各派思想而成，因创始人智顗住在浙江天台山而得名。天台宗的中心理论是“诸法实相”，即认为世事万物在本质上与佛性是一致的。他们还提出“一念三千”“一心三观”和“三谛圆融”等命题来证明自己的理论。心念一起即具有三千大千世界，叫“一念三千”；空、假、中三者都存在于人的一心之中，有其一必有其三，叫“一心三观”；空、假、中三者又三而一、一而三，互相圆融贯通，叫“三谛圆融”。天台宗还有“五时八教”等学说思想。

华严宗，因以《华严经》为主要经典而得名。创立者为唐初僧人法藏，他曾奉诏讲解《华严经》，令女皇武则天豁然开悟。华严宗主要通过分辨事理关系来说明“一真法界”（即真如佛性）为世界万物之源，以及“法界缘起”的佛教世界观。华严宗的“四法界说”认为，人们认识世界有四个层次，即事法界、理法界、理事无碍法界和事事无碍法界。事法界指客观世界，是不真实的“假有”，但又是真如佛性的体现，所以又称“妙有”；理法界即真如本体，这是真实永恒的本体世界；理统摄事，事反映理，这就叫理事无碍法界；事有万千，而理却只有一个，所以万事同理，举一尘而尽世间万物，这就是事事无碍法界。华严宗还有“六相圆融”“十玄缘起”等学说思想。

净土宗，以被称为“净土三经”的《无量寿经》、《观无量寿经》和《阿弥陀经》为修行依据，因追求往生西方极乐净土而得名。净土宗虽然尊东晋高僧慧远为创始者，但真正对该宗派形成起到关键作用的，是北朝的昙鸾和隋唐时的道绰、善导，他们先后在简化修行方法以及扩大其影响等方面，做出了很大贡献。净土宗不要求修习者有很高的佛学修为，也不需要其严守戒律，只要其信念坚定，一心称念西方极乐世界教主“南无阿弥陀佛”的名号，临终时即可由佛接引往生净土，甚至直接成佛。由于易懂易行，加上极乐世界的吸引力，净土宗极受广大群众欢迎，很快就成为在中国流传最广、信徒最多的佛教宗派。

律宗，主要依据《四分律》研习传授戒律，并因而得名。律宗始于三国时期的天竺僧人昙柯迦罗，而实际创始人却是唐代僧人道宣。三国时我国佛教初兴，昙柯迦罗看到中国僧人虽然剃光头、着僧衣，但却不懂佛教仪式和戒律，拜佛斋贡均采民间祭祀方式，便编译了简便易懂的佛教戒本，并请梵僧来帮助我国建立受戒规则。400 年后的唐代高僧道宣，经过多年对戒律的精深研习，成为当时的戒律大师，追随者众多。他以大乘教义对本属小乘佛教的《四分律》加以诠释，还把全部戒律分为“止持戒”和“作持戒”二门，创造性地完善了我国佛教的律条。此后，律宗的戒条一直为中国佛教徒所尊奉。

密宗，源自古印度佛教的密教，采用独特的秘密修行方法，也因此得名。大乘佛教又分为显、密二宗，据说释迦牟尼对一般信徒传授显教，其法身（无相不显的真身）大日如来对自己的亲信和内部徒众传授的，是不能外传的密教真言，也就是密教。唐玄宗开元年间，印度僧人善无畏、金刚智和不空（称“开元三大士”）先后来到长安，译出《大日经》《金刚顶经》等密教经典，并依密教教仪创建曼荼罗道场。密宗修习者要先选一位佛、菩萨或护法神为本尊（即榜样），修行时采用与本尊相同的身姿和手势，口诵本尊真言，意念要与本尊相一致，使身、口、意三密与本尊相应，如此即可及身成佛。经“开元三大士”的大力弘扬，中国佛教密宗终于形成。

上述七宗派后来的流传运程各不相同。三论宗大部分思想被其他宗派吸收，此派也逐步衰微瓦解；天台宗的“一心三观”“圆融三谛”学说，华严宗的“法界缘起”“一切无碍”学说，都是我国所独创，对促进佛教的发展和中国化起到了重要作用，但和唯识宗一样，因义理艰深玄奥，难于普及，受众面不是很大；律宗重律轻义，密宗私传密授，注定都不能成为主流；净土宗最得民心，从者甚重，但缺乏对佛教要旨的深刻解说，感召力不够。在这样的情形下，禅宗应时而兴，一代奇僧六祖慧能，促使这一宗派百多年的思想积累如洪水溃堤而出，摧枯拉朽般地超越各家各派，一举奠定了在中国佛教界的主流地位。

那么，禅宗的主张有什么独特之处？它又是怎样成为中国佛学思想主流的呢？

第四节 佛教禅宗

一、关于禅宗传承的公案

传说禅宗起源于佛教的诞生地印度，由菩提达摩传入我国后，与我国传统思想文化相互融合，得到了极大的发展，成为中国化佛教的主要代表。这一过程可以用几个著名的公案故事串联起来。

公案一：佛祖拈花示众

相传佛祖释迦牟尼在世时，经常于灵鹫山聚众讲说佛法。

一次，率领诸天来听讲佛法的大梵天王为表达敬仰之情，向佛祖献上了一枝金波罗花（莲花的一种）。佛祖即手拈此花向众人展示，却一语不发。大家均不知佛祖是何用意，一时间面面相觑，疑惑不解。这时，只有侍立于佛祖身侧的大弟子摩诃迦叶，于静默中领会了佛祖的深意，不禁展颜微笑。佛祖一见，知道摩诃迦叶已经悟解，当即宣布：“我有一种不能用语言文字表达的佛法，可以使人摆脱世俗假象的迷惑，通过开悟心智，直接见到自己的本性。现在我把此法传给摩诃迦叶。”佛祖在这里传的就是禅宗，摩诃迦叶也就成为印度禅宗的第一代祖师。此后禅宗在印度代代相传了许多年。

公案二：达摩一苇渡江

印度禅宗传到第二十八代，出了一位菩提达摩大师。其时正当中国南北朝佛教大兴时期，达摩认为这是向中国宣扬禅宗思想的大好时机，于是渡海东来，从广州登陆，到达了南朝梁的都城建康（今南京）。

以崇佛出名的梁武帝亲自会见了他，实际上是想向达摩炫耀一下自己弘扬佛法的功德，也顺带请教佛法圣谛。没想到达摩说他并没有什么功德，而且认为连“圣”都不存在，哪里还谈得上什么圣谛。梁武帝干脆问他：“你是谁？”达摩竟然回答：“不知道。”梁武帝大失所望，也就懒得再搭理他了。达摩看对方不能领悟禅机，知道梁地还不适宜传播禅宗主张，即告辞离去。

达摩走后不久，梁武帝心生悔意，赶紧派人追赶。达摩走到江边，见有人追来，即折下一枝芦苇投入江中，脚踏芦苇渡江而去。

后来达摩在嵩山安身修行，面壁九年，提出“二入四行”禅法，终于留下了禅宗一脉，成为中国禅宗的初祖。

资料：二入四行

所谓“二入”，就是“理入”和“行入”，“理入”是对佛教义理的思考和把握；“行入”就是禅定实践的方法。“理入”分为三个步骤：（1）依据佛经所讲的义理，牢固地树立“舍伪归真”的信仰；（2）通过“壁观”，安定本心，集中精神观想经教义理，去除分别意识；（3）摆脱对经教文字的依赖，自证所观之“理”，使之“与道冥符”，即“理”与认识的默契。“行入”即指“四行”禅定方法：（1）抱怨行；（2）随缘行；（3）无所求行；（4）发行。前三行讲修行者对过去作业受苦或因荣誉而带来的喜乐，应当采取无怨无怒、无爱无憎、无得无失，无喜无非，甘于忍辱受苦，全无希求的态度。最后一行是说如果修行者能够做到以因果报应的教义支配自身忍辱受苦的行动，就可以与禅观证得的“真性”之理相应。①

公案三：慧能一偈传衣钵

达摩之后继承禅宗的是二祖慧可、三祖僧璨、四祖道信和五祖弘忍。

---

① 刘长久. 禅说. 成都：四川人民出版社，2000：12-13.

弘忍是唐朝初年人，在湖北省黄梅县东禅寺弘传禅法。当时岭南（今广东境内）有一个叫慧能的人，慕名前去投奔弘忍大师。弘忍问他所来何求，慧能答“只想成佛”。弘忍暗自吃惊，又故意说：“你是岭南人，獦獠（当时对少数民族的一种蔑称）怎能成佛？”慧能答：“人人都有佛性，在这一点上，獦獠与和尚有什么差别呢？”（《坛经·行由品》）弘忍心中赞许，就留他在寺中干粗活。

八个月后，弘忍宣布：要用考评作偈的方式在弟子中选定衣钵传人。被大家一致看好的大弟子神秀，作了一偈书于墙上：“身是菩提树，心如明镜台，时时勤拂拭，勿使惹尘埃。”弘忍见了并不满意。

不识字的慧能听到别人念诵神秀的偈后，不以为然，也作了一首偈，反驳神秀的观点，请人代书于墙壁：“菩提本无树，明镜亦非台，本来无一物，何处惹尘埃？”弘忍见到此偈，断定慧能是佛学旷世奇才，即于次日夜里为慧能讲解《金刚经》，并以衣钵和顿悟之法相传，立他为禅宗六祖。为防其他人嫉妒加害，弘忍又连夜送他南下躲避。

公案四：心动风幡传大法

慧能在广东曹溪（今韶关市南）潜隐 15 年后，认为时机已到，决定出山弘法。

武则天垂拱三年（687 年），慧能来到广州法性寺，正赶上印宗法师讲法。这时，一阵风吹得旗幡摇动，这引起两个和尚的争论，一个说是幡在动，一个说是风在动，众人也议论纷纷，莫衷一是。人群中的慧能站出来说：“不是风动，也不是幡动，是你们的心在动。”

这句富含禅机的话惊动了印宗法师，他请慧能上座讨教佛法奥义，从慧能简明精要的解答中，他认出慧能禅宗衣钵传人的身份，立刻为慧能正式剃度并拜他为师。从此，慧能结束了流亡生涯，正式以六祖身份弘扬顿悟之法，使禅宗大行于天下。

这些公案讲述的故事情节虽不可信，但涉及的人和事基本属实，是有史可考的。总的来说，“禅宗源于印度，达摩传于我国，五祖衣钵相传，六祖发扬光大”这样的过程，大家还是普遍接受的。也有人认为，禅宗就是六祖慧能一人所创，前五祖和“佛祖拈花微笑”都是后人编的故事，是历史上“托古改制”的老套手法，只是为给禅宗找到合法性依据而已。

慧能出山后，禅宗形成了南北两派，北禅宗以神秀为首，主张“渐悟”，南禅宗以慧能为尊，主张“顿悟”。北禅宗一度很兴盛，后来在唐肃宗的支持下，慧能的大弟子神会把南禅宗发展到北方，北禅宗节节败退，终至衰微下去。南禅宗却不断发展，名禅师代代不绝，“会昌法难”（845年）之后，天台宗、华严宗、唯识宗等都走向衰亡，禅宗却一枝独秀，继续兴旺发展，还开枝散叶，分出了沩仰、临济、曹洞、云门、法眼五宗，临济下又分出黄龙、杨歧两派，合称为“五宗七派”，都曾盛极一时。此后，禅宗持续风行几百年，直至明清。

今天说到禅宗，已无南北之分，就是指慧能传下来的禅宗。甚至说到中国佛教，也主要指禅宗，除了净土宗后来与禅宗“净禅合一”外，其他各宗均不能与禅宗并立。禅宗于中国佛教诸宗，有如儒学之于诸子百家学说，呈现出“一宗独尊，无佛不禅”的局面。

如果说佛教中国化的主要表现是佛教宗派的出现，那么，佛教中国化的主要成果就是中国禅宗的形成。后来，禅宗在外传日本和欧美时，已经不是印度文化的接力再传，而是作为中国原创文化的一部分走出国门了。

那么，生命力如此强大的禅宗到底有哪些独特的思想主张呢？

二、禅宗的主张

佛教各宗派在追求成佛的最高目标上是一致的，但在怎样成佛的修习指导思想和方法上各执一词。禅宗主张以“禅”为主要的修习方式。

“禅”是“禅那”的音译略语，意为静虑、思维修，是指排除外界欲望和内心诱惑的干扰，专注精神于一境，以正确的思维达到对佛教义理的正确认识。在佛教“戒、定、慧”三学中，禅属于“定学”，所以中国佛教常把禅修称为“禅定”。“定”是三学中承上启下的关键。刚入佛门的人，外惑内欲纠缠，难以定心修行，需要用戒律来约束修习者的身心，通过防止恶行的“止持戒”和奉持善行的“作持戒”来达到“定”；一旦进入了心地空明的“定”的境界，其就具备了进行正确判断推理的条件，就要勇猛精进，以正确的思维从内心悟到佛教智慧，也就是“慧”。佛教智慧有三种：听闻佛法所得叫“闻所成慧”，对所闻佛法独立思考所得叫“思所成慧”，依所闻所思修习证悟所得叫“修所成慧”。一旦开悟证得佛教智慧，即可断除无明烦恼，涅槃成佛。可见，不论何宗何派都是要修习“禅定”的。

关于“禅定”的修习，禅宗与其他宗派的不同之处主要有以下两点。

一是主张以“禅定”来概括佛教“戒、定、慧”三学的全部修习。“戒”是外部施加的影响，“定”是内在的定力。定力强则外扰不入，就如“莲花出污泥而不染”，何须戒律？“大乘佛教的根本精神，在于心戒。”[①]如心中萌生恶念即为犯戒，但戒律又能奈心念何？一旦心定不移，必然禅修精进，机缘一到，自然开悟见“慧”，不求自得。所以，能“定”则无须有“戒”，有“定”就必然致“慧”，得一“定”而三学齐备。

二是对“禅”给予了全新的理解。传统意义的“禅”是坐禅，甚至连中国禅宗初祖达摩也面壁九年，可见是要坐得住的。但六祖慧能认为“定无所入”（王维《六祖能禅师碑铭》），禅修不必拘于形式，以心定为准，只要心不散乱，就无碍探悟佛理，不管坐、卧、立、行，皆能参禅。

以上两点的共同之处是特别重视心的作用，所以，禅宗也被称为“佛心宗”。禅宗的基本思想可以被概括为：“不立文字，教外别传，直指人心，见性成佛。”这十六个字也是以“心”为核心的。

“不立文字，教外别传”这句话，见于流传很广的“佛祖拈花微笑”公案。虽然这个公案是后人编的，却很符合禅宗的思想。佛祖拈花，迦叶微笑，双方并无一言，已是心领神会，所以佛祖说：“吾有正法眼藏，涅槃妙心，实相无相，微妙法门，不立文字，教外别传，付嘱摩诃迦叶。”至高无上的精妙佛法是无法言讲的，既然只有摩诃迦叶不借助语言文字就能领会，自然只有他才是胜任这一“微妙法门”的传人了。怎么传呢？“教外别传。”这里的“教”是“经教”，即以佛经教导信徒开悟之意。“教外别传”，就是用佛经文字以外的方法传授，这个方法就是“心传”。

心传对传授与接受禅理的双方都有很高的要求，因为传授者不能使用

---

① 南怀瑾. 禅宗与道家. 上海：复旦大学出版社，1996：25.

语言文字，接受者则要有极高的悟性。为了解决无法言讲的难题，禅师们创造了“机锋”和“棒喝”的教法。

“机锋”是引导、启发式的语言，点到即止，促人自悟。达摩与梁武帝对话时就使用了机锋，二人在讲过“功德”话题后，“……帝又问：‘如何是圣谛第一义？’答曰：‘廓然无圣。’帝曰：‘对朕者谁？’师曰：‘不识。’帝不领悟。”（《景德传灯录》卷三）对于达摩来说，你问我“什么是圣谛第一义”，我就连“圣”的存在都否定了，逼着你向自己的内心去寻找答案；你还要问“我是谁”，我就告诉你“我自己都不知道”，就是让你不要拘泥于人我之别，而参透“诸法无我”的佛理。但梁武帝终究不能领悟，达摩只好渡江北去。

“棒喝”就是棒打和呼喝，是禅宗法师在弟子执迷不悟时促其猛醒的手段。有时，参禅者离悟到佛理妙谛只差一层窗户纸了，却心存犹疑，徘徊不前，甚至有倒退回头的迹象，此时禅宗法师要发力予以当头棒喝，在一痛一惊之际，促使其思想霎时间冲出藩篱，豁然开朗，达到顿悟。据说德山宣鉴禅师擅长棒打，临济宗义玄禅师惯用震喝，所以有“德山棒，临济喝”的说法。

为什么要“直指人心”呢？因为佛性就在人心中，“自见本心，自成佛道”（《坛经·付嘱品》），这就是“见性成佛”的意思。当年六祖慧能破解“风动还是幡动”的时候，以一句直指人心的“仁者心动”，点破迷障，震惊全场，为南禅宗竖起了大旗。

有了这样直截了当的方法，心智开悟以外的事都成了多余，所以禅宗不强求守戒，不看重念经，认为这些外在的东西往往会扰乱人的心神，不利于专注禅悟。甚至只有心中无佛无祖，才能破除执着，直接悟到佛性，从而“见性成佛”。所以，“呵佛骂祖”也成了禅师接引弟子的方法之一。德山宣鉴禅师就曾面对满堂弟子，把菩提达摩、释迦牟尼、文殊、普贤等，通通臭骂一顿；临济义玄禅师也不甘后人，不但把佛祖贬得一钱不值，还要弟子们为了不受诱惑，“逢佛杀佛，逢祖杀祖，逢罗汉杀罗汉，逢父母杀父母，逢亲眷杀亲眷”（《古尊宿语录》卷四），听得弟子们目瞪口呆。

其实，禅师们的呵佛骂祖也是有所本的，当年慧能投奔五祖弘忍时，双方的对话就埋下了伏笔。当慧能表示“唯求作佛”后，“祖言：‘汝是岭南人，又是獦獠，若为堪作佛？’慧能曰：‘人虽有南北，佛性无南北；獦獠身与和尚不同，佛性有何差别？’”既然人人有佛性，自然佛与众生平等，骂一骂又有什么了不起呢？如果佛不愿意挨骂，是佛自己不开悟，不开悟还是佛吗？如果佛因挨骂使众生开悟成了佛，挨骂的佛岂不是增加了功德？所以说，“不悟即佛是众生，一念悟时，众生是佛”（《坛经·般若品》）。

禅宗是佛学义理中国化的产物，上面对禅宗基本思想的阐释，是以弘扬于世的六祖时期的学说为准的，与达摩初祖的“禅”已经大不一样了。我们从禅宗六位祖师对“禅”的理解阐释的演变中，可以清楚地看出其吸纳融汇中国儒道思想的发展轨迹。

仅就禅宗接受道家思想主张而言，达摩还讲坐禅，还要“借教悟宗”，还把《楞伽经》传给后人，显然还很在意借重形式来参禅。到了二祖慧可，《续高僧传》说他“专附玄理”，可见已经开始吸纳道家思想了。《楞伽师资记》说，三祖僧璨也是“口出玄理，不出文记”，显然也在向道家靠拢。四祖道信提到的一种叫“任运”的修行方法，讲究不加人力，任其自然，道家色彩相当强烈。据说五祖弘忍所作的《修心要论》，对“守本真心”很是推崇，而这一思想也是颇有道风的。与弘忍同时还有一个“牛头宗”，该宗有个口头禅——“青青翠竹，尽是法身；郁郁黄花，无非般若”，简直与道家宗师庄子的“齐万物”如出一辙。牛头宗后来与禅宗合并，其思想也被六祖慧能一并吸收了。

经过多年的磨砺融合，到天纵奇才的六祖慧能出世时，禅宗明确打出了“顿悟”的旗号，其不能用文字语言讲解的禅理，与老子“道可道，非常道”的思想不谋而合，已经是真真正正的中国禅了。据此也可以说，六祖慧能才是中国禅宗的真正创始人。

本讲小结

在号称“三教九流”的儒道释三教中，佛教是唯一的外来文化，但其信徒比“土产”的道教还多，这一来是因为其思想主张具有强大的感召力，二来说明我国文化具有海纳百川的融合能力。事实证明，佛教只有融入中国文化才能发展壮大，而只有适应中国国情才能完成这一融入过程。

禅宗是佛教中国化的标志，其“心传”“顿悟”的主张，具有鲜明的中国特色，其对佛教义理的独到理解以及修习方式的简便易行，也都带有深深的中国印记。当佛教与儒学、道教三足鼎立时，已经是“此佛非彼佛”，完全中国化了。

同儒学的“内圣外王”、道家的“无为不争”一样，佛教的“因果报应”思想也被人们广泛接受，成为一种重要的价值判断和行为准则。可以说，外来文化融入中国最成功的、给予中国人影响最深刻的，非佛教莫属。

第五讲　八卦与五行

第一节　《易经》与阴阳八卦

一、《易经》释名及其性质

中国人几乎没有不知道《易经》的，但它为什么叫“易经”呢？这个名字是什么意思呢？

我国古人把神圣权威的书称作“经”，所以，《易经》就是“讲‘易’的权威著作”。那么，“易”是什么意思呢？

唐朝经学家孔颖达在《周易正义》序中说：“夫《易》者，变易之总名，改换之殊称……谓之为《易》，取变化之义。”就是说，《易经》是讲世事变化的道理的书。也有人说，“易”是由日月两个字组成，分别代表阴阳，象征阴阳相互作用的哲理，也是变化的意思。

成书于西汉末年的《易纬》说：“《易》一名而含三义：所谓易也，变易也，不易也。”就是说，“易”字有简易、变易、不易三种含义。《易经》用阴阳两个概念和几个符号，就可以揭示事物变化的规律，化繁为简，自然就是“简易”了；宇宙万物，人间世事，时刻都在变化，所以叫“变易”；然而万变不离其宗，纷繁的物象背后有规律可循，掌握了规律就能做到以不变应万变，这就是“不易”。

《易经》是一部很奇特的书。它的名气很大，知道的人很多，但读过的人很少；它似乎很深奥，研究者大都是专家学者，但又似乎很不入流，有些民众也用它来摆摊算卦。

那么，《易经》到底是一部什么性质的书呢？

《易经》本是蓍草占卦的记录，也就是一部卦书。古时占卦主要有卜、筮两种方法，《礼记·曲礼》中说：“龟为卜，策为筮。”龟指龟甲，策指蓍草。意思是说，以烧烤龟甲观其爆裂纹路占卦叫“卜”，以剖开蓍草的茎观其分离形状占卦叫“筮”。占筮后来又演变为用五十根蓍草按一定规律分合摆放，用符号记录结果，再按结果占卦。古人记录了以蓍草占卦的筮词并加以归纳，就成了《易经》。

如果《易经》仅仅是一部卦书，就不会有太大的名气。后来人们注意到，它在卦辞、爻辞中记录了当时的农耕、渔猎、祭祀、战争、婚姻、衣食住用等世态百相、风土人情。在还没有专门的史书的时代，我们不妨把这些记录看作是“历史的碎片”。拼接这些碎片可以帮助人们了解当时的政治、经济、民俗等社会状况，印证实物考古的推论，补史书之不足。这样一来，《易经》又能起到一点史书的作用，它的价值自然也就得到了提升。

但是，真正让《易经》享有千年不衰盛名的，还是其中超卓的人生智慧和深邃的哲学思想。为了追求“变易”背后“不易”的规律，传说当年伏羲“仰观象于天，俯观法于地，观鸟兽之文，与地之宜，近取诸身，远取诸物，于是始作八卦，以通神明之德，以类万物之情”（《汉书·艺文志》）。于是，具体的事物被抽象化了，隐藏在纷繁现象背后的规律被揭示出来了。一套简单的符号系统和衍生出来的六十四个卦形，被认为能表达世上万物之间相互依存、相互影响的复杂关系。

八卦符号系统的核心是阴阳二爻。易学认为，阴阳的冲突对抗、此消彼长，推动着事物的发展变化，并体现了物极必反、盛极必衰的道理。这一套变与不变的大道理，得之于天地，用之于人世，天道人道一理贯通。这一独到的见解，被后人概括为著名的“天人合一”哲学思想。

由于《易经》体系博大，内容庞杂，包罗万象，后世的学者虽然各自著书立论，学说自成体系，但无不从《易经》中汲取思想营养。比如，有人说中国思想界有三类智慧，一是以老子为代表的推崇阴柔的思想，二是以孙子为代表的推崇阳刚的思想，三是以孔子为代表的推崇中庸的思想，而这三种思想都可以溯源于《易经》。所以，《易经》更是一部哲学书，并被称作我国古代的“群经之首”“六艺之原”。

只要想一想在几千年前地球上许多地域还处在没有形成国家的蛮荒状态的时代，我们的先人就有了如此深邃绵密的哲学思想，这是多么难能可贵、多么令我们自豪！

那么，这样一部玄妙的书，是什么时候、由谁所作呢？

二、《易经》的成书过程

《汉书·艺文志》说："《易》道深矣！人更三圣，世历三古。"意思是说，《易经》是由三位圣人前赴后继，经过三古的漫长年代才完成的。"三古"和"三圣"，分别指上古时代的伏羲、中古时代的周文王，以及下古时代的孔子。

《易经》"系辞传"说伏羲"始作八卦"，是指他首先发明了阴爻（--）和阳爻（—）两个符号，并进而以三条爻为一组，组成了八个卦形，奠定了《易经》的符号系统。《汉书·艺文志》说：周文王"重《易》六爻，作上下篇"。这是指他把伏羲三条爻的卦形两两重叠，组成六条爻的重卦卦形，共推演得到八八六十四个重卦卦形，并作了卦辞和爻辞。

《汉书·艺文志》又说："孔氏为之《彖》《象》《系辞》《文言》《序卦》之属十篇。"这是指孔子作了对《易经》解释、说明、补充和发挥的十篇文章。这十篇文章是：《彖辞》上下各一篇、《象辞》上下各一篇、《系辞》上下各一篇，《文言》《说卦》《序卦》《杂卦》各一篇。这十篇文章因为是起辅佐阐明作用的，如鸟之翼，所以又被称为"十翼"。

后来有人认为"三古三圣说"有错误，因为爻辞中记载的某些事情是周文王死后才发生的，因此爻辞不可能是文王所作，应该是周公旦所作。再后来，又有人做了考证，提出"十翼"也不是或不全是孔子所作，学术界很多人也赞成。这样一来，是三圣、四圣还是若干圣，就成了问题。还有人对成书年代有不同意见，弄得是不是三古也难说了。

不过有一点大家的看法基本是一致的，就是《易经》绝不是某几个人的作品，而是由许多人参与、经过长期努力才完成的，那些圣人们只不过起的作用大些而已。这样看来，究竟是几古几圣，也就没那么重要了。

易学在我国有悠久的历史，我国最早的三个朝代都是有易学著作的。夏朝的易学由艮卦开始，因为艮卦象征山，所以其易学著作叫《连山》，取"山之出云，连绵不绝"之意。殷朝的易学由坤卦开始，而坤卦象征地，大地是万物之本，所以其易学著作叫《归藏》，取"万物莫不归藏其中"

之意。但《连山》和《归藏》都已失传，所以现在提到《易经》，就专指周朝的易学著作《周易》了。

三、《易经》的结构

《易经》由两部分组成，一部分是“经”，一部分是“传”，分别称为“易经”和“易传”。“经”是指卦形、卦辞和爻辞等内容，“传”就是指“十翼”。

如果分开来看，经与传的性质差别很大，“经”以揣度神意、预测吉凶祸福为主，还只是一部占筮的书，哲学意味并不显明；而“传”虽然从“经”中的卦义谈起，但只是借题发挥，其论述重点转向了对世界及其一般规律的探讨，已经是哲学著作了。

由占筮书的特点决定，《易经》与一般的书在形式结构上明显不同，不是采用篇、章、节、目的编排体系，而是以“卦”为基本单位。

《易经》全书共分六十四卦，每卦包括卦形、卦名、卦辞、爻辞四部分。卦形是蓍草占卦的符号记录形式，是占卦解说的依据；卦名是卦形的文字名称，既可提点卦形的主要蕴意，也能便于该卦形的读写；卦辞是对卦形的简要说明，每一卦的吉凶祸福由此判定；爻辞是对卦辞的展开，对每一爻都有针对性的解释，用以说明事态发展变化的细节。卦辞和爻辞多采用比喻的手法。

《易经》与《易传》本来是分别成书的，直到东汉末年才有人将属于“传”的“十翼”附于“经”后，合成一部书。从内容上看，“十翼”中的《彖》两篇，共六十四条，对应解释六十四卦的卦名、卦义及卦辞；《象》两篇，共四百五十条，其中六十四条对应解释六十四卦的称“大象”，三百八十六条对应解释三百八十六爻的称“小象”；《文言》一篇，仅有两章，只对应解释“乾”“坤”两卦。现在流传的《周易》中，这五篇传文已经与经文混杂。另有《系辞》两篇，相当于《易经》的通论；《说卦》讲解八个单卦所象征的事物及引申意义；《序卦》记述六十四卦的顺序；《杂卦》解说六十四卦的卦义，因其解说不按顺序，错杂而谈，故名为“杂”。

此五篇传文仍独立成篇，列于经文之后。由于《易传》的作者持儒学观点，在阐发经文的微言大义时，加入了自己的思考和见解，所以“经”“传”合一的《易经》被儒学化了，并被列为儒学经典。

《易经》这种特殊的结构形式使很多人不适应，加上人们对其中符号的意思不太了解，大都知难而退，所以读它的人就少了。

下面我们就来谈谈《易经》的八卦符号。

四、八卦符号系统及其含义

《易经·系辞》说：“故《易》有太极，是生两仪。两仪生四象，四象生八卦。”这句话表明了我国古人的世界生成观念。

古人认为，世界原本是处于天地相连、无上无下、无明无暗的混沌状态的，即所谓“混沌相连，视之不见，听之不闻”（《白虎通·天地》）。这种状态叫“太极”，它是派生万物的本原。后来，世界在运动中发生了变化，天地分开了，明暗产生了，出现了对立的两极状态，人们用阴爻符号“⚋”和阳爻符号“⚊”来表达，这就是“两仪”。世间万物皆分阴阳，例如，地为阴天为阳，水为阴火为阳，夜为阴昼为阳，女为阴男为阳，偶数为阴奇数为阳，等等。“阴阳”是从天地初分中产生的第一对概念，其中包含的相互依存、相互对立的关系，是贯穿万事万物的，是解释世界的基本概念。

但是，阴阳又是此消彼长、相互转化的，所以，在转化的过程中，就应该有介于纯阳和纯阴之间的状态。于是，人们用阴阳二爻两两重合来体现这一观念，得出太阴“⚏”、太阳“⚌”、少阴“⚍”、少阳“⚎”四个图形符号，分别代表春、夏、秋、冬四时，或金、木、水、火四方，这就是“四象”。太阴和太阳与表示万物根本的阴爻和阳爻一样，都表示纯阴和纯阳；而少阴和少阳则是阴中有阳和阳中有阴的状态，从图形上看，都是由一阴一阳两条爻组成，表示阴阳平衡。

然而，世间事物千差万别，处于两个极端和平衡状态的情况毕竟不多，大多数是阴多阳少或阳多阴少的情况，而要表示阴阳共处又不平衡的状态，四象图形显然是不够的。比如，我们可以把太阴“⚏”和太阳“⚌”理解成表示一年中日照最短和最长的“冬至”和“夏至”两天，把少阴“⚍”和少阳“⚎”理解成表示一年中昼夜平分的“秋分”和“春分”两天。

但是，一年365天中，只有这四天可以与四象符号对应，其余361天怎么表示呢？毫无疑问，要解决阴阳量的不平衡问题，图形中的爻就不能是双数，所以就只有再加上一条爻。把四象按太阴、少阴、太阳、少阳顺序下面各加阴爻，就形成了“☷”“☵”“☴”“☶”四个图形；按同样顺序把四象下面各加阳爻，就形成了“☳”“☱”“☰”“☲”四个图形。对这八个图形用“坤、坎、巽、艮、震、兑、乾、离”来命名，这就是八卦。

八卦既然是取象于近身远物，自然就应该有与某类物象相对应的意义，所以人们又认为，八卦还分别代表了天、地、水、火、山、泽、风、雷八种自然现象，以及对应诸多人伦世事现象。

资料：八卦取象图

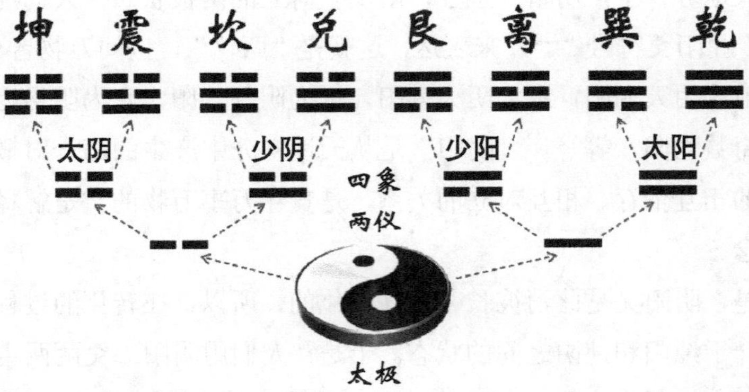

八卦符号系统既简约又精致，表现了我们祖先的聪明和智慧。

“太极”观念主张世界是一个整体，万千差异的表象背后是同一的本原，这就奠定了中国人整体观照和普遍联系的思维方式；阴阳“两仪”观点认为，各种事物都存在相互对立又相互依存的两个方面，一成不变是不可能的，这就为我们提供了承认变化、因应变化的辩证思想；“四象”概念的提出，在两个极端的观念之外把中间过渡状态独立了出来，可以解释突变现象之外的渐变现象，说明当时的人们对事物变化的过程有了更深刻的认识，也为后来儒家的“中庸”思想打下了基础；“八卦”思想出现的意义在于，它合理地解决了从阴阳两极到阴阳平衡转变中的过渡问题，认识到不平衡是事物变化的常态，使我们可以对变化的过程进行曲线描绘和量的计算。这种思维方式对古代科学研究和技术的进步，起到了巨大的推动作用。

把迷信的占卦与深邃的哲学统一起来，用一套简单的符号系统来推演，这种 3000 年前的奇妙设计，至今仍令人叹为观止。那么，我们的祖先是怎么做到的呢？

五、《易经》八卦的推演原理

《易经·系辞》提出了“穷则变，变则通，通则久”的命题，认为量变达到极点就会发生质变，形成有利于新事物生长的环境，并产生富有生命力的新事物。可见，要么是量变，要么是质变，事物总是处在变化之中，而变化有利于事物的发展。事物变化的动力来自阴阳两极的互动，所以，“阴阳是否交流感应”是八卦推演的基本判断。也就是说，阴阳交流感应（简称交感）与否，决定着事物能否顺利发展，阴阳交感则吉，阴阳不交感则凶。

下面就以六十四重卦中的既济卦和未济卦为例，来说明交感原理的运用。

既济卦的卦形（䷾）是由离卦之上叠加坎卦组成，离卦为火，坎卦为水，火向上升，水向下降，阴阳交感，所以是吉卦。因为重卦的六条爻是从下向上数的，按奇数为阳、偶数为阴的规定，一、三、五是阳位，二、四、六是阴位。既济卦的三条阳爻处于一、三、五的阳位，三条阴爻处于二、四、六的阴位，六十四卦中只此一卦是阴阳各得其位的，所以既济卦的卦形也是最完美的。

未济卦则与既济卦相反，其卦形（䷿）是由坎卦之上叠加离卦组成，水火不交感，所以不吉。而且三条阴爻处于一、三、五阳位，三条阳爻处于二、四、六阴位，阴阳倒反，是六十四卦中卦形最差的。但是，仅以卦形有无交感，还不能对卦的吉凶做出绝对的判定，因为交感的作用是推动事物的变化，按照物极必反的规律，最完美的事物在变化中面临着的主要是危机，状态最差的事物在变化中面临着的主要是机遇。这样一来，反而是卦形不好的未济卦有着更加乐观的前途，卦形完美的既济卦的发展倒是有所忧虑的了。

否卦和泰卦的情形也大体如此。否卦的卦形（䷋）是由乾卦在上、坤卦在下组成的，天升地降，越离越远，阴阳不交感，所以不吉。泰卦的卦形（䷊）是由坤卦在上、乾卦在下组成的，天升地降，相互融合，阴阳交感，所以是吉卦。但是，事情发展到极端，就会向对立面转化，否转为泰，泰转为否，这就是成语“否极泰来”的本意。

上面提到的卦形，都是上下两卦一阴一阳的，只要看两卦之间有无交流，就可以做出大概的判断。如果是两阴卦重叠，就要看其中阴爻与阳爻的交感情况。有两种极端的情况，就是上下两卦的六条爻均为阴性或均为阳性，这样在卦形之内就没有交感。但盛极必衰，从变化的趋势看，纯阴转阳，纯阳转阴，交感总是要发生，所以也不一定就绝对不好，这时就要把卦形内含的意思与发展的可能性联系起来考虑，才能做出吉凶判断。

《易经》六十四卦中，只有坤卦为六爻全阴的纯阴卦，乾卦为六爻全阳的纯阳卦。下面就以纯阳的乾卦为例，结合卦辞和爻辞来演示解说一下。

重乾卦的卦形（䷀）是由两个单乾卦重叠组成的，六爻全阳。乾卦的卦辞是“元、亨、利、贞”四个字，意思是乾卦有天的功能，是万物创始的根元，通行无阻，祥和有益，无所不正，只要能够持续，就会大吉大利。

要看懂乾卦的爻辞有两个前提，一是知道此卦以“龙”为象，二是知道六条爻的名称。古人认为龙是神物，可以潜伏于深渊，可以奔行于陆地，可以飞腾于天空。乾卦就是以龙在不同条件下的不同状态，来喻示事物的发展过程的。重卦的六条爻从下向上数，分别称“初、二、三、四、五、上”，如是阳爻则称为“九”（九在阳数中最大），阴爻称为“六”（六在阴数中居中）。例如，第一条是阴爻称为“初六”，阳爻称为“初九”；第六条是阴爻称为“上六”，阳爻称为“上九”。但只有这两条爻的名称表示位置的“初”“上”在前，表示阴阳的“六”“九”在后，而其他四条爻的名称，都是先表阴阳后示位置，所以乾卦六条爻的名称分别是“初九”“九二”“九三”“九四”“九五”和“上九”。

乾卦六条爻的爻辞大意如下：

“初九：潜龙，勿用。”这是说条件不具备时要隐忍不发，如龙潜水底，待机而动。

“九二：见龙在田，利见大人。”此爻居于下卦中间，具有中庸的适当尺度。表示龙已经升出水面，出现在田野，并能得到贵人的帮助，可以有所作为。

“九三：君子终日乾乾，夕惕若，厉无咎。”此爻居上卦最高位，过于刚正，难免有危险。但只要坚持努力，谨言慎行，就可以避免过失，渡过难关。

“九四：或跃在渊，无咎。”此爻离开下卦进入上卦，地位有明显提升，但不稳定。表示龙已经有了飞腾的可能，但条件并不完全成熟，也许返身跃回水中更利于今后的发展。若能在进退之间做出正确选择，就不会有祸患。

“九五：飞龙在天，利见大人。”此爻居上卦之中的适当位置，又是阳爻居于阳位，各种条件都是最佳的。此时又得到贵人相助，风云际会，龙腾空飞起，如日中天，可以大展身手。

“上九：亢龙有悔。”此为上卦上爻，亢进至此，进退无路，反而不能伸展。如同弓弦拉得太紧了容易绷断一样，做事不留余地，就会临近阳气盛极而泄的转折，前途堪忧，以至后悔。

乾卦的爻辞描述了龙从潜于水底、现于地面，到飞上天宇的发展过程，将卦辞中发展顺利、祥和通达的思想具体化了，但也对其中潜在的危机有所提示，是《易经》把迷信的占卜术与哲学的辩证法统一起来的代表性例子。

经历了大浪淘沙，历史的发展和科学的进步逐渐剥去了《易经》的迷信外衣，使其哲学睿智的光华与现代科学思想辉映在一起，显示出强大的生命力。

六、《易经》八卦与现代科学

在我国历史上，《易经》对天文、历法、气象、数学、中医、乐理等自然科学都有较大影响，限于篇幅，不一一论述。下面举几个事例谈谈其与现代科学的关联。

1701 年 11 月，一位得到中国清朝康熙皇帝赏识的法国传教士，从北京给创立二进位制的德国数学大师莱布尼茨寄去两张易图，一为《伏羲六十四卦次序图》，一为《伏羲六十四卦方位图》。莱布尼茨看后惊叹："它和我的新算术完全一致。"他在送给巴黎学院的他的二进制数学论文的末尾，特别提到从《易经》六十四卦来解释二进制数学。著名的科学技术史专家、英国的李约瑟博士谈到莱布尼茨时也说："我们看到他的代数语言或数学语言的概念也是受到中国的影响，正如同《易经》的排列体系预示二进位制一样。"

既然"观象于天"是伏羲作八卦的来源之一，那么《易经》卦辞、爻辞中自然也保留有大量天文观察的记录。在明夷卦与丰卦中都有日全食的记载，有人认为乾卦六阳爻所讲的，就是古代星象图中苍龙七宿第五宿的四时晨昏变化。1930 年 1 月，美国天文学家汤保发现太阳系第九颗行星冥王星后，人们纷纷推测有无第十颗行星。时年 27 岁的中国留法学生刘子华发现，太阳系各星体与《易经》八单卦及"临""复""姤""遁"四重卦存在对应关系，并据此第一个推算出第十颗行星的密度、平均轨道运行速度和距日距离。他将这一研究成果写成博士论文《八卦宇宙论与现代天文》，于 1938 年被授予法国国家博士。①

现代心理学大师荣格研究《易经》后发现，西方人和中国人的思维方式存在着巨大差异。西方人认为因果法则是无须证明的真理，注重的是事物的必然性，并以此为基础建立了现代西方科学。中国人更重视经验与实际观察的完整和真实，注重的是事物的偶然性，并留下了大量科学观察记录。现代物理学已经动摇了因果法则的基础，人们

① 杨江柱，余启新. 龙游四海. 北京：中国工人出版社，1998：22-27.

很难在现实世界中找到用因果法则推出来的纯粹的必然过程，而偶然现象则比比皆是。

荣格的心理学理论，特别重视被他称作“原型”的集体无意识内容，这种原型是某一人群在长年的进化中逐渐形成的，对个体而言具有先天性。比如我们的祖先对蛇和黑暗的恐惧，在今天的人们心里仍然存在。荣格认为：“人生中有多少典型情境就有多少原型，这些经验由于不断重复而被深深地镂刻在我们的心理结构之中。这种镂刻，不是以充满内容的意象形式，而是最初作为没有内容的形式，它所代表的不过是某种类型的知觉和行动的可能性而已。”[①]就是说，这种原型是具有民族特点的思维方式和行为模式。而荣格认为，《易经》六十四卦就是一系列中国式的原型。这些认识对于重新评价中国经验科学在现代科学体系中的地位与作用、推动心理学的发展，以及进一步认识中西文化异同，都具有重要意义。

随着生物遗传学知识的普及，人们知道了 DNA（脱氧核糖核酸）的大名。DNA 通过控制蛋白质的合成来表现生物的遗传性状，而已知的 100 余万种蛋白质只是由 20 种氨基酸组成的。1966 年，美国学者尼伦伯格等人发现，mRNA（核糖核酸）的碱基次序决定了氨基酸的排列次序，mRNA 中相邻的三个核苷酸规定一种氨基酸，被称为三体密码。由于每个核苷酸只含一个碱基，碱基又只有四种，所以，由四种碱基中的任意三种组成的三体密码共有 64 种排列方式。

这时我们就会发现，八卦符号体系中的“四象”与四种碱基、六十四重卦与 64 组三体密码之间，竟然存在某种巧合。所不同的是，六十四卦是由两个三条爻的单卦重叠组成，64 组遗传密码是由三个碱基组成。但是，如果我们把六条爻的重卦，看成是以两条爻的四象中的任意三个为一组组成，就会发现：六十四重卦图与 64 组三体遗传密码表严丝合缝地一一对应！中国古文明与现代科学的认识在这里重合，几千年的时空差距竟荡然无存了。[②]

① 转引自杨江柱，余启新. 龙游四海. 北京：中国工人出版社，1998：36-37.

② 杨江柱，余启新. 龙游四海. 北京：中国工人出版社，1998：40-44.

《易经》已有的研究成果已经在提示我们：世界是否存在某种数学模型呢？二、四、八、六十四，是否是这种数学模型中有特殊意义的数字呢？近些年来，国内外有更多的学者在关注《易经》的研究，相信还会有更多的让我们惊喜的发现。

第二节 阴阳五行说

一、阴阳五行说的起源和形成

近代学者冯友兰认为："中国古代，试图解释宇宙结构和起源的思想中有两条路线。一条见于阴阳家的著作，一条见于儒家的无名作者们所著的'易传'。这两条路线看来是彼此独立发展的……可是到后来，这两条思想路线互相混合了。"①

关于阴阳五行说起源的说法不一。将《易经》阴阳化了的《易传》作者认为，伏羲始创的八卦已经包含了阴阳思想，所以是伏羲发明了阴阳说。司马迁说："神农以前尚矣。盖黄帝考定星历，建立五行，起消息，正闰余，于是有天地神祇物类之官，是谓五官。各司其序，不相乱也。"（《史记·历书》）这里的"消息"就是指阴阳。显然，司马迁认为阴阳五行的创始人是黄帝。而西汉学者刘歆依据《易经·系辞》"河出图，洛出书，圣人则之"的话，主张阴阳八卦本自河图，五行源于洛书。今人庞朴认为，阴阳、八卦、五行分别起源于枚占、蓍卦、龟卜这三种不同的占卜方法。

完整的五行概念最早见于战国时期的著作《尚书·洪范》："五行：一曰水，二曰火，三曰木，四曰金，五曰土。"但有人在《国语》《左传》中所记载的早于《洪范》成书年代的春秋时期的事件中，找到了零散的"地

① 冯友兰. 中国哲学简史. 北京：北京大学出版社，1996：114.

之五行”“水胜火”“火胜金”等文字记载，以及比附五行的“五味”“五色”“五声”“五官”等提法，并据此推断五行说应产生于周朝以前，大概因其主张与周的礼乐制度相左，周朝建立后遭到封禁而流失民间，所以此后难以见到完整的系统的阴阳五行论述。

西周末年“礼崩乐坏”，诸子之说蜂起，阴阳五行说也经战国人邹衍整理重新出世。虽然邹衍十余万言的著作都亡佚了，但他关于阴阳五行的历史哲学思想，仍然通过其他人的引用和阐释流传了下来，并以“阴阳家”的名号被列入诸子百家。冯友兰指出：《洪范》《月令》等阐释五行思想的著作“强调五行而不提阴阳；‘易传’却相反，阴阳它讲了很多，五行则只字未提。可是到后来，这两条思想路线互相混合了。到司马谈的时代已经是如此，所以《史记》把它们合在一起称为阴阳家”①。

宋代理学家则是把阴阳和五行完全融为一体了。周敦颐在《太极图说》中说：“阳变阴合，而生水、火、木、金、土。五气顺布，四时行焉。”说五行是在阴阳变合过程中产生的。朱熹说：“五行虽是质，他又有五行之气做这物事方得。然却是阴阳二气，截做这五个，不是阴阳外别有五行。”（《朱子语类》卷一）这更是说阴阳二气与五行本来就是一个东西。他还说：“天地之所以生物者，不外乎阴阳五行，而五行实一阴阳也……盖以阴阳五行而言，则木火皆阳，金水皆阴，而土无不在。”（《孟子或问》卷一）他认为，阴阳二气存在于万物之中，五行也不例外，只是每一行中阴阳的比例不同，“木、火”阳多阴少，“金、水”阴多阳少，而“土”则阴阳平衡。

二、阴阳五行说的基本思想

五行说有两个基本观点，一是五行是构成世界的基本元素，二是五行之间存在着相生相克的关系。

---

① 冯友兰. 中国哲学简史. 北京：北京大学出版社，1996：114.

“五行”也称“五材”，就是金、木、水、火、土。我国先民认为，这是构成世间万物的五种基本元素，自然界与人类社会的各种事物，无不是由这五种元素相杂组成的。各类事物皆以土为主，杂以其他元素，事物因组成元素的多少和比例不同而不同，这才使世界呈现出千差万别的状态，而单一的元素是不能生成万物的，即所谓“天生五材，民并用之，废一不可”（《左传·襄公二十七年》），“先王以土与金、木、水、火杂，以成百物”（《国语·郑语》）。

把世界看成是由几种元素组成的思想，在人类文明的早期有一定的普遍性，如古印度人认为这几种因素是地、水、火、风，古希腊人认为是土、水、火、空气。那么，我国先民为什么选择了金、木、水、火、土呢？依据情理推断，应该是当时的人们从生产和生活的实践中提取出来的。

火是人类最早支配的自然力，不但使人能胜于猛兽，而且尤其是熟食促进了脑的发达，对人类进化发展的意义极其巨大；春秋战国正是青铜器应用的鼎盛时期，对于制作利器的“金”（即青铜），人们当然不会忽视；至于水、土、木，都关乎我们这样的农耕民族生计之所在，被列入五行自然也不难理解。

当年，人们不仅总结出了金、木、水、火、土五种组成世界的基本元素，而且认为五行不是各自孤立的，它们之间还存在着相生相克的关系。相生，就是相互促进，利于发展之意，具体表现为水生木、木生火、火生土、土生金、金生水。相克，也叫相胜，就是相互克制，维持平衡之意，具体表现为水克火、火克金、金克木、木克土、土克水。

理解生克关系并不太难。我国古人从水能滋润草木、植物能燃烧取火、火烧化后产生灰烬（土）、土中蕴含金属（矿石）、金属经熔炼能化为液体（水）的现象，得出五行相生的认识；又从水能灭火、火能熔金、刀斧能斫草木、植物能抑止水土流失、筑堤（土）能控制洪水的现象，得出五行相克的认识。这些认识在今天也基本是可以理解的。有问题的是“金生水”，因为金属即使熔成液体也不是水；也有人说，古人认为金矿都在河流附近，即有金的地方必有水相伴。不过古人是不懂这一点的，我们也不必苛求。

世界构成元素意义上的“五行说”，同古印度、古希腊的“四元素说”，还处在同一认识层面上，但我国的五行生克理论显然比古印度人和古希腊人的认识更深刻、更系统。也许我们可以把五行生克论，看成是古代的系统论或生态平衡理论，其中朴素的唯物论与相辅相成的辩证观点，对于提倡和谐发展的当代社会，也是不无补益的。

三、阴阳五行说的象器功用

有人认为，中国文化是“以阴阳五行为骨架、以中庸思想为内容、以伦理道德为特色”的，这样概括是否恰当姑且不论，但把阴阳五行看成是中国文化的骨架，可以说是独具慧眼。

“骨架”是什么？就是古人说的“象器”，也就是今人说的“模式”。

“象”是形状、形象；“器”是用具、容器。通俗地说，“象”的功用，是使看不见的东西具有可见的形象；“器”的功用，是使不规范的东西得以规范。比如，在飞机的尾气中加入颜色，就可以使看不见的飞行轨迹显现，这就是“象”的功用；水是无形状的，盛入圆形器具为圆形，盛入方形器具为方形，因为其受到了器具的规范，这就是“器”的功用。

“五行”之所以不能等同于“五材”，就是因为它在构成万物的基本材质的原意之外，还衍生出来了分类符号意义。五行生克理论巧妙严谨，符合中国人注重整体关照和事物间存在普遍联系的思维方式，所以人们就比照五行生克关系来解释其他事物。比如，颜色虽有万紫千红之多，但基本色只有红、黄、蓝、白、黑五种，称为“五色”，其他颜色都是这五色按不同比例调配而成的，犹如五材组成万物一样。味道虽有诸多差别，但基本的味道也只有甜、酸、苦、辣、咸五种，称为“五味”，其他味道均是由这五味调和而成的，其在调味方面的作用也与五材在建构世界上的作用相同。于是，人们就套用五行理论来阐释五色、五味的关系，进而把方位的东、西、南、北、中称为“五方”，音律的宫、商、角、徵、羽称为“五音”，庄稼分类的麦、黍、稷、谷、豆称为“五谷”，动物分类的毛、羽、介、鳞、倮称为“五虫”，将其统统纳入五行体系。此外，还有五官、五脏、五事、五性、五常、五灵、五祀等，均可与五行说一一对应。在这种情况下，金、木、水、火、土就不再指具体的事物，而成为分类的符号，五行说起到的就是使无形无序的事物形象化、规范化的“象器”的作用。

为什么同是符号系统，八卦就没能像五行这样受到广泛接受和应用呢？

首先，把八卦的八个符号乾（☰）、坤（☷）、坎（☵）、离（☲）、巽（☴）、震（☳）、艮（☶）、兑（☱）与五行的五个符号金、木、水、火、土比较，显然生涩难记的八卦符号不如来自日常生产生活的五行符号有亲和力，后者更便于推行使用。

其次，八卦之说形成于社会上层，采用的语言许多来自筮卦术语，自然不如来自民间的五行说采用“木燃火、火熔金”等通俗性语言易懂。

最后，八卦的八个卦形之间虽也有对应、交流的关系，但五行之间的相生相克关系更为严密、系统、规范，也就更具说服力。比如，春、夏、秋、冬四季，更适合对应八卦而不适合对应五行，八卦只要在四季之间加上“四间”（春夏间、夏秋间、秋冬间、冬春间）就严丝合缝了，而五行就很难对应四季，只好在四季外勉强编造出一个“长夏”以应“五”数。但是，要说明季节更替的必然性，八卦说中除“阴阳交感原理”外再无可说，而五行说既讲阴阳之变，又讲生克之理，“五行无常胜，四时无常位”（《孙子兵法·虚实》），言顺理通，反而比八卦说更占上风。还有一个近似的例子是，五行说还解决了与十二地支的对应关系，成功地把干支纳入自己的系统，使与十二地支对应的十二属相之间有了生克关系，这一点直到近世仍然对人们有较大的影响。

从来没有哪种模式能像五行说这样广泛应用于不同领域，大有观念、制度、物象、人事莫不成“五”、五行模式通行天下之势。所以，说阴阳五行学说是中国文化的大象大器，当不为过。

也许当年的阴阳家学者并没料到其学说会成为通天下皆一式的“象器”，但他们也并没满足于仅仅用它来解释世界的起源与构造，而是还想用它来解释和推测朝代的更替兴亡。于是，他们提出了曾一度影响深远的“五德终始说”。

资料：五行归属表

	五行	木	火	土	金	水
天	方位	东	南	中	西	北
	季节	春	夏	长夏	秋	冬
	气候	风	热	湿	燥	寒
	星辰	岁星	荧惑星	镇星	太白星	辰星
	生成数	3+5=8	2+5=7	5	4+5=9	1+5=6
	天干	甲乙	丙丁	戊己	庚辛	壬癸
	地支	寅卯	午巳	辰戌丑未	申酉	子亥
地	品类	草木	火	土	金石	水
	五虫	毛虫	羽虫	倮虫	介虫	鳞虫
	五畜	犬	马	牛	鸡	猪
	五穀	麻	麦	稷	稻	豆
	五果	李	杏	枣	桃	栗
	五音	角	徵	宫	商	羽
	五色	青	赤	黄	白	黑
	五味	酸	苦	甘	辛	咸
	五臭	臊	焦	香	腥	腐
人	五脏	肝	心	脾	肺	肾
	九窍	目	舌（耳）	口	鼻	耳（二阴）
	五体	筋	脉	肌肉	皮毛	骨
	五声	呼	笑	歌	哭	呻
	五志	怒	喜	思	忧	恐
	五神	魂	神	意	魄	志
	五德	仁	礼	信	义	智
	病变	握	忧	哕	咳	栗
	病位	颈项	胸胁	脊	肩背	腰股

四、五德终始说

“五德终始说”是阴阳家学者邹衍提出的。他认为，每一个朝代都占有与五行中某一行对应的一德，只有占有克制前朝的“德”，才能取而代之，所以朝代更替必是五行相克的结果。

对于阴阳家的这一历史观，司马迁在《史记·孟子荀卿列传》中有所介绍，但很简略，《吕氏春秋·应同》中则有如下一大段详细的解说：“凡帝王者之将兴也，天必先见祥乎下民。黄帝之时，天先见大蚓大蝼，黄帝曰：‘土气胜。’土气胜，故其色尚黄，其事则土。及禹之时，天先见草木秋冬不杀。禹曰：‘木气胜’。木气胜，故其色尚青，其事则木。及汤之时，天先见金刃生于水。汤曰：‘金气胜。’金气胜，故其色尚白，其事则金。及文王之时，天先见火赤乌衔丹书集于周社。文王曰：‘火气胜。’火气胜，故其色尚赤，其事则火。代火者必将水，天且先见水气胜。水气胜，故其色尚黑，其事则水。”这段话是说，新王朝兴起，上天必会显示某种征兆。黄帝占土德，夏禹占木德，商汤占金德，周占火德，上天都曾显示相应的征兆。木克土，禹代黄帝而建夏；金克木，汤亡夏而建商；火克金，武王灭商而建周。按照这一逻辑做出推测，必须占有水德者才能取代周的天下。

这一理论当时就很受统治者的重视，邹衍所到之处，诸侯纷纷求其推测本国是否占有水德，礼遇甚隆，远非孔子、孟子处处碰壁可比。

秦始皇统一中国建立秦朝后，“推终始五德之传，以为周得火德，秦代周德，从所不胜，方今水德之始，改年始，朝贺皆自十月朔。衣服旄旌节旗皆上黑……更名河曰德水，以为水德之始……然后合五德之数”（《史记·秦始皇本纪》）。就是说，秦始皇为克制居火德的周朝，秦朝自居水德，崇尚黑色，并把黄河改名为“德水”，以符合水克火的五德终始理论。

汉朝建立后，曾一度认为汉承秦制，仍自居水德。但经多年争论，到汉武帝时确定了汉朝对应土德，并确认以土德治天下的黄帝是汉族人的始祖。

汉武帝“罢黜百家，独尊儒术”，使阴阳家的历史观也被儒家取代了。不过，儒家学者并没有完全抛弃阴阳家的五德终始说，而是用新的五德终始说取代了旧的。儒家学者认为，阴阳家用五行相克来解释朝代更替是不对的，因为相克只能解释“征诛式”的朝代更替，却不能解释“禅让式”的朝代更替，后者只能用五行相生来解释。所以，他们提出了与阴阳家的相胜序不同的相生序的“五德终始说”。

汉代儒家学者认为，按照“三皇”（伏羲、炎帝、黄帝）“五帝”（少皞、颛顼、帝喾、唐尧、虞舜）、夏、商、周、汉的顺序，分别是伏羲木德、炎帝火德、黄帝土德、少皞金德、颛顼水德、帝喾木德、唐尧火德、虞舜土德、夏朝金德、商朝水德、周朝木德、汉朝火德，前朝与后朝之间是相生的关系。在这一顺序中，忽略了短命的秦朝。《淮南子·天文训》和《汉书·律历志》中，都记载了这种说法。按顺序推下去，接替汉朝的应该是土德，所以王莽篡汉就是以土德自居的。这种学说与邹衍的相胜序主要有两点不同，一是汉朝不是土德而是火德，二是不把短命的秦朝列入朝代更替系统。

不论是相胜序也好，还是相生序也好，以五行生克为核心的“五德终始说”，都对中国人的历史观产生过重大影响。历史上的每个皇帝都以“奉天承运”来说明自己统治的合法性，这里的“运”，就是指五行转移之运。可是，汉代以后人们不太讲五德终始了，到了近代，人们自然就不再相信这种与近代科学不符的说法了。

但是，阴阳五行说在另一个领域却一直长盛不衰，至今仍处于主宰地位，这个领域就是中医中药学。

五、阴阳五行说与中医中药学

中国医学历史悠久，博大精深，是我国的国粹，而它的基本理论就是阴阳五行说。

首先，中医以阴阳五行说来解释病理。

西医以解剖学为基础，把人体分为呼吸、消化、循环、免疫等几个生理系统，再分解为器官、细胞。但是，人体各部分相加并不等于生命整体，所以解剖学解释不了人体的免疫系统在器官移植时抗体发生的排异性。而中医认为：人体是一个整体系统，维持生命活动的“元气”运行其中；“元气”又分为阴气和阳气，虽然因昼夜四季的变化，阴阳二气的强弱会有不同，但总体上应该是平衡的，如果阴阳失衡，就会导致生病。

人的五脏六腑与五行对应，脏为里、为阴，腑为表、为阳，五脏六腑按五行生克之理相互影响和感染。古代医书《难经·第五十难》中说到导致疾病的“五邪”时说：“从后来者为虚邪，从前来者为实邪，从所不胜来者为贼邪，从所胜来者为微邪，自病者为正邪。”“从后来者”指从“我”生之脏而来，叫“子病及母”；“从前来者”指从生“我”之脏而来，叫“母病及子”。“实邪”按木肝→心火→脾土→肺金→肾水→肝木的相生顺序正向传递，“虚邪”按同一顺序反向传递，这是从五行相生来说明脏器间的病理关系的。“从所不胜来者”指从克“我”之脏而来，“从所胜来者”指从“我”克之脏而来，这是从五行相克来说明脏器间的病理关系的。

其次，中医以阴阳五行说来诊病治病。

从解剖学的理论出发，西医诊治时对不同系统、不同器官的病征分别对待，头痛医头，脚痛医脚。而中医认为，任何部位的病变都与人的整个身体有关，必须联系起来考察和诊治。中医诊断有望、闻、问、切四法，“望而知之者，望见其五色，以知其病。闻而知之者，闻其五音，以别其病。问而知之者，问其所欲五味，以知其病所起所在也。切脉而知之者，诊其寸口，视其虚实，以知其病，病在何脏腑也”（《难经·第六十一难》）。这里说的“五色”“五音”“五味”，都是与五脏六腑按五行关系对应的，所以可以反映脏腑病症。

治病就是平衡阴阳、调节寒热，补不足、泄有余，要从整个人体系统来考虑，所以头痛可以医脚，脚痛可以医头。针灸讲究的“子午流注”针法，以井、荥、俞、经、合五俞穴和十二时辰配阴阳五行，推算气血的盛衰开合，据此决定取穴进针的时机。因为导致生病的原因往往来于外界，所以中医治病不但要做到体内平衡，还要做到人与环境平衡，所谓“圣人不治已病治未病，不治已乱治未乱”（《黄帝内经·素问·四气调神大论》），防病重于治病。

最后，中医以阴阳五行说来指导配药用药。

我国自古就讲药食同源，认为正确进食可以治病，称为“食疗”；药物可以与食物搭配食用，称为“药膳”。五谷、五果、五菜、五畜均可与五味对应，按五行生克之理服用，起疗病健身的作用。

中药有四气（寒、热、温、凉）五味、阴阳配合、升降浮沉的学说。味属辛甘、气属温热者，多为起升浮作用的阳性药；味属酸苦咸、气属寒凉者，多为起沉降作用的阴性药。用药还要讲究“归经”：同为清热的寒性药，因归经不同，黄芩就长于清肺热，而黄连用于清心热；同归一经，因药性不同，黄芩清肺热、干姜温肺寒、百合补肺阴，作用各不相同。因病忌食有五味之禁，即“肝病禁辛，心病禁咸，脾病禁酸，肾病禁甘，肺病禁苦”（《黄帝内经·灵枢·五味》）。

中药多为复方，用药少则三五味，多则几十味，按“君臣佐使”原则搭配。“主病之谓君，佐君之谓臣，应臣之谓使。”（《黄帝内经·素问·至真大要论》）“君”是起主要作用的药，“臣”是加强主药功效或治疗兼病兼症的药，“佐”是起辅助作用、减轻主药毒性的药，“使”是引导药力通达病灶的药，配合使用的目的是达到急缓相济、阴阳平衡。

用药还有时辰要求：补阳的药应在子时后至午时前服用，此时阳气上升，可以有助于行开药力，使阳气节节推升；补阴的药则要在午时后到子时前服用，道理相同。如果弄反了，阴气上升时补阳、阳气上升时补阴，结果是药力与体内之气互相抵消，徒劳无功。

如果因为以前有人用阴阳五行说来算命、看风水，乃至推测王朝更替，就说它是封建迷信的东西，那么，这在中医学面前是说不通的。中医药的疗效举世公认，而作为中医药学的基础理论，阴阳五行说还没有其他学说可以替代。阴阳五行说既然被人们奉行了几千年，必有它存在的道理，即使有一天它被新的理论取代了，其合理的、科学的部分也会作为中华文明的一部分留存下来，造福后人。

本讲小结

八卦和五行作为两套符号系统，能用来判断风水好不好、属相合不合，也能用来推演星象、维持生态平衡，大到王朝更替，小到诊病治病，被中国人祖祖辈辈用了几千年，似乎普通得不能再普通；但其通天彻地、无所不包的功用令人惊奇，又似乎玄妙得不能再玄妙。在科学日益昌明的今天，我们可能不会再相信“属相相克”“五德终始”那种说法，但现代科学也没法完全否定这两套符号系统的合理性。

在八卦和五行里，有我国圣贤们的哲学思考和系统论思想，也有健体修身的经验总结，更有化难为易、化繁为简的聪明智慧。它们已经渗透在了我们中国人的思维方式和行为方式之中，成了我们民族的标志和图腾。

八卦和五行为什么能流传几千年？它们生生不息的源泉在哪里？在科学日新月异的发展中，它们将灰飞烟灭、归于沉寂，还是脱胎换骨、浴火重生？让我们拭目以待。

第六讲　家族宗法

第一节 先秦的宗法社会

一、从血缘集团到宗法社会

“一定历史时代和一定地区的人们生活于其下的社会制度，受着两种生产的制约：一方面受劳动的发展阶段的制约，另一方面受家庭的发展阶段的制约。劳动愈不发展，劳动产品的数量、从而社会的财富愈受限制，社会制度就愈在较大程度上受血族关系的支配。”①中国的宗法社会就是在原始的血缘集团基础上形成的。

远古时期的人们组成许多共同生产、共同生活的共产制原始部落，这些原始部落普遍实行母权制，这是由于女性在“两种生产的制约”方面，都处于控制地位。

女性在家庭方面的控制主要表现在能确认亲生子女的优势上。

原始社会生产力十分低下，面对大自然的灾害和野兽的袭击，人们只能“以群的联合力量和集体行动来弥补个体自卫能力的不足”②。既然人们以群居的方式生活在洞穴里，群交就是必然的了，这就是原始人群最早的婚姻形式，即部落内部所有男女不论长幼亲疏，互为夫妻。恩格斯把这种状况称为“杂乱性交关系”。这种状况在我国古文献中也多有记载，例如，“昔太古常无君矣，其民聚生群处，知母不知父，无亲戚兄弟夫妇男女之别，无上下长幼之道”（《吕氏春秋·恃君览》），“男女杂游，不媒不聘”（《列子·汤问》），“……无有夫妇配匹之合，兽处群居，以力相征”（《管子·君臣》）。中国古代有许多“圣人无父，感天而生”

① 中共中央马克思恩格斯列宁斯大林著作编译局.马克思恩格斯选集（第四卷）. 北京：人民出版社，1972：2.

② 中共中央马克思恩格斯列宁斯大林著作编译局.马克思恩格斯选集（第四卷）. 北京：人民出版社，1972：5，29.

的神话传说，就是这种婚配状况留下的观念痕迹。

随着生产力的发展，人们的伦理观念开始改变，逐渐认识到“男女同姓，其生不蕃”（《左传·僖公二十三年》），也就是近亲通婚不利于种群繁衍。于是，父女、母子间的婚配首先被禁止，进而不同辈分人群间的婚配被禁止，人们按辈分和血缘关系划分成许多“内部男女互为夫妻而外部禁婚”的人群，这就是“群婚”。接着，禁婚范围扩大到所有亲属，形成多夫多妻中有一对男女互为主夫和主妻的“对偶婚”。

乱婚、群婚和对偶婚的共同之处是，许多男人与许多女人互为夫妻，所以每个人只能确认自己的母亲而不能确认自己的父亲。这样，原始部落内部就自然出现了许多子女围绕母亲形成的小团体，进而，若干这样的小团体又围绕外祖母组成了更大的团体，这就是部落内部的氏族组织。所以，只有作为氏族首领的女人，才能参选成为部落首领。“亲属关系在一切蒙昧民族和野蛮民族的社会制度中起着决定作用。”[①]这是人类社会早期实行母权制的最重要的原因。

女性在劳动方面的控制主要表现在对农业生产的掌握上。

自从发明了弓箭，狩猎就成了人们获得日常食物的主要手段，为了获得维持基本生存所需的食物，那时的人们不分男女都要参加狩猎。但当妇女处于妊娠和哺乳期的时候，她们就可以不去参加激烈危险的狩猎行动，而是留守营地从事采摘野菜野果的轻体力劳动。大量的采摘劳动使她们发明了种植业，也就是农业。随着播种面积的扩大和种植品种的增多，妇女控制的农业收成稳定而且产量不断增加，其逐渐成为人们主要的谋生手段，而男人占有优势的狩猎业朝不保夕，日渐在生产活动中退居次要地位。在这种“阴盛阳衰”的情形下，母权制更是得到了巩固。

原始共产制下的剩余财产是公有的，由氏族和部落全体成员共同享用并集体继承。

随着男人借助体力上的优势逐渐接管了农业，其社会地位也大大提高

① 中共中央马克思恩格斯列宁斯大林著作编译局.马克思恩格斯选集（第四卷）. 北京：人民出版社，1972：5，24.

了，甚至做了部落首领。随着生产能力的提高，开始有了剩余产品，首领们利用权力化公为私，积累了越来越多的私有财产。“随着财富的增加，它便一方面使丈夫在家庭中占据比妻子更重要的地位；另一方面，又产生了利用这个增强了的地位来改变传统的继承制度使之有利于子女的意图。但是，当世系还是按母权制来确定的时候，这是不可能的。因此，必须废除母权制，而它也就被废除了。”[①]

社会地位提高了的男人希望把私有财产传给亲生儿女，而“知母不知父”的婚姻制度显然成了最大的阻碍，所以，要求变革婚姻制度的社会力量越来越大，最后终于排除了女子的多夫，而建立了能保证男人确认后代的一夫一妻制。于是，母权制被推翻，父系氏族社会家长制建立起来了。显然，父权制取代母权制，是因为男人在“两种生产的制约”，即控制农业生产和确认子女两方面都取得了胜利。与母系社会相比较，父系社会的家庭规模明显缩小了。

一夫一妻制建立的重要意义在于，父子关系的重要性超过了兄弟关系。在生存延续的资源来自族群共同对外部（自然界、其他人群）作战的时代，多夫多妻制有利于族群合作，财产传承多取“兄终弟及”的方式；当生存延续的资源主要来自父系小家庭自身的继承时，一夫一妻制就是必然的，财产传承也就转变为“父死子继”了。

确定“父死子继”原则是宗法制的基础，但这个原则从家庭走向国家，还要经历一个漫长的过程。

家族取代氏族是世界各国进入文明社会的共同现象，而我国的特点在于：家族还组成宗族。同父所生的兄弟组成家族，同始祖的后代组成宗族。“宗”字，是庙宇中立一祖先神主牌的象形，表示拥有同一祖先；“族”字，是旗下一支箭，表示共同作战的军事单位；“宗族”，就是有同一祖先的血缘集团。

随着生产能力的提高、人口的增加，原始人群和部落日益扩大，不同部落宗族间开始爆发争夺生存空间的战争。战胜的部族不但占有了战败者

① 中共中央马克思恩格斯列宁斯大林著作编译局.马克思恩格斯选集（第四卷）. 北京：人民出版社，1972：5，51.

的土地，也统治了战败的部族，形成了多氏多宗的同族集团，也就是部落联盟。部落联盟中一直打胜仗的宗族称为“王族”，王族与归附的宗族虽有统属关系，但都是统治阶级，统称为“百姓”；战俘沦为百姓的奴隶，统称为“庶民”。在不断的部族兼并战争中，王族统率宗族、百姓统治庶民的社会结构形成了。显然，这时已经产生了阶级，有了国家的雏形。

以大禹废除禅让制传位给自己的儿子启建立夏朝为标志，国家在我国形成了，宗法社会开始了取代氏族社会的过程。夏、商两朝帝位的继承，经常伴随着是“兄终弟及”还是“父死子继”的斗争，直到商朝后期，帝位才不再传弟，“父死子继”的世袭制终于在国家层面上对禅让制取得了彻底的胜利。

我国先秦时期把有人民生息繁衍的开化地域称为“天下”。夏、商两代一统天下的首领称“帝”，周武王灭商建周后改为称“王”，帝王也统称“天子”。

天子名义上拥有天下的全部统治权，也就是所谓的“普天之下，莫非王土”。但实际上，这个“天下”是由天子国和诸侯国两个层次构成的，天子只直接统治“天下”中最大、最富庶的王族的地域，即“天子国”；天子再按“公、侯、伯、子、男”等各级爵位，把大小不等的土地分给自己的子弟和各归附宗族的首领，在天子国周边建立“诸侯国”，让他们自行统治管理。《吕氏春秋·观世》中说，“周之所封四百余，服国八百余”；《荀子·儒效》中说，“周公兼制天下，立七十一国，姬姓独居五十三人”；《左传·昭公二十八年》说，西周分封“兄弟之国十有五人，姬姓之国者四十人”。

天子对诸侯国有调解裁决纠纷和征伐的权利，诸侯国对天子国有进贡和拱卫的义务。不论天子国还是诸侯国，都是父兄为君、子弟为臣，“国”与“家”的统属关系是重叠在一起的，也就是政权和族权是合一的，这叫作“家国同构”。

为了理顺君臣父子等各种关系的尊卑统属，周朝建立之初，周公旦主持“制礼作乐”，这标志着完备的宗法制度终于建立起来了。所以，宗法制不仅是宗族内部的管理制度，同时也是国家职官制度。

二、宗法制度的主要内容

宗法制，本指宗族内部事务的管理制度，以父子间的社会身份和财产继承关系为核心。

周朝宗法制的有关内容，散见于各种古代文献中，其中，《礼记·丧服小记》和《礼记·大传》记载较为详细。《礼记·丧服小记》载："别子为祖，继别为宗，继祢者为小宗。有五世而迁之宗，其继高祖者也。是故，祖迁于上，宗易于下，尊祖故敬宗，敬宗所以尊祖祢也。庶子不祭祖者，明其宗也。"《礼记·大传》载："别子为祖，继别为宗，继祢者为小宗。有百世不迁之宗，有五世则迁之宗。百世不迁者，别子之后也。宗其继别子之所自出者，百世不迁者也。宗其继高祖者，五世则迁者也。"

根据上面的表述，我们把宗法制的内容概括为"三个区别"和"一个核心"。三个区别是：区别君统与宗统，区别大宗与小宗，区别迁宗与不迁宗。一个核心是：以嫡御庶，嫡长子继承。要理解这些概念，就必须先了解当时的社会阶级结构。

周朝的宗法制只实行于统治阶级"百姓"内部，庶民是不讲宗法的，这叫"礼不下庶人"。百姓又分四个阶层，分别是天子、诸侯、卿大夫和士。天子、诸侯为"君"，卿大夫和士为"臣"，此称"宗统"。

天子和诸侯作为君主的地位，由嫡长子孙代代世袭，这一系统称为"君统"。君主的兄弟叫作"别子"，他们必须从君统中分离出去，另建自己的血缘系统，称为"宗统"，别子是各自宗统的始祖。宗法制主要实行于卿大夫和士这两个阶层，广义的宗法制也包括君统在内。君统和宗统有严格的尊卑之分，即使君主与别子是亲兄弟，也只论君臣不论兄弟，以维护君权的至尊地位，这叫"君统独尊"。

"别子为祖，继别为宗，继祢者为小宗"，就是说：以第一个从君统中分出的别子为本宗统的始祖，代代继承其权位财产的嫡长子孙系统为大宗，只能继承自己父亲权位财产的其他子孙系统为小宗。小宗一般要比大宗低一个阶层，就是卿大夫的嫡长子孙是大宗，仍继位为卿大夫，而其他子孙是小宗，只能分得较少财产并降为士。大宗与小宗只是相对而言，比如：卿大夫的嫡系相对于自身的旁支是大宗，但相对于别子诸侯就是小宗了。嫡系继承人称为“宗子”，是宗族领袖，有主持祭祀祖先、分配土地、处罚族人等权力。国家面临战争时，宗子是编入国家军队的宗族武装的当然首领。

为了防止宗族势力太大而威胁君权，宗法制又规定：“宗其继别子之后出者，百世不迁者也。宗其继高祖者，五世则迁者也。”迁，就是迁庙。大宗永远在自己的宗族系统中供奉宗庙，小宗到第五代就要把祖宗牌位迁出原宗族，重新建庙祭祀，自成一宗。这样的安排，既可以使与君统血缘最近的大宗系统保持稳定强势，以利于维护君权，又通过五世而迁不断弱化小宗，使宗族势力不会过于膨胀，威胁君权。

整个宗法制的核心是“嫡长子继承”原则。不论君统中的天子、诸侯，还是宗统中的大宗、小宗，都无例外地贯彻这一原则。

那么，什么是“嫡长子”呢？这就要先知道“嫡庶”的分别。

周代礼制确认一夫一妻制为婚姻制度的正型。但实际上，一夫一妻仅限于庶民之中，统治阶级真正实行的，是“分嫡庶的一夫多妻制”。在他们的诸多配偶中，只有一个妻为“嫡”，其他的都为“庶”，“庶妻”也就是妾。

嫡妻的任务是为夫家生育继承人。为了保证后代血统的高贵，选妻要门当户对，提亲要三媒六证，结婚更是要经过复杂的仪式。而妾只不过是男主人泄欲的工具，多是巧取豪夺于贫贱人家，所以，纳妾不需媒证，而且仪式也比较简单。

妻与妾的地位是不平等的，妻为主、妾为仆。妻不能降为妾，更不能买卖，只有在犯了“七出”之条时才能被休弃。妾可以随意买卖送人，不需要任何理由。嫡妻所生子女称为“嫡出”，庶妻所生子女称为“庶出”，只有嫡出的儿子才有继承权。不管嫡妻生育几个儿子，嫡长子是当然的继承人；如果嫡长子早逝或因故被废，则由嫡次子、嫡三子等依次递进继位；女儿和庶出的儿子都是没有继承权的。这就是“嫡长子继承制”。

西周确立的“立嫡以长不以贤，立子以贵不以长”原则，在殷商末年就已经实行了。当年商帝乙的妾生了启，因为是庶出所以不能继天子位，封于微地，称“微子启”，后来成为宋国的开国诸侯。再后来，启的生母被立为王后，成为嫡妻，并生了纣。虽然启长纣幼，但纣是嫡出，所以得以继位为天子，就是商朝的亡国之君纣王。启和纣是同父同母的亲兄弟，只因母亲的身份先庶后嫡，两个人的命运就完全不同，这就是“立子以贵不以长”。

宗法制强调父系血统，儿女不论嫡出庶出都是男主人的亲生子女，都是少主人。庶出的少主人与为奴婢的亲生母亲，身份有主仆之别，所以庶出子女只能以父亲的嫡妻为母，而不能认自己的生母为母。

《红楼梦》里的贾政有一妻二妾，嫡妻王夫人生了贾元春、贾珠和贾宝玉，妾赵姨娘生了贾环和贾探春，另一妾周姨娘未生育。嫡长子贾珠早死，嫡次子贾宝玉就成了贾政唯一的继承人，因而极为得宠，而庶出的贾环几乎无人理睬。

《红楼梦》第五十五回说，王熙凤病了，由贾探春代管家政。赵姨娘想为死去的兄弟赵国基多要点丧葬费，就找到亲生女儿探春说：“太太疼你，你该越发拉扯拉扯我们。”探春以主子的口气说：“我拉扯谁，谁家姑娘们拉扯奴才了？”探春把母亲称为“奴才”，而以主子“姑娘”自居，显然是不认这个亲妈的。但赵姨娘不识趣，还是以母亲的口吻对她说：“如今你舅舅死了，你多给了二三十两银子，难道太太就不依你？”一听赵姨娘提到“舅舅死了”，探春脸都气白了，反问说：“谁是我舅舅？我舅舅早升了九省的检点了，那里又跑出一个舅舅来？”这个升了九省检点的舅舅，就是王夫人的兄弟王子腾。贾探春与赵姨娘只论主仆不论母女，也不认亲舅舅赵国基，只认王子腾为舅舅，就是以宗法制的嫡庶关系为依据的。

宗法制的“嫡长继承”是一种血统论。为了保证血统的高贵纯正，百姓贵族都特别注重嫡妻的门第出身和贞洁，唯恐其所生的继承人被杂以卑贱的血统。所以人们就把“夺妻之恨”与“杀父之仇”并列，都是“不共戴天”的。蒙古族领袖铁木真的妻子被抢后生子，就是个典型的例子。

铁木真新婚不久，妻子孛儿帖被蔑儿乞人掳走，并赏赐给一个将领为妾。九个月后，铁木真救回了孛儿帖，并生下了长子术赤。孛儿帖被抢走的九个月，刚好是胎儿从怀孕到出生所需的时间，所以当时就有人怀疑术赤不是铁木真的亲骨肉。多年后，铁木真已经称“成吉思汗”了，四个儿子也已经都长大成人。在确定汗位继承人时，术赤本应是首选，但成吉思汗的次子察合台认为，哥哥术赤是蔑儿乞人的“杂种”，不能继位，两兄弟起了纷争。成吉思汗觉得术赤身份不明，察合台又与术赤生了嫌隙，均不适合做继承人，最后决定传位给第三个儿子窝阔台。

术赤失去汗位的原因，就是其血统的纯正性受到了怀疑，这在当时看来是个很严重的问题。关于“血统论”较近的一个例子，是清末四大奇案之一的“杨月楼冤案”。

清朝同治十二年（1873 年），京剧小生杨月楼在上海演出，因扮相英俊，演技超群，得到了一个富商的女儿韦阿宝的爱慕，韦母也同意了。但韦阿宝的叔叔知道后，认为杨月楼是个身份卑贱的“戏子”，坚决反对，并以拐盗罪把杨月楼告到了官府。在对二人严刑拷打后，杨月楼被判了“骗财诱婚罪”。

在这个案子里，知县断案依据的所谓“良贱不婚”的礼法，就是宗法“血统论”在律法中的体现。在旧的宗法观念里，唱戏的艺人被视为贱民，而韦家是捐有官衔的商人，身份要高贵得多，所以，杨月楼和韦阿宝是门不当户不对的，一对痴情人只能被硬生生拆散。

除了嫡庶之分、贵贱之别以外，宗法制对宗族内部的其他人际关系也有详细严格的规定，从而形成一张体现亲疏远近关系、尊卑贵贱身份的“网”。

丧服制度就是按照这个“网”量身定制的。

三、丧服制度

自夏、商两朝以来逐渐形成的丧服制度，是指人们在服丧期间，根据与死者关系的亲疏而穿着不同服饰的制度。

周朝建立时，对此前的丧服制度做了适应宗法制度的改造和完善，特别是在区分尊卑贵贱、嫡庶亲疏等方面，做了更详细的规定，使之成为宗法制体系中的一个重要组成部分。

《仪礼·丧服》所规定的丧服，由重至轻分为五等：斩衰（cuī）、齐（zī）衰、大功、小功、缌（sī）麻，称为“五服”。和死者关系最亲近的人穿最重的丧服斩衰，其次穿齐衰，接下来依次穿大功、小功直至缌麻。如果与死者的关系远到连穿缌麻的资格都没有，这叫“出了五服”，就不再属于该宗族系统，也就不必穿丧服了。

五种丧服的每一种，都在丧服质地、配饰、居丧时间以及居丧期间的行为方面，有明确的规定，分别适用于与死者亲疏远近不等的各种亲属。

斩衰，丧服用最粗的生麻布缝制，裁截处不做包边处理，如刀斩断；丧期三年；用于君、父、夫、长子之丧。

齐衰，丧服也是用生麻布缝制，但边缘部分可以包缝整齐；丧期分为三年执杖、一年执杖、一年不执杖和四个月，共四个等级；用于母、妻、叔伯、兄弟等丧。

大功、小功和缌麻，丧服均用熟麻布制作，只是布有粗细之别；丧期分别是九个月、五个月和三个月；近则用于堂兄弟姐妹、嫡儿媳，远则用于岳父母、舅父、女婿、外孙等丧。此外，还有各自搭配不同样式的帽、鞋、腰带以及是否执杖的区分，此处从略。

“五服之亲”还是禁止婚配的范围，以防范近亲繁衍带来的危害。唐宋以后，婚配限禁法律日渐严苛，五服内结亲的基本都是以通奸论，判杖刑甚至徒刑。例如，《明律·婚姻》条规定，凡同姓氏结婚者，男女双方“各杖六十”并强令“离异”，“财礼入官”；“若娶同宗缌麻以上姑舅姐妹者，亦各以奸论，并离异”；“若娶缌麻亲之妻及舅甥妻，各杖六十”，并判一年徒刑。

丧服制度既是宗法制度的组成部分，又是对宗法关系的具体诠释，起到了从操作层面细化、强化尊卑贵贱的宗法观念的作用。这一点我们可以从以下四个方面来看。一是男尊女卑。妻要为丈夫服最重的斩衰，夫则只为妻子服齐衰一年杖期；儿媳为公婆服斩衰，而女婿只为岳父母服缌麻。二是嫡贵庶贱。妾为妻服齐衰不杖期，妻为妾则无服；父亲为嫡长子服斩衰，为其他诸子服齐衰。三是近亲远疏。根据五世亲尽的原则，从自身算起，上推五代、下推五代，血缘越疏的服制越轻；高祖的兄弟及其子孙后代只是同姓之亲，但已出五服范围，就无须为之服丧了。四是重父系轻母系。在父权社会的宗法关系中，只重宗族、宗亲，不重外亲、内亲，血统更是只论父系。

《红楼梦》第二十回中讲，因为贾宝玉和薛宝钗多说了几句话，林黛玉就耍小性子，贾宝玉哄她说："你这么个明白人，难道连'亲不隔疏，后不僭先'也不知道？我虽糊涂，却明白这两句话。头一件，咱们是姑舅姐妹，宝姐姐是两姨姐妹，论亲戚也比你远……"林黛玉的母亲是贾宝玉父亲贾政的妹妹，所以，林黛玉管贾政叫"舅"，贾宝玉管林黛玉的母亲贾敏叫"姑"，这叫"姑舅亲"；薛宝钗的母亲是贾宝玉母亲王夫人的妹妹，所以，薛宝钗管王夫人叫"姨"，贾宝玉管薛宝钗的母亲也叫"姨"，这叫"两姨亲"。按照宗法制，父系比母系更亲近，所以"姑舅亲"近于"两姨亲"，贾宝玉以此强调自己与黛玉的关系比与宝钗更亲近。

宗法制对宗族内的关系远近有严格细致的区分，这一点在对已故亲人的祭祀活动中，表现得更清楚。祭祀宗族祖先时，自然是宗子主持，孝子贤孙们则依"五服之亲"次序排列。

那么，列祖列宗的神主牌怎么排列供奉呢？这就要用到"昭穆制度"了。

四、昭穆制度

《左传》曰："国之大事，唯祀与戎。"在我国古代，人们要为逝去的先人起造专门的供奉场所，叫"宗庙"，把先人的神主牌供奉在宗庙里。先秦时期只有贵族才可以起造宗庙，并且宗庙的数量按贵族的四个等级，从高到低依次递减。《礼记·王制》载："天子七庙，三昭三穆，与太祖之庙而七。诸侯五庙，二昭二穆，与太祖之庙而五。大夫三庙，一昭一穆，与太祖之庙而三。士一庙，庶人祭于寝。"文中的"太祖"就是"始祖"。这就是说，天子可以立七座庙，诸侯可以立五座庙，大夫可以立三座庙，士只能立一座庙，庶人不得立庙。始祖庙居中，不分昭穆，此后按左昭右穆、左右轮换的次序排列：始祖的嫡长子列一昭位，嫡长孙列一穆位，以下为二昭位、二穆位、三昭位、三穆位……依此类推。

“始祖”的确定依据，来自宗法制的“别子为祖”，即所谓“始封之君”。

周天子奉后稷为始祖，供奉于始祖庙，不参与昭穆排列；周朝基业的奠基人文王姬昌供奉于一昭位的昭祧庙，周朝真正建立者武王姬发供奉于一穆位的穆祧庙。以下四庙也按左昭右穆、左右轮换的次序，排列到第七位“三穆”。

那么，需要供奉的祖先超过七位怎么办呢？这时候就要依次把后四座昭穆庙中的神主牌移进始祖庙，仍按昭穆序位排列，腾空的后四庙供奉新逝的祖先，这叫“亲尽而毁”。这种做法可以称为“三常四变”：始祖庙、一昭庙和一穆庙这三座庙，是恒常不动的；二昭庙、二穆庙、三昭庙和三穆庙这四座庙的神主牌，要随着世代传承不断换位。

在秦朝以后的改朝换代中，又出现了“始祖”和“太祖”是不是同一人的分歧。《旧唐书·礼仪志五》中说 “始祖即是太祖，太祖之外，更无始祖”，明确表示始祖和太祖是同一人。但《白虎通义》则援引周例 “后稷为始祖，文王为太祖，武王为太宗”，力证始祖和太祖是两个人。宋朝曾就赵匡胤高祖父赵朓（僖祖）是否为大宋朝始祖的问题，爆发了一场持续十余年的大争论，最终确定为两人，赵朓为始祖，赵匡胤为太祖。

至于只有一座庙的士，当然只能把列祖列宗的牌位，按昭穆次序供奉在宗庙的一张供案之上了。宋代以后重建了家族宗法制，平民百姓也可以联宗立庙了，当然也只有一座庙，也只能如先秦的士一样，把列祖列宗的牌位供奉在一张供案上。

昭穆制度不仅应用在排列宗庙和祖先神主牌位方面，族人聚会时也依此排位，宗子、族长居中，其他人按尊卑依昭穆位次排列。再延伸开去，凡需排列尊卑等级的场合，都沿用昭穆次序。《水浒传》里“梁山泊英雄排座次”，寨主宋江居中，其他人分别按昭穆一左一右依次排列，虽一百余众，却丝毫不乱。

第二节　后宗法社会的演变

一、秦帝国对宗法制的冲击

宗法制经夏、商两朝的发展，到周朝初期形成详尽完备的典章文本，经历了 1000 多年。西周时期，社会、经济、政治有了巨大进步，出现了政通人和的繁荣景象，被后世的孔子称为“小康”社会，其中，宗法制功不可没。

周幽王时，西部犬戎族入侵，西周灭亡。周平王迁都洛邑，开始了东周时期，周朝也由盛转衰了。

春秋战国时期，天子式微，诸侯坐大，相互攻杀夺取、弱肉强食，中国进入了“礼乐征伐自诸侯出”的乱世。社会阶层开始出现剧烈的变动，越来越多的平民和庶民获得姓氏，血统“高贵”与“卑贱”的界限模糊起来，先秦的宗法制度也随之发生了动摇。

秦人的先祖曾因卷入叛乱而沦为奴隶，后经累世积功，东周初年才被封为诸侯而建国。秦国抓住了“乱世大洗牌”这一历史机遇，完成了“从奴隶到皇帝”的逆袭。公元前 356 年，秦孝公任用商鞅，实行废井田、重农桑、奖军功、统一度量和建立县制等变法举措，促进了生产力的发展，顺应了当时的社会发展方向，秦国日渐强盛。以扩大君权为中心内容的变法，促使维护族权的宗法制逐步瓦解；废除分封、奖励军耕的变法主张，瓦解了宗法制的政治经济基础。到秦始皇建立秦王朝时，全国统一编定户籍，使一家一户的个体小家庭直接隶属于国家，把族权与政权割裂开来，“家国同构”的宗法制大家庭终于走到了穷途末路。

秦始皇统一天下后，为了防止旧诸侯势力死灰复燃，其将十二万六国贵族富户强迁到咸阳，就近监视，以断绝他们对原封地的政治影响。他还收缴六国兵器加以销毁，在咸阳铸成十二个各重千石的铜人，使旧贵族无力拥兵割据。

收回贵族的封地统一管理，才能建立大一统的国家；收回贵族在宗族内部自行传承的官职而由皇帝直接任命，才能建立中央集权制政权。雄才大略的秦始皇就采取了这些措施。为了保证全国政令统一，秦朝收回了所有旧贵族的封地采邑，全国改设三十六郡；官吏经察举推荐，由皇帝任命；官员任期届满或退休后，官职由中央政府收回，重新任命。这样，就废除了“世卿世禄”的官职世袭制。

这一改变对宗法制度的冲击是巨大的，甚至是致命的。

在家国同构、政权族权合一的先秦时期，宗法制既是宗族制度，也是国家制度。从天子国、诸侯国到各级封地、采邑，都是分层各自管理的，各宗族宗子的辖地、官职及财产，都是按照血缘关系父子相传的，也就是任人唯亲。简单说，嫡长子继承的是父亲的社会地位，以及族权、财产两部分。秦始皇收回所有封地、采邑，就意味着收回了所有政权，把国和家切割开来，除了皇族的嫡长子外，其他所有宗族的宗子们，永远失去了对父亲社会地位的继承权（皇帝特许“世袭罔替”的除外），只能继承族权和财产，由此中国就进入了后宗法社会。

但是，宗法制度会就此退出历史舞台吗？当然不会。统一的秦帝国建立后，郡县制取代分封制，虽然这极大地加强了皇帝的权威，但并没有把族权和政权彻底切割开来，更没能根除宗法观念的影响。事实上，宗法观念一直在各种现实力量中体现着。从楚汉相争到宋朝建立的1000多年中，以宗法关系维系的割据势力同皇帝中央集权的争斗，时急时缓，起起伏伏，一直没有销声匿迹，成为后宗法社会的常态现象。

二、汉朝的“王国”与强宗豪右

秦朝覆亡后，是重走分封诸侯的老路还是维持中央集权的大一统格局，是让最高统治者纠结的问题。从楚汉相争到汉朝初年，为了聚拢人心、夺取天下，项羽、刘邦都不得已采取了分封诸侯王的策略，这在客观上导致了先秦分封制的死灰复燃。

各路灭秦主力军队中实力最强的项羽，在巨鹿之战获胜后，自称“西楚霸王”。为安抚各路军事集团，他分封了十八个诸侯王。但诸侯割据的乱局，可不是项羽这个力能扛鼎之夫控制得了的，各诸侯又为地盘和爵位大起纷争。胸有大志的刘邦看到了机会，趁机利用矛盾，纵横捭阖，最终打败项羽，夺取了天下。

汉朝初建，兵权都握在领兵打仗的大将军手里，为稳定刚刚建立的政权，向往大一统的刘邦只能承认事实，封手握兵权的功臣韩信、彭越、英布等人为诸侯王。同时，为了牵制这些异姓王，又封了一大批同姓王。刘邦当然不会重蹈项羽的覆辙，在江山稳定之后，就设计除掉了他认为对皇权构成威胁的异姓王，并由中央派官员为各王国制定法规。

从汉高祖刘邦到汉景帝刘启，不论是对异姓诸侯王杀戮铲除的霹雳手段，还是对同姓诸侯王拉拢限制的怀柔政策，都没能遏止分裂势力的星星之火形成燎原之势，终于在刘邦死后 39 年爆发了“七国之乱”。汉景帝平定“七国之乱”后，改定新规：国王分土不治民，不得自行征收租税。到了汉武帝时，更是推行“推恩令”和“左官律”，规定国王除嫡长子继承王位外，其他子弟可在国中封侯；官员没得到天子任命，不得擅自到王国任职。这样一来，一个王国分为几个小侯国，国王的直属领地不断缩小，元气大伤。此后更是封王不裂土，有王无国，以断除割据之患。再后来，汉武帝又用各种理由褫夺了 106 个王侯的爵位，并且禁止诸侯国的官吏在朝中任职，防止他们插手行政事务。

随着经济的发展和土地兼并，拥有大量土地的豪强地主开始出现，他们横行乡里，扩张宗族武装，对中央集权构成了潜在威胁。汉武帝创设了“刺史巡视监察制度”，派出直属中央的刺史，查探豪强大族的违法违规行为。在给刺史规定的监察职责“六条问事”中，第一条就是“强宗豪右，田宅逾制，以强凌弱，以众暴寡”（其他五条也都是针对年俸禄二千石的朝廷大员），以便于中央政府掌握情况，酌情予以压制打击。“六条外还有不成文的一条，就是考察国王，有罪状便奏闻。不法的国王因此受到惩罚。”[①]

① 范文澜. 中国通史（二）. 北京：人民出版社，1978：56.

汉武帝对豪强宗族势力的膨胀是很警惕的，甚至不惜剪除了功勋卓著的以皇后卫子夫和大将军卫青、霍去病为代表的卫氏家族。但是，汉武帝去世后，代表强宗豪右的朝官一再抨击“刺史巡视监察制度”，认为以俸禄只有六百石的刺史，监察俸禄二千石的朝廷重臣，是以卑督尊，违背了以贵治贱的祖宗成法。随着强宗豪右势力的发展壮大和朝廷的软弱退让，这一制度到西汉后期逐渐被废弛，刺史也由监察进谏的言官，变成了地方行政大员，巡视监察制度也就烟消云散了。

以“王莽篡汉”和“光武中兴”为转折，汉王朝逐渐衰败下去。光武帝刘秀在重整汉室江山、建立东汉时，不得已借助了地主豪强的力量，使强宗豪右借势疯狂发展起来。

东汉时期，弱势的皇权基本上是被两大势力挟持着，一类是“外戚集团”，一类是“宦官集团”。

外戚，指皇帝的母族、妻族。皇后的父亲被称为“国丈”，皇后的兄弟被称为“国舅”，都是“皇亲国戚”，也就是外戚。他们往往借助“娘娘”的威势，欺压群臣，独霸朝纲。宦官，是中国古代专供皇帝、君主及其家族在后宫役使的官员，东汉以后则全为被阉割而失去性能力的人。由于他们朝夕陪王伴驾，容易成为皇帝的亲信，可以很方便地奉旨出宫，制约外戚。这两大集团争斗不休，进则操控幼帝、把持朝政，退则称霸乡里、割据一方。

东汉有一种常见的连锁现象，就是皇帝英年早逝、幼子即位、太后干政、外戚掌权。《后汉书·皇后纪》：“东京皇统屡绝，权归女主，外立者四帝，临朝者六后，莫不定策帷帘，委事父兄，贪孩童以久其政，抑明贤以专其威。”皇帝成年后要夺回权力，就只有借助身边最熟悉信任的宦官。《后汉书·宦者列传》说：“内外臣僚，莫由亲接，所与居者，唯阉宦而已。”于是又形成了“宦官奉旨联络朝臣，铲除专权的外戚，宦官权重架空皇帝；皇帝求助于后族外戚，‘清君侧’剪除宦官，重回外戚专权”的恶性循环。

《后汉书·宦者列传第六十八》记载了宦官郑众的故事：“时窦太后秉政，后兄大将军宪等并窃威权，朝臣上下莫不附之，而众独一心王室，不事豪党，帝亲信焉。及宪兄弟图作不轨，众遂首谋诛之……中官用权，自众始焉。”汉和帝刘肇联合宦官郑众，迫使专权凌上的外戚窦宪自杀，宦官干政也就此开启。《后汉书·宦者列传第六十八》里还说，东汉末的“十常侍”“父兄子弟布列州郡，所在贪贱，为人蠹害”。

朝堂之上外戚宦官恶斗，地方豪强乘势而起。东汉末年黄巾起义爆发，到处攻城略地，朝廷不得已允许各地自行武装剿灭，不再限制。有军权的地方官员和豪强割据称雄，逐渐演变为军阀混战，最终导致汉王朝解体，三国分立。

三、魏晋时期的士族政治

秦朝废除分封制后，当年的贵族“士”逐渐没落为平民中的知识阶层，读孔孟之书，求闻达之路。汉代实行“乡举里选”的选官方式，就是以乡里舆论对某人德才的评判为选官的依据。这种做法虽然为朝廷选拔了不少人才，但也存在着主观性强、容易被人为控制的漏洞。

220 年，魏王曹丕推行“九品中正制”，就是选派有威望、能辨才的人，出任“中正”一职，专司对本郡士人的品行才干品评等级，分出上、中、下三等九品，上报吏部“量品录用”为官。由于“士”知书识礼，与统治阶级以儒治国的理念想通，自然成为选拔官员的主要对象群体。这一做法实际上等于承认士人有做官的特权，当然得到了士人的拥护，这也奠定了曹丕建魏代汉的社会基础。晋朝建立后，士人阶层自成势力，以官僚集团为主的士族也形成了。

从 265 年司马炎篡魏建立西晋，到 420 年东晋灭亡，两晋共历时 156 年。这 100 多年间，没出过什么有作为的皇帝，却出了一大批士族名流，形成了有浓郁宗族气息的士族政治。这是个皇权衰微、士族得志的时代。

士族子弟做了官，得到了出任“中正”的资格，再去选拔士族子弟做官，于是逐渐形成了封闭循环，垄断了各级政府的重要官职。大士族之间通过联姻，又形成了实力强大、世代为官的名门望族。为了保持血统的高贵纯正，他们坚持“士庶不婚”，排挤打压以中小地主为主体的寒门庶族。

西晋灭亡后，司马睿在江东大族琅琊王氏的拥戴下，于 318 年建立东晋，就是晋元帝。仓促立国于江南的东晋，根基不牢，不得不借助于自中原南迁的士族及南方士族的支持，以至于高门士族轻而易举地控制了朝廷的军政实权。据说晋元帝即位时，要邀功高盖主的士族领袖王导共坐御床，以讨好士族。不久，王敦起兵造反，朝廷竟只能派王敦的弟弟王导掌兵迎战。君弱臣强竟至于此。

主导过东晋朝政的，前后共有五个大家族：琅琊王氏、颍川庾氏、谯国桓氏、陈郡谢氏和太原王氏。373 年左右，掌控内外军政大权的谯国桓氏桓温欲废帝自立，朝中百官束手，简文帝司马昱不得已下了遗诏，要桓温“取而代之”。危急关头，太原王氏王坦之和陈郡谢氏谢安联手抵制，桓温顾忌王、谢两族的强大实力，只得自行作罢。可见，东晋的存续，其实是拜大士族间的牵掣制衡所赐，皇帝的废立不过只在它们的一念之间而已。

宗法制度的核心内容虽然在秦朝就被废止了，但宗法观念依然根深蒂固，以至于大一统的国家政权也不得不在一定程度上对它做出让步。魏晋时期的士族政治，就是特定时期宗法关系的一种制度化安排。

士庶对立使士族趋向腐败，而庶族的杰出人才没有上升渠道，导致西晋社会分裂，乱象丛生，最终引出八王之乱、五胡乱华。北方胡汉各国的相互攻杀、江南名门望族的彼此牵制，竟然使奄奄一息的东晋支撑了 100 多年，也算是个奇迹了。

四、隋唐时期庶族地主的崛起

乱世狼烟遍地，意图自保的和有野心的士族豪门也都开始组建军队，贵族军事集团强势崛起了。他们不但在乱世中争强斗勇，也为隋唐大一统盛世的开辟立下了功勋。

南北朝时期有个起于陕西关中和甘肃陇山的“关陇军事贵族集团”，其首领宇文泰是北周开国皇帝宇文觉的父亲。这个集团中有三个不太出名的人物，一个叫杨忠，一个叫李虎，还有一个叫独孤信。他们三人的后代却名声赫赫：杨忠是隋文帝杨坚的父亲，李虎是唐高祖李渊的爷爷，独孤信的女儿中有两个则分别是隋文帝的皇后和唐高祖的生母。

这个“关陇军事贵族集团”在历史舞台上，“演出”了精彩的“连台大戏”：先是宇文泰的儿子宇文觉建立了北周，他的另一个儿子北周武帝宇文邕，消灭北齐统一了北方；然后是杨忠的儿子杨坚接受北周静帝的禅让，建立隋朝，消灭南陈，结束了近300年的混乱；接着是李虎的孙子李渊乘势而起，接受隋恭帝的禅让，开创了光耀后世的大唐帝国。

隋文帝杨坚靠士族宗兵得天下，深知宗族势力肆虐之害。他不承认士族特权，强力镇压士族豪强的叛乱。他在在位的 23 年中，开创了延续千年的科举取士制度，取代了弊漏重重的九品中正制；实行了一直沿袭到清朝的三省六部制，制定了当时最为先进并深刻影响后世的律法《开皇律》。这些举措加强了中央集权制，在不同程度上打击了豪门士族势力。

虽然屡经打击，但到李唐王朝的时候，士族势力仍然很强大，尤其是以崔、卢、郑、李、王等姓氏为首的山东士族，树大根深，保留着优越的社会地位和强大的社会影响力，连唐太宗李世民的重臣房玄龄、魏徵，都争相与山东士族联姻。

李世民意识到了士族势力对皇权的潜在危害，决定以修订《氏族志》为名，出重手加以压制。作为魏晋南北朝时期谱学的代表作，《氏族志》中门第的划分，是依该宗族中的人们历代做官的情况而定的，名次列在前面的都是累世做过高官的大士族，朝廷选拔官员时占有优先地位。这本“过时的黄历”中的豪门贵胄及其享有的社会待遇，当然不能反映200年大动荡之后的大唐所需，所以急需修订勘正之，这正是压豪强、固皇权的抓手，因而势在必行。

贞观六年（632 年），唐太宗令高士廉等人勘正修订《氏族志》，贞观十二年（638 年）修成，山东豪门士族崔民干仍然被列为第一等。唐太宗看后很是不满，要求按“不须论数世以前，止取今日官爵高下作等级”的标准，重新刊定。再次修订的《氏族志》基本贯彻了唐太宗的指示：以皇族为首，外戚次之。许多追随李家父子征战多年的开国元勋，即使出身庶族也可以位列前茅，崔民干等旧日勋贵则被降到三等以外。这次修订《氏族志》，唐太宗基本达到了扶植庶族地主、压抑门阀士族、加强皇权、巩固李唐王朝统治的目的。

唐太宗修谱21年后的显庆四年（659年），唐高宗李治按皇后武则天的意思重修了《氏族志》，并更名为《姓氏录》。《姓氏录》仍以现任官职高低为划分等级的标准，虽然夹杂着抬高武氏集团成员的私心，但“未任当朝五品以上官员的均不入谱”的严格规定，对看中自己身份的旧贵族又是一次重大打击。

经过一再打压，前朝的豪门士族逐步衰落，但当朝新权贵的羽翼却日渐丰满，对中央皇权构成了更直接的威胁。“安史之乱”和藩镇割据就是例证。

唐玄宗开元十年（722年），为镇守边塞要地，朝廷设置了九个节度使（相当于军区司令员）和一个经略使，但这一举措却导致兵权从中央向边地守将分散，节度使拥兵割据有如诸侯。唐玄宗天宝十四年（755年），身兼三大节度使、手握近20万精兵的安禄山联合史思明发动叛乱，兵锋直指京师，攻城略地，天下震动，一度逼得唐玄宗弃京而逃。七年多的平叛战争，使唐朝元气大伤，一蹶不振。

平乱期间，中央政府允许地方自行扩充兵马，这使全国陆续形成了40多个藩镇（亦称方镇）。其中，河北三镇（指魏博、成德、卢龙，又称“河朔三镇”）节度使本是安史旧部，虽然表面接受朝廷封赏授职，实则拥兵自重，不受朝命、不纳贡赋，官职父子相传，形同独立。

唐肃宗乾元元年（758年），节度使开始由地方军人自行废立。《资治通鉴·唐纪三十六》四十目载：“平卢节度使王玄志薨，上遣中使往抚将士，且就察军中所欲立者，授以旌节。高丽人李怀玉为裨将，杀玄志之子，推侯希逸为平卢军使。希逸之母，怀玉姑也。故怀玉立之。朝廷因以希逸为节度副使。节度使由军士废立自此始。”

此后，藩镇叛乱，甚至自立帝王名号的现象此起彼伏。唐德宗建中三年（782年），淮西节度使李希烈反叛称王，两年后称帝；建中四年（783年）泾原兵变，拥立朱泚为帝；兴元元年（784年），朔方节度使李怀光叛乱。唐宪宗元和元年（806年），剑南西川节度使刘辟叛乱；次年镇海节度使李锜叛变。唐穆宗长庆元年（821年），卢龙兵变，“河朔三镇”复叛。此后，徐州、泽潞等地也相继叛乱。裴铏所撰传奇《聂隐娘》，就是讲唐朝藩镇夺地争杀的故事。

发生在 875～884 年的王仙芝、黄巢起义，给了各藩镇自行扩充实力的借口。杨行密、董昌、钱镠等人，则是先组成武装集团，再逼使朝廷委以节度使之职。各藩镇相互攻杀兼并、夺地扩权，与中央政府的斗争一直没有停止，直到引出朱温灭唐、五代十国大乱。

第三节　家族制度的重建

一、家族制度的形成

“后宗法社会”可以按治乱的循环分为三个阶段：秦汉之治到三国之乱为第一阶段，两晋之治到五胡十六国之乱为第二阶段，隋唐之治到五代十国之乱为第三阶段。

秦始皇废除分封建国和官职世袭，使贵族的四个等级和权力结构被颠覆了：皇帝一人兼领了天子和诸侯的君权及所辖地域，中央高度集权，全国政令统一；卿大夫与士合并成了“进可公侯将相，退可独霸一方”的豪强宗族，他们为夺回曾经拥有的世袭官职特权，向皇权发起了持续 1000 多年的挑战。

秦朝短命，“天子斗豪强”的戏码主要在汉朝上演。汉景帝平定“七国之乱”和汉武帝对王国势力的压制剪除，稳固了大一统的国家体制。但是，根深蒂固的宗法观念凝聚了强宗豪右，他们一次又一次地发起攻击，把日渐式微的东汉皇权玩弄于股掌之间，最终导致了三国纷争的乱局。

短暂统一的西晋，与其说是皇帝权威的回归，不如说是对豪强宗族重掌政权的确认。士族政治的形成，实际上是政权与族权在一定程度上重新合一的一种制度性安排。“君弱臣强”的格局，在东晋时期表现得最为明显。不稳的皇帝龙椅犹如“唐僧肉”，引来各路军阀的争夺，那一场“五胡十六国”的大乱战，虽然不能说空前绝后，却也是史上少有了。

隋唐与秦汉有几分相似，都是由一个短命的王朝重新统一天下，创设巩固统一的制度，然后再由一个延续几百年的强盛王朝萧规曹随，加以强化。唐朝继续以现任官职高低为划分等级的做法，使靠标榜门第血统的士族豪门走向衰败，彻底搅乱了几百年的士庶之分，唐末强盛一时的藩镇势力已是庶多士少了。最后唐朝灭亡了，强盛数百年的士族也灰飞烟灭了。

宋朝建立后，太祖赵匡胤把“强干弱枝”作为基本国策，使中央集权发展到了历史的新高峰。赵匡胤加强中央集权的主要措施有三条。首先，皇帝独掌兵权。为了防止唐末藩镇乱政和“陈桥兵变”的剧目重演，赵匡胤“杯酒释兵权”，从功臣勋将手里收回兵权，实行兵将分离，把军队牢牢掌握在皇帝手里。其次，削弱相权。为防止君轻臣重、权相蔽主，加设参知政事、枢密使和三司使，以分相权。最后，控制财权。将地方的收税权收归中央，在全国十五路设转运使专司税收，充实国库。

中央收回兵权、政权和财权，固然达到了“强干”的目的，但“弱枝”也使地方政府对乡里小民的直接辖控能力大为减弱，给士族豪门留下了东山再起的可能。怎样把松散的社会底层民众整合起来进行有效管理呢？宗法制中依“贵贱尊卑”形成的严谨的人身依附关系，正堪大用。于是，为了协调朝廷各级官府与社会宗族势力的关系，也为了顺应民间祭祖敬宗的习俗，重建宗法制度就被提上了日程。

《尔雅・释亲》里把同一高祖传下来的四代子孙合称为宗族，其是以兄弟关系为主的血缘组织和经济单位，“谓同宗同族之人” 。随着生产力的发展，宗族不断分裂，到唐宋时期，以父子关系为主的家族日益成为更基本的血缘组织和经济单位。所以，就必须以宗法观念来整合家族，以使之符合中央王朝的需要。

宋朝重建宗法制度的必然性表现在两个方面：一是国家政权的权威需要通过族权延伸来维护；二是已无士庶之分的家族血缘关系需要制度性的强制力来维系。于是，在政府的倡导下，循着“尊祖、敬宗、收族”的宗法原则，家族制度在各地迅速发展起来。“把这种家庭中的家长制扩延到政治统治的权力构成上来，皇帝就是全国的大家长。父权与君权紧紧地结合在一起。国家机器、社会礼教不仅维护家长的各种权利，而且维持家庭关系。反过来说，家长制下的家庭各成员，在家长的支配和带领下，对国家具有交纳赋税等义务，并在遵纪守法、平息争讼、维持秩序等方面对安定社会、维持正常的生产和生活秩序具有一定的社会作用。”[①]

家族制度是封建专制制度的社会基础和具体表现，是官府统治的补充。它使封建势力深入穷乡僻壤，又能够用家族血缘关系掩盖阶级关系，成为封建统治者的有力工具。马克思说：“小块土地所有制按其本性说来是全能的和无数官僚立足的基地。它造成全国范围内一切关系和个人的齐一的水平。所以，它也就使得有可能从一个最高的中心对这个划一的整体的各个部分发生同等的作用。”[②]也就是说，以家庭为单位、以家长为中心的自然经济，不但是封建生产关系的基础，也是封建专制主义的基础。没有家长制的社会土壤，就不会有君主至高无上的绝对权威。家族制度是以血缘关系和地缘关系为纽带联系起来的同姓聚合体，就是同族的小家庭组成的“大家庭”，族长则是扩大了的家长、缩小了的皇帝。

先秦的宗法制度与宋朝以后的家族制度，在宗法原则上是一脉相承的，但又有所不同。两者的不同点主要有二：一是前者只施行于贵族内部，而后者则施行于全社会；二是前者实行政权、族权合一，后者则是政权、族权分离的。显然后者更有利于封建皇权专制。

二、家族制度的特征

周朝确立的宗法制度，是服务于“家国同构”的分封制的；宋朝重建家族制度，却是出于维护大一统王朝的需要。时代不同了，内容更新了，制度的表现形式也必然会不同。家族制度既然具有整合小农家庭的任务，就必然在其实现过程中体现出新的操作性特征，这就是：建宗祠、修族谱、置族田、订族规和立族长。

建宗祠，就是同姓同宗的家族联宗立庙，以拜祭共同的祖先。祭祀祖先是家族活动中的头等大事，而宗法制规定：只有天子与贵族才能建庙祭祖，庶民不得立庙。《礼记·王制》载：“庶人祭于寝。”就是说，庶民

① 乔志强. 中国近代社会史. 北京：人民出版社，1992：101.

② 中共中央马克思恩格斯列宁斯大林著作编译局.马克思恩格斯选集（第一卷）. 北京：人民出版社，1972：697.

只能在自己的居室里祭祀祖先。从秦朝废除分封制直到士族瓦解，民间违制立庙的事时有发生。宋仁宗时开始允许民众设立家庙；明世宗采纳了大学士夏言的建议，正式允准民间联宗立庙。

同姓可以联宗立庙是个重要的创新举措，它使社会底层民众也可以参与宗族活动，大大扩展了家族宗法制覆盖、控制的人群。家族祭祖往往规模较大，仪式隆重繁琐，一方面是为了强化家族的凝聚力，另一方面也是家族间相互攀比炫耀的方式。我国保存较完善的宗祠大都在南方，许多专家认为，这和北方战乱较多、造成的损毁较为严重有关。

修族谱，就是理清宗族的家世血缘关系，并代代相延地补充记录下来。家谱族谱的内容，包括本家族的主次世系源流、婚配子嗣系统、宗庙祖坟所在、族田家法族规，等等。如果家族中出了功臣名士、贞节烈女，家谱族谱要特别为之立传，以光宗耀祖。家谱族谱也是处理族中事务、实施奖惩的文本依据。虽然在殷墟出土的卜辞中就有了家谱的雏形，隋唐以前民间私修的家谱书籍也所在多有，但我国真正留传后世的家谱，大多都是宋代以后的。

置族田，就是由族人捐资购置田地，其收益用于家族共同事务。族田主要来自出仕经商致富的族人的自愿捐献，也有的要求在兄弟分家时提取部分土地留作族田。这些田地一般交由家族事务管理机构代为招佃耕种，地租用于祭祖、修族谱、赈济族中鳏寡孤独和供族人读书应试之类的开销。族田的设置，使族权有了实实在在的物质基础，也使大家族的族长对小家庭的家长更具有统摄力，增强了家族的凝聚力。

订族规，就是制订进行家族管理的规章法条，是家族内部的“法律”。族规一般是以统治阶级尊奉的儒学理念如忠君孝亲、尊长爱幼为原则，倡导勤俭和睦、诚信友善等家风，维护族人的共同利益，对欺师灭祖、非我族类的言行加以惩处。我国三国时已有家规家训的记载，到唐朝时已经相当普遍，从清朝康熙年间秀才李毓秀所作的《弟子规》里，就可以看到历代家规族规的影响。宋代宗族组织普及后，家法族规逐渐为历朝官府所承认，成为封建国法的重要补充。族权延伸到城乡社会的各个角落，成为仅次于政权的权力体系。

立族长，就是设立依族规家法行使管辖权的宗族领袖。先秦时期的宗族领袖，是固定由宗子担任的；但宋朝以后的族长可以是宗子，也可以是族内有威望、辈分高的长者，或者是有影响的名流富绅。族长的主要职责是主持祭祀、掌管族产、调解纠纷、执行家法、训喻族规，等等。如同族规家法是国家法律的补充一样，官府也默许族长代行国家基层行政组织的若干职能，如捆绑责打、裁断曲直、罚款罚粮等各种惩处，甚至去籍处死。实际上，族长可以处理部分刑事案件和几乎所有的民事案件，俨然是不穿官服的政府官员。

重建的家族制度，以血缘纽带将一家一户的小农整合起来，通过认祖归宗、礼法教化、守望相助、调解纠纷等手段，促进了家族内部的和谐，稳定了基层社会的秩序，成为国家政权的有效补充。正是因为认识到家族制度对维护君权和封建专制统治的作用，清政府逐渐放弃了不愿承认族权的政策，乾隆时曾准许给予族长官牌，以约束族人。咸丰初年规定：“凡聚族而居，丁口众多者，准择族中有品望者一人为族正，该族良莠责令察举。”（《户部则例九十九卷》卷三《保甲》）这使得族权越加政权化。

三、家族制度的形式

中国的家族主要有三种形式：世代公侯式、累世同居式和聚族而居式。

第一种是世代公侯式，就是连续几代有族人做到公、侯等级高官的家族。他们往往是因为祖先有功于国，而被封了公、侯爵位，子孙承袭，盛荣数代，形成有权势的大家族。在唐宋以前，他们还较多地具有血统高贵的意味。这种家族等于与皇权结了盟，得到了政权的加持，当然是一般的家族比不了的。

《三国演义》第五回“发矫诏诸镇应曹公 破关兵三英战吕布”中，有一段十八镇诸侯推举盟主的描写：“操乃宰牛杀马，大会诸侯，商议进兵之策。太守王匡曰：‘今奉大义，必立盟主；众听约束，然后进兵。’操曰：‘袁本初四世三公，门多故吏，汉朝名相之裔，可为盟主。’绍再三推辞，众皆曰：‘非本初不可。’绍方应允。”这里，曹操提出的“四世三公”“名相之裔”，就是以袁绍世代公侯的家世背景为理由的；这种背景又带来了“门多故吏”的社会影响和号召力，所以“众皆曰：‘非本初不可’”，提名获得一致通过。

这种公侯级别的大家族不光有名望，更有权势。曹雪芹在《红楼梦》里，通过一个差役的口讲出了其中的道理。

在《红楼梦》第四回“薄命女偏逢薄命郎　葫芦僧乱判葫芦案”中，补授了应天府的贾雨村刚到任，就接了个殴伤人命的大案子。他正要发签缉拿凶犯，“只见案旁站着一个门子，使眼色儿不叫他发签”。他便退堂向这个门子探问缘故，“这门子道：‘老爷既荣任到此，难道就没抄一张本省的“护官符”来不成？’雨村忙问：‘何为“护官符”？’门子道：‘如今凡作地方官的都有一个私单，上面写的是本省最有权势、极富贵的大乡绅名姓，各省皆然；倘若不知，一时触犯了这样的人家，不但官爵，只怕连性命还难保呢！——所以叫作‘护官符’。”说完，这门子从顺袋中取出一张抄写的“护官符”来，上面写的是：“贾不假，白玉为堂金作马。阿房宫，三百里，住不下金陵一个史。东海缺少白玉床，龙王来请金陵王。丰年好大雪，珍珠如土金如铁。”[①]从“凡作地方官者，皆有一个私单”“各省皆然”的状况可以看出，这种世代公侯式大家族的势力已经强大到玩弄国法于股掌之间的程度了。

当然，能被封为公侯的毕竟是少数。刘备的义弟、位列“五虎上将”之首的关羽也就封了个“汉寿亭侯”，“功盖三分国”的诸葛亮比关羽高一点，封到了“武乡侯”，还不是“公”。所以，世代公侯式的显贵家族，在中国社会中是极少数。

第二种是累世同居式，就是几代人同居不分家的大家族。这种家族，三世、四世同堂者比较常见，少数甚至有十几代不分家的。他们一般是父亲去世后，以长兄为家长，权威如父。家族内部劳作分工统一规划，经济财务统一管理，除了小家庭的日常用品外，房屋田地及生产工具都是共有的。他们是真正的大家庭，小家庭反而不是经济实体。

由于这类家族的聚合与延续需要和睦的家庭关系及家族管理能力，对促进社会和谐有积极意义，其往往会得到政府的褒奖和鼓励，甚至得到朝

---

① 曹雪芹. 红楼梦.北京：人民文学出版社，1964：43-44.

廷的旌表或减税免粮。

发源于江西德安县的陈氏家族属于江右民系，从唐太和六年（832 年）祖先陈旺在德安县太平乡常乐里置业，到中和四年（884 年），数代同居 50 多年，家业兴旺，孝义远播，得到唐僖宗李儇御笔题诗《赞义门陈氏》，诗曰："金门宴罢月如银，环佩珊珊出凤闉。问道江南谁第一，咸称惟有义门陈。"并亲笔题赠"义门陈氏"匾额。宋天圣四年（1026 年），宋仁宗分别诏封陈旺、陈机、陈感、陈蓝、陈青为晋国公、燕国公、许国公、吴国公、齐国公，一门五公，可谓荣宠备至。

宋开宝年间，江右陈氏发展到 740 余人；宋真宗咸平三年（1000 年），人口增至 1470 有余；到宋嘉祐七年（1062 年），陈氏族人已达 3900 余口，应该是当时世界上人口最多、规模最大的单一家庭了。这个大家族开饭时要击鼓为号，3000 多人一起分坐开吃，甚至所有的狗都是闻鼓而食，"一犬不至，群犬不食"，犹如军营，蔚为壮观。族望远播，一时无两。

为防江右陈氏势力过大，宋仁宗下旨让江右陈氏分庄天下。此后，江右陈氏分为天下 291 庄，遍布全国，"义门陈"名扬四海。因为这些陈姓大都是从江州义门析出，因而又有"天下陈氏出江州"之说。据说，中国近现代的许多著名人物，如陈独秀、陈云、陈毅、陈赓、陈立夫、陈果夫、陈诚等人，都是江州义门陈氏分到各地支派的族人。

类似"义门陈氏"的大家族，还有宋朝的许祚家族（八世同居）、李琳家族（十五世同居）、姚宗明家族（十世同居）、裘姓家族（从宋至明，十九世同居）。

这种家族内部凝聚力强，但规模不会太大，而且时常分裂（如大家长去世，而兄长没有权威，兄弟就分家单过）。上述能持续几百年、十几世不分家的，还是少数。

第三种是聚族而居式，就是由宗族和家庭两个层次的经济实体组成的家族。这种家族由许多独立的小家庭集聚而成，有共同的族产（祠堂、族田、族坟地等），有族规族法一类的维系手段，家族中较大的事务由族长主持、各家家长参加的宗族会议决定；家庭内部事务则由每个家庭自行安排。这种独特的族、家两级管理方式，既便于小家庭各自经营，又可以形成宗族的强大势力。尽管不断有成年男子如细胞分裂般分家析财，但这不影响宗族整体的发展强盛，理论上，其规模可以无限扩大。

这种大家族所居之地，往往是一姓独大，常以“张家庄”“李家村”之类冠名村庄，势力所及地域广泛，族权之威不下于政权，就像小说《水浒传》中的祝家庄那样。

由于这种家族人多势众，所以其往往会称霸一方。如有两个以上这类大家族地域相近，就容易发生大规模的家族冲突和械斗，甚至势如水火，百年不绝。

在这三种形式中，第三种形式的家族数量是最多的，尤其是宋代家族制度重建以来，其更成为主流形式。

四、嫡位的取代与争夺

《吕氏春秋・审分览・慎势》里说：“故先王之法，立天子，不使诸侯疑焉；立诸侯，不使大夫疑焉；立嫡子，不使庶孽疑焉。疑生争，争生乱。是故诸侯失位，则天下乱；大夫无等，则朝廷乱；妻妾不分，则家室乱；嫡孽无别，则宗族乱。”“三纲五常”里的“君为臣纲”，是维护君权的，是稳定天下朝廷的规矩；“父为子纲”和“夫为妻纲”，都是维护男性家长制的，是稳定家室宗族的规矩。

男性家长对子而言为父、对妻而言为夫，是家庭的主宰，对子、妻拥有绝对的管辖权力。对于一个多妻多子的男人来讲，确定妻、子的嫡庶名分，是至关重要的大事，因为只有嫡妻才能生嫡子，而只有嫡子才能继承家业祖产。嫡妻和有继承权的嫡子地位的确定，在家族宗法制度中是有明确规定的；甚至一旦嫡妻、嫡子出了意外（或死或废），其地位的接替也是有严格的顺序的。

既然嫡位可以接替取代，那么，只要能等到，甚至“制造”出嫡妻和有继承权的嫡子的“意外”，庶妻和别子就有机会上位。于是，历朝历代不断上演花样翻新的“夺嫡”事件。

小说《儒林外史》里讲了这样一个故事：监生严致和的嫡妻王氏无子，妾赵氏，生有一子。王氏病重临终前，严监生花钱买通王氏的两个兄弟，支持将赵氏扶正为妻。王氏死后，严监生和儿子也先后死了，严监生的哥哥严贡生就将自己的儿子过继给弟弟，继承严监生的家产，并要赶走赵氏。赵氏告到官府，经层层判决，赵氏只得到严监生全部家产的十分之三，另外十分之七由严贡生的儿子继承。

在这个案例里，有几个跟宗法制嫡庶规定有关的情节。在嫡妻王氏无子并重病将死的情况下，严监生把生了儿子的妾赵氏扶正，等同于嫡妻，就可以解决没有合法继承人的问题，这叫“母以子贵”。但妾侍扶正，必须要嫡妻的族人没有异议才行，所以严监生要买通王氏的两个兄弟。赵氏生的儿子死后，法律规定：“凡妇人亡夫无子守志者，合承夫分，须凭族长择昭穆相当之人继嗣。”（《名公书判清明集》卷七《立继》）就是说，赵氏可以继承丈夫的财产，但必须在丈夫的族人中选择继承人，而且要从最近的侄子开始，这就只能是严贡生的儿子。严贡生想否定赵氏的正妻身份，以使自己的儿子谋得严监生的全部家产。赵氏虽然通过打官司保住了嫡妻地位，也分得了三分财产，但毕竟继承人注定是严贡生的儿子，所以绝大部分家产还是要拱手交给严家的，这就是宗法制的“收族”作用。

平民百姓乃至官绅豪门的夺嫡固然冷酷无情，但相对于“天下第一家庭”的皇室帝位争夺，就小巫见大巫了。一旦参与了成王败寇的帝位争夺战，就没了退路，只有拼死向前，所以皇室的夺嫡之战往往异常惨烈。

最为人熟知的成功“夺嫡”上位的皇帝，大概就是唐太宗李世民了。唐朝的开国皇帝李渊本来已经立了长子李建成为太子，但次子李世民于武德九年（626 年）发动“玄武门之变”，杀死兄长李建成，逼父亲李渊退位，自己做了皇帝。

明朝也出了一件夺嫡做皇帝的事情。开国皇帝朱元璋立的太子是长子朱标，因病早死；朱标的长子朱雄英也死得早，所以朱标的次子朱允炆就被朱元璋立为皇太孙，后来继位做了皇帝，这就是建文帝。这个过程都是按照宗法规矩办的。但建文帝对自己的实力强大的四叔燕王朱棣不放心，总想伺机剪除。燕王朱棣得到消息，抢先发动了“靖难之役”，夺取了帝位，就是永乐帝。朱棣是朱元璋的第四子，夺取了朱元璋长子朱标合法继承人朱允炆的帝位，这就是“夺嫡”。

最波澜壮阔的皇位争夺战，发生在清朝康熙年间。

康熙当了61年皇帝，使被立为皇太子30多年的胤礽口出怨言，急于抢班夺权，甚至被发现有“弑逆”嫌疑。康熙四十七年（1708年）九月，康熙废掉了胤礽，并将其囚禁。胤礽被废，庶出的皇长子胤禔认为机会来了，奏请代父出手杀掉胤礽，遭到康熙严厉斥责。胤禔感到谋位无望，转而支持自成势力的皇八子胤禩，并使用巫术镇魇胤礽，被三阿哥胤祉揭发。康熙忍无可忍，革其王爵，终身囚禁。皇八子胤禩纠合了九阿哥胤禟、十阿哥胤䄉、十四阿哥胤禵，私结党羽，暗中谋划夺储。

为了断绝诸皇子争立的念头，康熙四十八年（1709年）三月，康熙重立胤礽为太子。胤礽复位后旧态复萌，重新收拢党羽，招兵买马，甚至策划逼父让位。康熙五十一年（1712年）十月，怒不可遏的康熙再次下诏废黜胤礽，将其永远监禁，并铲除其余党。太子二度被废后，三阿哥胤祉心灰意冷，退出竞争，皇位之争在以胤禩为首的“八爷党”和以胤禛为首的“四爷党”之间对决。康熙驾崩后，皇四子胤禛在皇十三子胤祥的帮助下战胜胤禩集团，登基为雍正帝，并逐次清除了包括胤禩在内的其他皇兄弟。

这场皇位争夺战，历时十几年，共有九位皇子参与，被称为“九子夺嫡”。

为杜绝帝位争夺，雍正发明了秘密建储制，就是立好皇太子却秘而不宣，把写有皇太子名字的圣旨密封于锦盒中，放到乾清宫“正大光明”匾额后面，到关键时刻才公布。雍正帝的第四子弘历，就是通过这种方式顺利地继承了皇位，也就是乾隆皇帝。

其实，秘密建储制并没有真正解决问题，争夺皇位的斗争仍在继续，直到清王朝灭亡。

本讲小结

政权一旦家族化，十之八九会生祸患。当年秦朝废分封、设郡县的本意，就是要割断政权与族权的联系，防止豪门望族把持朝政，威胁政权。从汉初的分封建国、两晋的士族政治，到唐朝的士庶排序和藩镇乱政，虽然表现形式不同，其实质都是能否理顺政权与族权的关系问题。所以，理顺宗法关系，使长幼贵贱有序，是一个必须要解决的问题。

秦皇、汉武、唐宗、宋祖，都是大一统的英明君主，他们都在宗法族权方面采取过或刚或柔的重大举措。宗法制度可以以一言兴废，可是，深入人心的宗法观念，却不是能轻易抹除的。发展到今天的信息社会，宗法制已经不可能再复活了，但很多带有宗法印记的观念仍然存在，重视血统传承的家国情怀，甚至已经融入我们的血液，成为中华文化的一部分了。

第七讲 汉　　字

第一节 汉字的造字方法与特点

一、汉字是人类文化的瑰宝

人类能超越其他动物而成为万物灵长，一个重要的原因就是能制造、利用工具以扩大和延伸自己的能力。在人类使用的众多工具中，语言文字无疑是其中最重要的一种。迄今的科学观察与研究，并不能排除某些动物有语言，但基本可以排除它们有文字。

最先出现文明曙光的四大文明古国——巴比伦、埃及、印度和中国，都有自己的文字，都用自己的文字记录下了光耀千秋的古代文明。

巴比伦的钉头文字（也叫“楔形文字”或“箭头字”），是在大约公元前 3000 年，由两河流域的苏美尔人创造的，此后，阿卡德人、巴比伦人、亚述人、赫梯人、波斯人等，都曾使用过这种文字，其对促进西亚各古国经济、文化的发展起到过巨大作用。他们发明的太阳历、闰月、十进位法和十六进位法，尤其是制定出的世界上最古老、最完整的法典——《汉谟拉比法典》，都是用这种文字记录传承下来的。

古埃及的圣书文字几乎和巴比伦的钉头文字一样古老，是一种由意符、音符和定符组成的音节文字。它被人们遗忘了 1000 多年，直到 1799 年才重见天日，19 世纪 20 年代得到成功解读，这才让古埃及的璀璨文明重新展现在我们眼前。

印度巴利文的主要流通功能是经书的诵读、抄写和注释，对古印度宗教的传播和流传起到了重要作用。使用较广泛的梵文给我们留下了印度古代婆罗门教的圣典，大量的梵书、经书、奥义书、语法书、寓言故事集，以及医学、自然科学、文艺理论等著作，还有著名的两大史诗《摩诃婆罗多》和《罗摩衍那》。但是，如今使用梵文的人数已经大为减少，而巴利文已经没有人使用了。

在上述的四大文明古国中，巴比伦、埃及和印度的文字，或者已经消亡，或者日趋式微。

但是，中国是个例外。从黄帝算起的中华 5000 年文明从未间断，一脉相承地传到今天；同时，作为承载文明的工具——汉字，也一直被祖祖辈辈的中国人使用着，至今仍生机勃勃。

传说发明汉字的人叫仓颉，是黄帝时期的左史官。古籍中的仓颉“龙颜四目，生有睿德”。在汉代的古墓中，人们发现了仓颉最早的画像，就是有四只眼睛的。古书《淮南子》记述：“仓颉作书，而天雨粟，鬼夜哭。”真的是惊天地、泣鬼神了！

传说归传说，实际考古发现的最早的汉字，是殷墟甲骨文。

清光绪二十五年（1899 年），执掌国子监的大臣王懿荣患了疟疾，请大夫开方抓药，意外发现从药铺买来的中药“龙骨”上刻有文字。经过研究，他认定这是一种远古时代的文字。后来，金石学者罗振玉发现了龙骨的实际出土地——河南安阳县的小屯村，也就是商朝首都殷。这种在殷的废墟出土的、刻在兽骨龟甲上的文字，就被命名为“殷墟甲骨文”。这是迄今为止可以确认的、中国最早的汉字。

比甲骨文稍晚的还有一类汉字——金文，也称作钟鼎文，是铸刻在商周青铜器上的铭文。专家们在商周金文万余篇、春秋战国金文 3000 余篇中，提取出了 3722 个汉字，其中已能识别的有 2420 个。甲骨文和金文，都是已经脱离原始文字阶段的成熟文字，它们前面必定有一个刻画符号阶段，所以，它们绝不是中国最早的文字。

1983 年，考古学者在河南省舞阳县贾湖村的一片龟甲上，发现了与甲骨文极其相似的刻画符号。如果能确定这就是汉字，那么，中国汉字的起源至少可以追溯到 8000 年前。

由于诸侯割据，春秋晚期出现了汉字写法各异、读音不同的现象。公元前 221 年秦始皇统一六国后，为保证政令统一，实行了统一文字的政策，以秦文小篆为准，废除与其不符的六国文字，这就是“书同文”。这是中国历史上第一次大规模的文字规范化运动，不但使中华大一统的文化观念深入人心，而且也为中华传统文化的发展奠定了基础。

在此后的 2000 余年中，虽然人们说话发音有诸多地方差异，疆域也有分有合，但文字的写法都是一样的，民间沟通和行政管理都是顺畅的，文化交流没有障碍，这就有力地维护了国家的统一和文化的传承。

可以说，中华民族几千年国祚昌盛、文化延续，汉字起到了重要作用。作为唯一绵延不断的古文明的承载工具，汉字当然也是全人类的文化瑰宝。

二、汉字的造字方法——六书

汉字是一种象形文字。《说文解字·叙》中说，黄帝时期的仓颉创造了汉字，他“见鸟兽蹏迒之迹，知分理之可相别异也，初造书契”，从而创造了汉字。也就是说，人们是从对客观世界的认识和描画中创造了汉字，认为“书画同源”，象形的汉字就是简笔画。我们可以把仓颉看成是许许多多参与文字创造的人们的代表。

作为一套承载和传承信息的符号系统，汉字的创造也是有一定之规的，古人把汉字的造字方法概括为“六书”。

最早提到“六书”的古文献是《周礼·地官》，原文是：“保氏掌谏王恶，而养国子以道，乃教之六艺：一曰五礼，二曰六乐，三曰五射，四曰五驭，五曰六书，六曰九数。”但其中没有解释是哪六书。东汉著名学者许慎在《说文解字》一书中，把“六书”解说为象形、指事、会意、形声、转注和假借。此后对“六书”的解说，都以许慎的说法为正解。下面我们也用许慎《说文解字》里的表述来解释“六书”造字法。

象形，“画成其物，随体诘（jié）诎（qū），日月是也”。就是描摹实物的形状，把要表达的事物画出来，画就是字，字就是画。象形字一般都是独体字，不能拆分，往往可以做组成其他字的偏旁部首。除了许慎举的例子“日”“月”以外，像水、火、山、石、土、木等，皆属此类。这是六书里最基本的造字方法，其他几种造字法都是以此为基础的。

指事，“视而可识，察而见意，上下是也”。就是在已有的象形字上添加象征性的符号，从而产生新的意义，构成新字。许慎举的例子是“上”“下”，是分别在“丄”“丅”两个字上，加上强调方向的短横和点构成的。而“丄”和“丅”，本就是古“上”字和古“下”字，加上的一笔，只是使其更符合汉字方块化的规范而已。更典型的例子是“刃”字，它是在象形字“刀”的一侧加了一点，表示强调刀锋部分，这当然就是“刃”了。“木”字，是一棵树扎根在地下的象形。在它的下面加一横强调树根，就是“本”字，意思与“根”同，可以组词合用为“根本”；在它的上面加一横强调树梢，就是“末”字，意思与“梢”同，也可以组词合用为“末梢”。因为树根比树梢重要，所以“本”“末”二字也常常作为重要和不重要的代名词，比如成语“舍本逐末”“本末倒置”。

会意，“比类合谊，以见指撝（huī），武信是也”。就是由两个以上的象形字组合而成，通过领会组合的意义产生新字。许慎举的例子是“武”“信”，止戈为武、人言为信。双木为“林”，三木为“森”，也是很有趣的会意字。一个“木”是树，两个“木”就是许多树，三个“木”当然就是更多的树了。但是，怎么区分许多和更多呢？人们在实际使用中自然会把握分寸，一般会以人的感官和体力把握得了的规模为“林”，以浩瀚无际的规模为“森”。当然，在把这两个字组词为“森林”的时候，人们一般都是在“森”的意义上使用的。

形声，“以事为名，取譬（pì）相成，江河是也”。就是由表义的形旁和表音的声旁组成的。清代文字训诂学家段玉裁的《说文解字注》解释为：“以事为名，谓半义也；取譬相成，谓半声也。江河之字，以水为名，譬其声如工可，因取工可成其名。”许慎举的例子“河”字，从水从可，是指这个字与水有关，读音近“可”。但是，许慎举的“江”字好像有问题：声旁是“工”，与“江”字的读音相去甚远。有研究者认为，“工”字读音的韵母是 ong，而以“工”字作声旁的字，如“缸”“杠”“钌”的韵母都是 ang，推测应该是古今读音不同，它的发音后来发生了改变；而“矼”一字三音，读作 kòng 的时候，就应该是保留了古音。这种半义半声的形声字是数量最多的，在汉字总量中占到了 80%左右。

转注，是“建类一首，同意相受”，就是意义相同或相近的字互相解释，也叫“互训”。假借，是“本无其字，依声托事”，就是没有适用的字，借用某个发音近似的字。因为互相解释和互相借用都是以字已经造出来为前提的，所以，我们今天就把转注和假借看成是用字的方法，而不是造字的方法，这里不再赘述。

三、汉字的特点

作为世界上历史最悠久的文字之一，中国汉字的形成与发展道路是与众不同的，这自然也就使它形成了与众不同的特点。

汉字的特点有三个：方块字，音、义、形相结合，单音节短词形。

首先，汉字是方块字。这一点很直观，在与拼音文字比较的时候尤其明显：拼音文字写出来是一串一串的，汉字写出来则是一个一个的。大多数民族的文字都起源于图画，这是对客观世界最直接也是最自然的表达。像前面提到的楔形文字、圣书文字，还有我们没提到的克里特文化的表形字，都是源于图画的，只是后来多数民族选择了更容易和发音结合的拼音文字，而我们中国人的祖先却坚持走象形文字的路。象形的汉字本来一个字就是一幅画，当它们被规范成方形以后，自然就是一个一个的方块字了。

其次，汉字是音、义、形相结合的。就是说汉字不仅仅通过象形传达信息，而且可以通过指事、会意等方式组合出新义，还可以加入表音的声旁。这种从多角度组合而成的多元素的文字，与只和读音相关的拼音文字截然不同。如果把汉字与较初级的象形文字（比如我国纳西族还在使用的东巴文）做个比较的话，就很容易看出，汉字离图画越来越远，已经抽象成很成熟的文字了。鲁迅先生在《汉文学史纲要》中论及汉字时说：“昔者文字初作，首必象形，触目会心，不待授受，渐而演进，则会意指事之类兴焉。今之文字，形声转多，而察其缔构，什九以形象为本柢，诵习一字，当识形音义三：口诵耳闻其音，目察其形，心通其义，三识并用，一字之功乃全。”这真是绝妙的论述！

曾经有人认为，象形文字是停留在初级具象阶段的文字，是“不成熟”的同义语；只有拼音文字才是进入了抽象高级阶段的成熟文字。随着汉字、汉语走向世界，大量优美的汉字、汉语作品被更多的人了解，这种偏见正在被扭转，“象形文字也可以是高度成熟的”的观念正日渐被人们所接受。著名英语语言学者叶斯伯森在《论英语单音节》一文中指出：“原来认为汉语是原始语言，落后语言，儿童语言。现在才知道这种看法是完全错误的。”

最后，汉字基本是单音节短词形的。汉字是一字一图的，也就是以单字为基本单位，相比以单词为基本单位的拼音文字，自然词形短小，甚至一个字就是一个词；汉字又是一字一音的，这就决定了汉字的单音节词比较多，这和拼音文字形成了鲜明的对比。

鲁迅先生认为汉字有“三美”：“意美以感心，一也；音美以感耳，二也；形美以感目，三也。”[①]这“三美”也是由汉字独有的三个特点决定的。

文字毕竟是承载和传递信息的工具，好不好用才是最根本的。下面就来谈一谈汉字的三个特点在实用性上的表现。

第二节　汉字的实用性

一、排列方便，组合灵活

汉字的第一个特点“方块字形”，决定了它在使用中具有排列方便、组合灵活的优势。

拼音文字的最小单位是单词，汉字的最小单位是单字。单词因组成的字母多少而有长有短，但每个汉字在载体上占据的面积，理论上是一样的。所以，拼音文字只能从左向右书写，而汉字既可以从左向右书写，也可以从右向左书写。中国古代就是从右向左书写的。虽然从右向左的书写顺序现在基本不用了，但在书法作品中，还是采用这种传统的方式更有古意。有时我们在厢式汽车（如大客车、货车、面包车等）的右侧书写标语或警示语的时候，也会采取从右向左的书写顺序，其与车的行进方向相符，感

① 鲁迅. 汉文学史纲要. 北京：人民文学出版社，1976：3.

觉就很顺畅。

不仅如此，汉字还可以从上向下纵向排列，这是单词横列的拼音文字无论如何也做不到的。中国古代写字、排版书籍就是纵向排列的。当然，现在中文出版物已经和世界接轨，都是横排版的了，但书脊上的书名还是采用纵向排列，这样把书插在书架上查找起来很方便。而拼音文字在书脊上只能横写，插在书架上，字母都是“躺着”的，查找起来就不那么方便了。特别是在报纸排版上，汉字的优势就更明显了。一张拼音文字报纸的排版，不论正文还是文章标题都是横向排列，显得有些呆板；而一张中文报纸的排版布局，一定是有纵有横的，至少标题会有纵有横，这就使版面显得错落有致，更加活泼生动。尤其是中国古建筑随处可见的楹联、中国人过节贴的对联，都必定是竖着写的。

我国各级行政机构、学校、银行、科研院所、文艺团体，以及各类社会组织的门前，一般都是悬挂着文字纵向排列的竖式牌子的，如“××市公安局”“××县群众艺术馆”等。

在特别需要的时候，汉字还可以从下向上书写，比如，写在公路行车线里的提示性文字，就是为适应行车方向从下向上书写的。

总之，方块字适合横、竖、左、右各个方向的排列起始，比只能“左横始”的拼音文字，在使用上方便了许多。

二、信息量大，便于理解

汉字的第二个特点“音、义、形相结合”，决定了它在使用中具有信息量大、便于理解的优势。

拼音文字适合发音，象形文字适合表义。作为象形文字的汉字，在表义功能上是明显优于拼音文字的。由于大量采用“形声造字法”，所以其也有相当的表音功能。而构字各“部件”的拆分组合，又可以产生层出不穷的新义。所以，汉字可由形旁得义、由声旁得音，还可按偏旁部首分类。这样，汉字及其词组包含的信息量，就大大超过了拼音文字，便于表达和理解。举几个例子如下。

"骧"字，从马从襄。"马"是形旁，说明这个字与马有关；"襄"是声旁，表示读音 xiāng。《新华字典》的解释是"马抬着头快跑"，可以分割成"马""抬着头""快跑"三个词，很难想象拼音文字用一个单词能表达这么多意思。

"缣"字，从糸（纟）从兼。"纟"是形旁，说明这个字与纺织品有关；"兼"是声旁，表示读音 jiān。《新华字典》的解释是"双股线织的细绢"。但在这里，"兼"字不仅仅是表示读音这么简单。我们知道，象形字"木"表示植物，在木字上加一撇是"禾"，在禾字中间加上一只手是"秉"，是用手握着一束禾苗的形状，就是"拿着"的意思。现在来看"兼"字，就能明白这是一只手拿着两束禾苗，所以"兼"是同时做两件事的意思，如兼职、兼程、德才兼备。用"兼"做声旁的字，不仅表示读音，还有"双重"的意思，比如，"鹣"是比翼鸟，"鳒"是比目鱼。所以，"缣"字还有"双股线"的意思。

正是汉字包含的信息量大，大大便利了对其的表达和辨识理解。

我们知道，日本文字中的"假名"是借用中国草书和楷书的笔画编订的，10 世纪才完成。曾经有专家对日文假名和汉字的辨识率做过测验，结果是：识别一个日本假名的时间是 0.3 秒，而识别一个汉字的时间只要 0.1 秒。

通过偏旁部首进行归类，也丰富了汉字包含的信息。比如，"扌"旁的字——打、拉、提、按等，都与手的动作有关；"讠"旁的字——谈、说、论、讲等，多与语言表达有关；"忄"旁的字——忧、惊、愉、怡等，基本都是表示心态的。在《化学元素周期表》里，分别用"气""金""石"等为形旁部首，帮助人们轻松地对 118 个元素进行分类，这方便了记忆和理解。

许多人在第一次读名著《红楼梦》的时候，都会理不清书中众多人物的复杂关系。其实，懂得用汉字的偏旁部首分类，就会清楚多了。

《红楼梦》是以贾家的宁、荣两府为主要场景的，只要捋清了贾家的代系辈分关系，众多人物就可以各就其位了。贾府家业的开创者是贾演、贾源兄弟，二人分别被朝廷封为宁国公和荣国公，再分别由他们的儿子贾代化、贾代善承袭。到了贾家第三代，宁国府有贾敷、贾敬，荣国府有贾赦、贾政；贾家第四代，宁国府有贾珍，荣国府有贾琏、贾珠、贾宝玉、贾环；贾家第五代，宁国府有贾蔷、贾蓉，荣国府有贾兰（蘭）。除了第二代的贾代化、贾代善是以“代”字标示辈分以外，其余几代都是以名字中的偏旁部首区分辈分的：第一代的名字用“氵”，第三代名字用“攵”，第四代名字用“王”，第五代名字用“艹”。那么，为什么贾宝玉的名字里没有“王”字旁呢？原来，古代“王”字和“玉”字是一个字，后来才分开使用，但是在作为偏旁部首使用的时候，“王”还是“玉”的意思。因为贾宝玉一出生嘴里就含着一块玉石，故名“宝玉”，所以他和其他兄弟一样，名字中都是有“玉”的。

说到名字的辈分排行，还是孔子的后代与众不同，用字都是皇帝御赐或批准的。明清两朝的皇帝恩赐和允准孔氏家族使用的三十个字是：“希言公彦承，弘闻贞尚胤。兴毓传继广，昭宪庆繁祥。令德维垂佑，钦绍念显扬。”后来为避乾隆皇帝弘历和雍正皇帝胤禛的名讳，将“弘”改为“宏”，“胤”改为“衍”。民国时期北洋政府又批准增加了二十个字：“建道敦安定，懋修肇彝常，裕文焕景瑞，永锡世绪昌。”所以，只要是孔氏家族成员，不论年长年幼、认识还是不认识，报出名字即可排定辈分，清晰明了。

只能表音的拼音文字只具有工具性的用途，而汉字不仅具有工具性，还具有丰富的文化意蕴。

三、化弊为利，与时俱进

汉字的第三个特点“单音节短词形”，使它能化弊为利、与时俱进。

汉字同拼音文字相比的明显缺点，主要就是听说与读写分离。人总是先学会听说再学习读写的，对于使用拼音文字的人来讲，从听说到读写只需要经过学会应用几十个字母就够了。但是，会听说汉语和能读写汉字完全是两码事，必须一个字一个字地重新来过，要达到熟记两三千的汉字才算“文化人”，学习的难度比拼音文字大得多。所以几千年来，我国的文盲比率一直是比较高的，说了一辈子话却大字不识几个的大有人在。

进入近代社会以来，西方列强大举入侵，自救图强的呼声日益高涨，识字难、文盲多就成了阻碍国民整体文化素质提高、实现民族振兴的巨大障碍，“用拼音文字取代汉字”的主张也就被提出来了。大赞汉字之美的鲁迅就曾经在给曹聚仁的信中说过：“汉字和大众是势不两立的”，“要推行大众语文，必须用罗马字拼音”。他在逝世前（1936 年 10 月）写的《病中答救亡情报访员》中更坚决地说：“汉字不灭，中国必亡。”有人说，也有人做。1892 年，一个叫卢戆章的人制订了第一套汉语拼音方案——《切音新字》；1928 年，语言学家黎锦熙和赵元任创立了“国语罗马字拼音法式”；1931 年，瞿秋白与苏联汉学家合作编订了拉丁化新文字；还有英国人威妥玛根据北京读书音制订的拉丁字母拼音方案——威妥玛式拼音法。这些探索都是指向用拼音文字取代汉字的。

中华人民共和国成立前夕，吴玉章在写给毛泽东的信中主张：“中国文字应采取拉丁化的拼音为好，不要注音字母式或日本假名式的拼音。”毛泽东对此表示了赞同，中华人民共和国也开始了汉字拼音化的尝试。1949 年 10 月 10 日，中华人民共和国成立了中国文字改革协会；1956 年 2 月 20 日，中国文字改革委员会发表了《汉语拼音方案（草案）》；1958 年 2 月 11 日，第一届全国人民代表大会第五次会议正式批准了《汉语拼音方案》。

当然，汉字拼音化并不是没有争议的。许多专家学者指出，汉字从形成到流传至今长盛不衰，自有其道理，浩如烟海的文化典籍、特色鲜明的书法绘画、妙趣横生的骈文字谜，都与汉字命运息息相关。如果废除汉字，由此引起的文化损失将难以估量。

在反对汉字拼音化的学者中，我国著名的语言学家赵元任（1892—1982）先生用一种特别的方式表明了自己的态度。他说：你们不是要用汉语拼音取代汉字吗？那好，我用汉字写一篇短文，你们用汉语拼音替代一下，看看能不能读得通。然后，他就编了个小故事《施氏食狮史》，原文是：“石室诗士施氏，嗜狮，誓食十狮。施氏时时适市视狮。十时，适十狮适市。是时，适施氏适市。施氏视十狮，恃矢势，使是十狮逝世。氏拾是十狮尸，适石室。石室湿，氏使侍拭石室。石室拭，氏始试食是十狮。食时，始识是十狮，实十石狮尸。试释是事。”故事说：有一个姓施的人，特别喜欢吃狮子，发誓要吃十头狮子。有一天，他从市场上买到了十头狮子，回到家里才发现这是十头石头做的狮子。有趣的是，如果把这个短文通篇换成汉语拼音的话，竟然只有一组拼音 shi，顶多有一、二、三、四声的变化，看上去完全莫名其妙。赵元任先生以此表达了他对汉字拼音化的质疑，也给后人留下了一段幽默的文字。

汉语拼音现在的作用是为学习汉字注音，其取代汉字似乎遥遥无期了。但汉字难学、难写的问题还是要解决的，于是，从笔画上简化汉字被提上了日程。

中国近代的汉字简化运动起始于太平天国，此后的百多年间，学者们多有文章著述谈及。1919 年 4 月，北洋政府成立了“国语统一筹备会”；1935 年 8 月，民国政府正式公布了《第一批简体字表》，但第二年即废止了；1956 年 2 月 1 日，中华人民共和国人民政府正式公布了第一批 230 个简体字和 30 个类推偏旁；1964 年国务院又公告了《简化字总表》共 2236 字，就是今天通行的汉字简体字。

1977 年，我国曾经公布过《第二次汉字简化方案》的草案，但在试行中遭到较多质疑。许多专家学者指出，汉字的简化不应破坏其构字原则，若伤及字义，不仅不利于发挥其信息承载与传递的功能，而且本身就是对汉字文化的破坏。质疑的例证中有的很有趣，比如，《第二次汉字简化方案》中废掉了“圆”字，其义并入笔画较少的“元”字；废掉了“蛋”字，其义并入笔画较少的“旦”字。但有人提出，这样一来，“圆蛋”和“元旦”就不易区别了。出于多方面的考虑，1986 年，国务院宣布废止了《第二次汉字简化方案》。

汉字最近的一次生存危机，出现在 20 世纪 90 年代信息化浪潮刚刚袭来的时候。面对为拼音文字设计的计算机输入键盘，字形结构复杂、信息量庞大的汉字，顿时让人感到手足无措、不得其门而入了。汉字不能被输入计算机，就会使我们这个古老的民族跟不上信息时代的发展，就会被历史淘汰。又一次，“汉字必亡”“汉字必须拼音化”的声浪卷土重来。但是，这次社会主流群体没有自乱阵脚，而是积极应对，很快就研制成功了激光照排技术，接着又解决了用拼音键盘输入汉字的难题，甚至使汉字输入的速度比拼音文字还快。汉字强大的生命力再一次得到证明。

有人认为，下一代计算机将是声控的，只要人们发出声音指令，它就可以遵令运行。实际上，在手机、汽车等人们的日常用品上，声控技术已经成为标配，信息时代的声控趋势已经毋庸置疑了。在这种情况下，多音节的拼音文字不易为计算机识别的劣势尽显，而单音节短词形的汉字读起来抑扬顿挫、清晰流畅，更便于声控计算机识别。英国科技发明报道专家麦克·普鲁斯认为：“汉语将成为声控计算机的第一语言……将成为21世纪的第一语言。”

前文提到的著名英语语言学者叶斯伯森在《论英语单音节》一文中指出：“汉语仅用四百个音节作为基础，然后加以四声，最多不过一千六百左右。居然以这样少的单音节，颠来倒去，反复使用，就能完整无缺、毫无瑕疵地把意义表达得一清二楚。这是英语望尘莫及而又望洋兴叹的，也是英语语言学家感到神秘莫测而又欣羡无量的。”

就像曾经助力中国几千年的繁荣强盛一样，中华民族的伟大复兴也必然伴随着汉字的发展传播。韩国前总统金泳三曾提出“中、日、韩三国统一汉字”的倡议，还有近十几年来“孔子学院”在世界各地的蓬勃发展，都说明汉字作为高效沟通工具的作用，正在被越来越多的人认识到。

第三节　汉字的欣赏性

不管什么文字，一定都是有实用性的，就是都可以承载和传递信息。但我们中国的汉字还具有欣赏性，就是可以让人们从中得到美的享受，这是一般的拼音文字没有的功能。实用性，体现的是一个“真”字——信息的传递要客观、确切、真实；欣赏性体现的是一个“美”字——要让人感到喜欢、快乐、赏心悦目。

既然人们创造文字的目的就是传递信息，有实用性就够了，为什么汉字要多出个欣赏性呢？有什么必要呢？人和其他动物有个很重要的区别，就是除了有物质的欲望以外，还有精神的追求，有对美的追求。其实人类创造出来的用品、工具等，许多都是既有实用性又有欣赏性的：食物不仅可以糊口果腹，还讲究色、香、味、形；衣服不仅可以御寒遮羞，还讲究质地、款式；房子不仅可以遮风挡雨，还讲究装饰装修，等等。我们中国人应该感谢自己的祖先，创造出了这么独特神奇的文字，让我们在使用之余，还能从中受到美的熏陶。

说到汉字的欣赏性，可能人们最先想到的就是书法，但是我们要说的却是书法以外的话题。由于独特的造字方法和特点，汉字之美可以用感官来感受，还可以用思维来感受。下面就从对仗、环读、回文、巧读、字谜和测字几方面来谈一谈。

一、对仗

对仗，是中古时期诗歌格律的表现方式之一。两句为一组，要求上下两句“字数相等，词性一致，平仄相对”。字数相等，就是上句五个字，下句就对五个字，上句七个字，下句就对七个字，依此类推；词性一致，就是在同一位次上，上句用名词，下句也用名词，上句用动词，下句也用动词，依此类推；平仄相对，就是在同一位次上，上句是平声字，下句就要是仄声字，上句是仄声字，下句就要是平声字。

平仄是古时候文字发音的四种声调。简单地说，平声又分阴平和阳平，就是现代汉语里的第一声和第二声；仄声分上声、去声和入声。上声和去声，就是现代汉语里的第三声和第四声，而入声在大部分北方方言中已经消失，在南方的方言中还有所保留。

古时候的读书人作对仗句是基本功，要从小练习，《声律启蒙》《笠翁对韵》《千字文》《神童诗》等蒙学读物，都是很好的范本。

《声律启蒙》和《笠翁对韵》，是逐字逐词地教孩童学对仗的教材。比如，《声律启蒙》中的句子：

云对雨，雪对风，晚照对晴空。来鸿对去燕，宿鸟对鸣虫。
春对夏，秋对冬，暮鼓对晨钟。观山对玩水，绿竹对苍松。
茶对酒，赋对诗，燕子对莺儿。栽花对种竹，落絮对游丝。
来对往，密对稀，燕舞对莺飞。风清对月朗，露重对烟微。

《笠翁对韵》中的句子：

寒对暑，日对年。蹴踘对秋千。丹山对碧水，淡雨对覃烟。

轻对重，肥对坚。碧玉对青钱。郊寒对岛瘦，酒圣对诗仙。
琴对管，斧对瓢。水怪对花妖。秋声对春色，白缣对红绡。
耕对读，牧对樵。琥珀对琼瑶。兔毫对鸿爪，桂楫对兰桡。

《千字文》是用1000个不重复的字（其实“洁”字用了两遍）写成的，四字一句，两两对仗。读熟之后，不仅可以认识1000个字，还可以得到许多自然人文知识。比如其中的：

天地玄黄，宇宙洪荒；日月盈昃，辰宿列张。
女慕贞洁，男效才良；知过必改，得能莫忘。

《神童诗》是宋代人汪洙所撰，后人又有编补修订。与《声律启蒙》《笠翁对韵》只讲字词不同，《神童诗》选入的作品都已经是格律工整的五言绝句了，但文字浅显易懂，较适合少年诵读。其中，“朝为田舍郎，暮登天子堂。将相本无种，男儿当自强”一诗，是励志名篇；“解落三秋叶，能开二月花。过江千尺浪，入竹万竿斜”，专写景致，对仗工稳。

蔡元培在《国文之将来》一文中说：“旧式的五七言律诗与骈文，音调铿锵，合乎调适的原则；对仗工整，合乎均齐的原则，在美术上不能说毫无价值。”

古代文人士子聚在一起，也常常要出题联句、诗酒唱和。作得好的对仗句子，看上去丝丝入扣，结构有对称之工；读起来朗朗上口，节奏有韵律之美。一旦于电光石火间得了绝词妙句，人则身价百倍，文则流芳千古。王勃作《滕王阁序》就是个典型的例子。

675年，洪州（南昌旧名）都督阎伯屿重修了滕王阁，重阳节宴请文人雅士举行赞颂“笔会”。《新唐书·文艺传》记载：“九月九日都督大宴滕王阁，宿命其婿作序以夸客，因出纸笔遍请客，莫敢当，至勃，泛然不辞。都督怒，起更衣，遣吏伺其文辄报。一再报，语益奇，乃矍然曰：‘天才也！’请遂成文，极欢罢。”阎伯屿本想以为滕王阁作序为名，让自己的女婿亮出事先精心准备好的序文，以便一举成名。他先是假意谦让，向众宾客求索佳文，大家事先没有准备，都一一推辞。没想到年轻的王勃却毫不推让，铺纸泼墨，笔走龙蛇，顷刻间一挥而就。当满心不悦的阎伯屿听到“落霞与孤鹜齐飞，秋水共长天一色”一句时，顿时转怒为喜，拍案叫绝。从此，一人一文一阁，均名传后世。

有一副概括汉淮阴侯韩信一生的名联，仅仅十个字：

成败一知己，存亡两妇人。

上联里的“一知己”指萧何，是他向刘邦力荐韩信为大将军，成就一世功名；又是他设计诱杀韩信，正所谓“成也萧何，败也萧何”。下联的“两妇人”，一指赠饭给韩信的漂母，二指设计害自己的吕后。此联不但言简意赅，而且对仗工稳。

唐朝大诗人杜甫有一首《绝句》：

两个黄鹂鸣翠柳，一行白鹭上青天。
窗含西岭千秋雪，门泊东吴万里船。

该诗四句两两相对，几近完美，只有“西岭”对“东吴”稍有不适，但已经是相当难得了。

蒲松龄少有才华，有位姓石的读书人不服。恰好有只小鸡死在砖墙后，石某便出一上联挑衅——“细羽家禽砖后死”，讽刺蒲松龄年幼，恶语诅咒。蒲松龄很生气，回口对出下联——“粗毛野兽石先生”。联中的“先生”一词是个固定词组，指老师、读书人，和“后死”是对不上的。但逐字拆开就成了“先”对“后”，“生”对“死”，极工也极巧。

这种合起来说不通、拆开来字字工的对句，是对仗中一种特别的形式，叫作“无情对”，别有一番情趣。比较有名或有趣的无情对还有：“五月黄梅天，三星白兰地”“珍妃苹果脸，瑞士葡萄牙”“祖冲之，孙行者”“张之洞，陶然亭”“雄黄酒，牡丹烟”等。

还有一种“缺字对”，就是故意把完整的句子截断，以缺字句对缺字句，但字缺意不缺。举个例子：有个穷书生，要去参加一个富朋友的寿宴。按规矩是不能空手拜寿的，但他实在没钱买礼物，只好用空酒瓶装了水装装样子。到了朋友家，当着众人的面不好明说，就拱拱手说了句：“君子之交淡如。”这句话本来应该是“君子之交淡如水”，他故意少说了一个“水”字，暗示朋友：我们是君子之交，别怪我以水代酒了。他的朋友很聪明，一听这句话少个“水”字，立刻明白酒瓶里装的是水，不慌不忙地回礼接了个下句：“醉翁之意不在。”这句话说全了应该是“醉翁之意不在酒”，朋友也故意少说了一个“酒”字，意思是：我们情意相投，你瓶子里是酒是水都无所谓。二人巧用一副缺字对，于众人不知不觉间化解了尴尬，又互相保全了面子。

与缺字对相对应的，还有一种“填字对”，就是在原本完整的对仗句上下联分别填字，还要填出新意。明末有个叫洪承畴的朝臣，极得崇祯皇帝宠信。洪承畴为表示感戴天恩，自撰了一副对联，挂在厅堂之上：

君恩深似海，臣节重如山。

后来他被崇祯派去领兵抵抗清军，在松山一战兵败被俘，没多久就投降了。消息传到北京，人们都很愤恨，觉得他太没骨气。这时有人想起那副对子来，于是就在对子的上下联末尾各填了一个字，变成了：

君恩深似海矣！臣节重如山乎？

添加的“矣”和“乎”都是文言中的虚词，本身是没有意义的，但“乎”是个疑问词，它改变了语气，使下联变成了疑问句。读成白话就是：皇帝对你的恩眷是深如海了，可你为臣的节气重如山了吗？一字填入，就把一副自我标榜的对子变成了对他的嘲讽，可以说是点石成金。

利用汉字多字一音的特点，古人又创出了“谐音对”，就是利用同音字出题对句，上下联都要求一语双关。有个流传很广的谐音对是这样的：武将出上联，“二艇并行，橹速不如帆快”。表面上是说“摇橹的船不如挂帆的船走的快”，实际上以“橹速”谐音三国时期的文臣鲁肃，以“帆快”谐音西汉初年的武将樊哙，是说“文臣不如武将”。文臣对的下句是“八音齐奏，笛清难比箫和”。表面上是说“笛子的声音再清越也比不上箫的声音和谐”，实际上以“笛清”谐音宋朝名将狄青，以“箫和”谐音西汉初年的文臣萧何，是说“武将比不上文臣”。

有这样一个传闻：1953年，中国科学院组织出国考察团，团长为钱三强，团员有华罗庚、何祚庥及大气物理学家赵九章等十多人。途中华罗庚以“三强韩赵魏”为上联求对无应，只好自对下联“九章勾股弦”。这里的“三强”和“九章”，明指战国时代的韩赵魏三强国和我国古代数学名著《九章算术》，暗含团长钱三强和团员赵九章的名字，一语双关，被誉为妙联。

还有一种常见的对仗句，叫“拆字对”，是利用汉字的拆分组合功能联句，颇有汉字特色。比如：“冻雨洒窗，东两点西三点。”这副上联的第一字“冻”可以拆开成“东”和“冫”，第三字“洒”可以拆开成“西”和“氵”，正好构成后半句。下句也必须拆分第一、第三两字并构成后半句，而且上句有方向词“东”“西”，数词“两”“三”，下句也必须一一对应。它的下联是：“切瓜分客，横七刀竖八刀。”第一字“切”，是横向排列的“七”和“刀”字，第三字“分”，是纵向排列的“八”和“刀”字，正好构成后半句，而且以“横”“竖”对“东”“西”，以“七”“八”对“两”“三”，严丝合缝。西湖天竺顶有一座“竺仙庵”，庵边有一清泉。庵门对联为：“品泉茶三口白水；竺仙庵二个山人。”上联“品”字拆成“三口”，“泉”字拆成“白水”；下联“竺”字拆成“二个”，“仙”字拆成“山人”，妙趣天成。相传有位才子向一位卖酒女求婚，卖酒女出上联求对：“氷冷酒：一点水，二点水，三点水。”才子苦思不得其对，终至思竭丧命。死后坟上长出了丁香花。有人说他死后终于对出了下联：“丁香花：百字头，千字头，万（萬）字头。”

有一种强调形旁的特殊对仗句，叫“部首对”，除了要遵守一般的对仗规则外，还要求偏旁部首也一一对应。比如上联：“烟锁池塘柳”，五个字的偏旁分别是“火金水土木”五行，应接的下联很多，其中“炮镇海城楼”对得比较好，形、音、义都对上了。还有一副以孀妇口吻所出的上联是：“寂寞寒窗空守寡”，用的是同一部首“宀”。对得比较好的有“退避迷途返逍遥”“俊俏佳人伴伶仃”“惆怅忧怀怕忆情”等。湖北利州天成观龙王殿对联，上联是“河汉汪洋，江湖滔滔波浪涌”，下联是“雲霄雷電，霹雳震震霈雨霖”，这是以“氵”对“雨”字头。

明代小说《警世通言》中，有个“王安石三难苏学士”的故事，现把其中王安石请苏东坡对句的部分文字摘录如下：

荆公道：“考别件事，又道老夫作难。久闻子瞻善于作对，今年闰了个八月，正月立春，十二月又是立春，是个两头春。老夫就将此为题，出句求对，以观子瞻妙才。”命童儿取纸笔过来。荆公写出一对道：一岁二春双八月，人间两度春秋。

东坡虽是妙才，这对出得跷蹊，一时寻对不出。羞颜可掬，面皮通红了。荆公问道：“子瞻从湖州至黄州，可从苏州润州经过么？”东坡道：“此是便道。”荆公道：“苏州金阊门外，至于虎丘，这一带路，叫做山塘，约有七里之遥，其半路名为半塘。润州古名铁瓮城，临于大江，有金山、银山、玉山，这叫做三山。俱有佛殿僧房，想子瞻都曾游览？”东坡答应道：“是。”荆公道：“老夫再将苏润二州，各出一对，求子瞻对之。”

苏州对云：七里山塘，行到半塘三里半。

润州对云：铁瓮城西，金玉银山三宝地。

东坡思想多时，不能成对，只得谢罪而出。

王安石出的三个上联苏东坡没对上，有兴趣的读者可以一试。

我国的对仗句式种类多、数量大，难以一一尽数，仅是各地寺观园林、亭台楼阁的楹联，就不知有多少佳词妙句，更不用说年年花样翻新的春联了。

二、环读

环读，是全部或部分可以首尾连读、形成闭环的文句，是一种以汉字的方块字特点为基础的、独特的文句诵读形式。

有一首据传是苏轼所作的环读诗，共用了十四个字，每个字读两遍，可以读出一首四句二十八字的诗来。这十四个字是：赏花归去马如飞酒力微醒时已暮。第一句从“赏”字起，读作“赏花归去马如飞”；第二句比第一句错后三字，读作“去马如飞酒力微”；第三句比第二句错后四字，读作“酒力微醒时已暮”；第四句比第三句再错后三字，读作“醒时已暮赏花归”。这样转了一圈，错开读了两遍，完成了闭环，连起来就是：

赏花归去马如飞，去马如飞酒力微。
酒力微醒时已暮，醒时已暮赏花归。

这首诗表现的是几个文人墨客去郊外赏花饮酒，薄暮时分，带着微微酒意打马归来的情景。虽然每个字都读了两遍，但读者并不会感到重复，诗句还是比较流畅传神的，算得上是此类文体中的上品了。

还有两首据说是秦少游和苏小妹夫妇唱和的环读诗，与上面苏东坡那首字数、读法相同。秦少游作的十四个字是：静思伊久阻归期忆别离时闻漏转。苏小妹作的十四个字是：采莲人在绿杨津一阕新歌声漱玉。读者可以自行拆解诵读。

过去有的老茶馆里，会在茶杯盖上转着圈印上五个字：可以清心也。是说喝茶不仅可以解渴，还可以洗涤心神。这是一种小型的环读文，可以叫它“茶杯盖文句”。这五个字的妙处在于，不管从哪个字读起，意思都是一样的：

从第二字读起是：以清心也可；
从第三字读起是：清心也可以；
从第四字读起是：心也可以清；
从第五字读起是：也可以清心。

也许是因为封闭循环字词用得较少，意境难以出新；也许是因为难度不高，难以展现才华，不为文人骚客所重，环读文的佳作并不多见。但偶有佳作，还是能让人们眼前一亮、欣然于心的。

三、回文

回文，是可以正读也可以倒读的文句。人们调侃时说的“卖拐”和“拐卖”、“情调”和“调情”、“王老”和“老王”，是利用了同音字或谐音字的，也在回文之列。

“天然居”门前的对联，大概是回文句里最有名的了。这个“天然居”到底是茶楼还是酒楼，其说不一。反正有一天，乾隆皇帝来到了“天然居”，并一时兴起，留下了“客上天然居，居然天上客”的回文对。意思是：客人来到天然居，就像天上的神仙一样快乐逍遥。此联妙在上下句互为回文，而且把店名“天然居”了无痕迹地嵌入，独家享有，别无争议。但是，此联的上下句并不符合对仗“词性一致、平仄相对”的要求，而且工稳的对仗上下联用字不应重复，像这样把上联的五个字全部拿来重复一遍，似乎有些离谱。所以也有人说，乾隆皇帝是把这十个字合起来当成上联来求对下联的，而且当时就由在场的大学士纪晓岚对出了下联“人过大佛寺，寺佛大过人”。但是，对于“天然居”的店主来讲，皇帝御笔题文是何等荣耀，管它对不对仗，店主就将此回文句作为门联，从此声名大振。

广东高州县观山寺壁上，刻有一首回文诗：

悠悠绿水傍林偎，日落观山四望回。
幽林古寺孤明月，冷井寒泉碧映台。
鸥飞满浦渔舟泛，鹤伴闲亭仙客来。
游径踏花烟上走，流溪远棹一篷开。

倒过来读是这样的：

开篷一棹远溪流，走上烟花踏径游。
来客仙亭闲伴鹤，泛舟渔浦满飞鸥。
台映碧泉寒井冷，月明孤寺古林幽。
回望四山观落日，偎林傍水绿悠悠。

据说苏轼曾用《西江月》词牌写过一首词，全文正读和倒读是一样的，只是按照《西江月》词牌的格律，倒读的时候，要把第二句和第六句后面的句号错后一字。不过在宋代是没有这个问题的，因为古代不用标点符号。其词如下：

马趁香微路远，纱笼月淡烟斜。渡波清彻映妍华，倒绿寒枝风挂。
挂风枝寒绿倒，华妍映彻清波。渡斜烟淡月笼纱，远路微香趁马。

宋朝大学者朱熹也写过一首回文词《菩萨蛮・呈野秀》，不过不是全文倒读，而是第一句倒读即为第二句，第三句倒读即为第四句，依此类推。全词如下：

晚红飞尽春寒浅，浅寒春尽飞红晚。樽酒绿阴繁，繁阴绿酒樽。
老仙诗句好，好句诗仙老。长恨送年芳，芳年送恨长。

宋代李禺写的《夫妻互忆回文诗》，也是全文倒读的。但与众不同的是，这首诗正读是表现丈夫想念妻子的，倒过来读就成了表现妻子想念丈夫的了，可以说是“一段情话，两种滋味”。

顺读（夫想妻）	倒读（妻想夫）
枯眼望遥山隔水，	儿忆父兮妻忆夫，
往来曾见几心知。	寂寥长守夜灯孤。
壶空怕酌一杯酒，	迟回寄雁无音讯，
笔下难成和韵诗。	久别离人阻路途。
途路阻人离别久，	诗韵和成难下笔，
讯音无雁寄回迟。	酒杯一酌怕空壶。
孤灯夜守长寥寂，	知心几见曾来往，
夫忆妻兮父忆儿。	水隔山遥望眼枯。

清代诗人李旸有一首《春闺》诗，是“镜像”回文的。就是说，不但每句都可以倒读，而且倒读和正读是完全一样的。这是因为在每句七个字中，除中间的第四字以外，其他六字都是两两相对的，用的是同一个字，像照镜子一样，即第一字与第七字同，第二字与第六字同，第三字与第五

字同。全诗如下：

垂帘画阁画帘垂，谁系怀思怀系谁？
影弄花枝花弄影，丝牵柳线柳牵丝。
脸波横泪横波脸，眉黛愁浓愁黛眉。
永夜寒灯寒夜永，期归梦还梦归期。

清朝康熙年间有位奇女子，叫吴绛雪，才貌双全，琴诗书画样样精通。她曾作过《咏四季诗》四首，分别表现春、夏、秋、冬四季景色。每首诗只有十个字，正读一遍，再倒读一遍，即为一首四句的五言诗。

咏春诗十字“莺啼岸柳弄春晴夜月明”，读法如下：

莺啼岸柳弄，春晴夜月明。
明月夜晴春，弄柳岸啼莺。

咏夏诗十字“香莲碧水动风凉夏日长”，读法如下：

香莲碧水动，风凉夏日长。
长日夏凉风，动水碧莲香。

咏秋诗十字“秋江楚雁宿沙洲浅水流”，读法如下：

秋江楚雁宿，沙洲浅水流。
流水浅洲沙，宿雁楚江秋。

咏冬诗十字“红炉透炭炙寒风御隆冬”，读法如下：

红炉透炭炙，寒风御隆冬。
冬隆御风寒，炙炭透炉红。

这四首诗还有一种读法，是回文加环读，可以把每十个字读成一首二十八个字的四句七言诗。关键是每首诗十字中的第四、第五、第六、第七四个字，要正读两遍，倒读两遍。

咏春诗十字“莺啼岸柳弄春晴夜月明”，读法如下：

莺啼岸柳弄春晴，柳弄春晴夜月明。
明月夜晴春弄柳，晴春弄柳岸啼莺。

咏夏诗十字“香莲碧水动风凉夏日长”，读法如下：

香莲碧水动风凉，水动风凉夏日长。
长日夏凉风动水，凉风动水碧莲香。

咏秋诗十字“秋江楚雁宿沙洲浅水流”，读法如下：

秋江楚雁宿沙洲，雁宿沙洲浅水流。
流水浅洲沙宿雁，洲沙宿雁楚江秋。

咏冬诗十字“红炉透炭炙寒风御隆冬”，读法如下：

红炉透炭炙寒风，炭炙寒风御隆冬。
冬隆御风寒炙炭，风寒炙炭透炉红。

我国历史上最有名的回文加环读的回环文，非《璇玑图》莫属。

《璇玑图》的作者也是个女子，名叫苏蕙，前秦时期武功（今陕西）人，嫁秦州（今甘肃天水）刺史窦滔为妻。后因窦滔到外地为官，夫妻多年不见，苏蕙为解思念之愁，极尽才思，反复吟咏，制成了流传千古的《璇玑图》。

《璇玑图》共二十九行，每行二十九个字，是一个八百四十一个字的正方形字阵。此图不论正读、反读、横读、竖读还是斜读，也不论按三言、四言、五言、六言还是七言断句，均可成诗。后人又用颜色（本书在此以不同字体区分）把这幅图划分成若干区域，在不同区块里又可以用错位读、环绕读等读法得到更多诗句。因而后来有五色读法、七色读法、井栏读法等多种读取方式。读取诗的数目，由此图当年问世时的几百首，到几千首、上万首，据说用电脑分析的最新成果，已经可以排列出十多万首诗了。

资料：《璇玑图》

琴清流楚激弦商秦曲发声悲摧藏音和咏思惟空堂心忧增慕怀惨伤仁
芳廊东步阶西游王姿淑窕窈伯邵南周风兴自后妃荒经离所怀叹嗟智
兰休桃林阴翳桑怀归思广河女卫郑楚樊厉节中闱淫遐旷路伤中情怀
凋翔飞燕巢双鸠土迤逶路遐志咏歌长叹不能奋飞妄清帏房君无家德
茂流泉情水激扬眷颀其人硕兴齐商双发歌我衮衣想华饰容朗镜明圣
熙长君思悲好仇旧蕤葳粲翠荣曜流华观冶容为谁感英曜珠光纷葩虞
阳愁叹发容摧伤乡悲情我感伤情徵宫羽同声相追所多思感谁为荣唐
春方殊离仁君荣身苦惟艰生患多殷忧缠情将如何钦苍穹誓终笃志贞
墙禽心滨均深身加怀忧是婴藻文繁虎龙宁自感思岑形荧城荣明庭妙
面伯改汉物日我兼思何漫漫荣曜华彫旂孜孜伤情幽未犹倾苟难闱显
殊在者之品润乎愁苦艰是丁丽壮观饰容侧君在时岩在炎在不受乱华
意诚惑步育浸集悴我生何冤充颜曜绣衣梦想劳形峻慎盛戒义消作重
感故昵飘施愆殃少章时桑诗端无终始诗仁颜贞寒嵯深兴后姬源人荣
故遗亲飘生思愆精徵盛翳风比平始璇情贤丧物岁峨虑渐孽班祸谗章
新旧闻离天罪辜神恨昭感兴作苏心玑明别改知识深微至嬖女因奸臣
霜废远微地积何遐微业孟鹿丽氏诗图显行华终凋渊察大赵婕所佞贤
冰故离隔德怨因幽元倾宣鸣辞理兴义怨士容始松重远伐氏好恃凶惟
齐君殊乔贵其备旷悼思伤怀日往感年衰念是旧愆涯祸用飞辞恣害圣
洁子我木平根尝远叹永感悲思忧远劳情谁为独居经在昭燕辇极我配
志惟同谁均难苦离戚戚情哀慕岁殊叹时贱女怀叹网防青实汉骄忠英
清新衾阴匀寻辛凤知我者谁世异浮奇倾鄙贱何如罗萌青生成盈贞皇
纯贞志一专所当麟沙流颓逝异浮沉华英翳曜潜阳林西昭景薄榆桑伦
望微精感通明神龙驰若然倏逝惟时年殊白日西移光滋愚谗漫顽凶匹
谁云浮寄身轻飞昭亏不盈无倏必盛有衰无日不陂流蒙谦退休孝慈离
思辉光饬粲殊文德离忠体一违心意志殊愤激何施电疑危远家和雍飘
想群离散妾孤遗怀仪容仰俯荣华丽饰身将与谁为逝容节敦贞淑思浮
怀悲哀声殊乖分圣赀何情忧感惟哀志节上通神祇推持所贞记自恭江
所春伤应翔雁归皇辞成者作体下遗葑菲采者无差生从是敬孝为基湘
亲刚柔有女为贱人房幽处己悯微身长路悲旷感生民梁山殊塞隔河津

四、巧读

巧读，就是利用断句、谐音、变换重音等技巧，使同一文句读出不同含义。我国古代在汉字的书写中是没有标点符号的，读者要在阅读中审文会意，自行断句。就此产生了许多巧读的有趣事例。

先讲两个巧读的故事。

第一，纪晓岚读诗为词。据说，有一次乾隆皇帝让纪晓岚把王之涣的《凉州词》写在扇面上，全诗是："黄河远上白云间，一片孤城万仞山。羌笛何须怨杨柳，春风不度玉门关。"写完后发现漏了个"间"字，皇上很不高兴，纪晓岚灵机一动，就说：这是我用王之涣的原诗改的一首词，意思不变，断句不同，但不需用这个"间"字，所以就把它去掉了。乾隆皇帝来了兴趣，让他读来听听。纪晓岚是这么读的："黄河远上，白云一片，孤城万仞山；羌笛何须怨，杨柳春风，不度玉门关。"这样，意思完整连贯，果然不需要"间"字。乾隆皇帝听他读得好，顿时龙颜大悦，纪晓岚的一场责罚自然也就免了。

第二，陆陇其巧断遗书。清朝康熙年间，陆陇其在嘉定任知县。当地财主徐颂高，颇有资财。徐有一女，已出嫁。他 56 岁时续弦又生了个儿子，取名龙宝。龙宝 10 岁时，徐颂高日渐衰弱多病，医药无效。他知道女儿、女婿有争夺家产的念头，但为了托他们照顾小儿子龙宝长大成人，他在临终前亲笔写下遗嘱 "家产尽付女婿外人不得过问"，交给了女儿、女婿。龙宝长大后，姐姐、姐夫只给了他少许钱财，其他家产均被二人占为己有。龙宝据理力争，姐夫说这是父亲的意思，龙宝无奈，只得到县里去告状。知县陆陇其接了状子，开堂审案。他看了遗嘱原文后认为，按六字一断读成"家产尽付女婿，外人不得过问"是不对的；应该按四字一断读成"家产尽付，女婿外人，不得过问"，才符合死者徐颂高的原意，并依此把家产判给了龙宝。这个"徐颂高暗设机关，陆陇其巧解遗嘱"的故事，至今仍在嘉定流传。

再举两个现实生活中的例子，是强调重音的。其一，"冬天，有多少穿多少；夏天，有多少穿多少"。这句话外国人看了一定搞不明白：这不是一样吗？可我们中国人一看就懂：前半句的重音落在"多"字上，"少"字轻轻带过；后半句的重音落在"少"字上，"多"字是用来强调"少"的。

其二，"我没说你偷我钱"。这七个字写在纸上，恐怕连中国人自己都说不清它的确切含义。因为这句话在读出来的时候，重音放在不同的字上，意思会完全不同：①重音放在第一个"我"字上，意思是别人说没说我不知道，反正我没说；②重音放在“没”字上，意思是这句话不是我说的，可能是别人传的谣言；③重音放在“说”字上，意思是也许这么想过，但我没说出来；④重音放在“你”字上，意思是我说了，但不是说你；⑤重音放在“偷”字上，意思是你动了我的钱，但我不认为这是“偷”；⑥重音放在第二个“我”字上，意思是你偷了，但那钱不是我的；⑦重音放在“钱”字上，意思是我只能确定你偷了，但不能确定你偷的是钱。

五、字谜

字谜，是以汉字为谜底的谜语，可以是单字，也可以是词组。主要通过对汉字的拆分组合以及笔画的增减来完成，需要对汉字的结构和功用有相当的理解，是一种益智的文字游戏。

有一个据说是纪晓岚出的字谜，比较有代表性，谜面如下：

> 黑不是，白不是，红黄不是；与狐狼猫狗仿佛，既非家畜，又非野兽。
>
> 诗也有，词也有，论语也有；对东西南北模糊，虽为短品，亦为妙文。

因为对应五行的五色里，黑白红黄都不是，就剩下兰，也就是“青”色；“狐狼猫狗”里都有“犭”，而“家畜野兽”四字都没有“犭”。所以上联谜底是“青”加“犭”，是个“猜”字。“诗词论语”四字都有“讠”；对东西南北模糊就是“迷”失方向。所以下联谜底是“迷”加“讠”，是个“谜”字。上下联合起来，谜底就是“猜谜”两个字。

曹操和他的主簿杨修都爱猜字谜。一次他们从曹娥碑下路过，看见碑的背面写着“黄绢幼妇，外孙齑臼”八个字的谜面，杨修当时就猜出了谜底，而曹操在走了三十里路后才猜出来，于是感叹地说：“我的才力不如你，要多想三十里啊。”黄绢是有颜色的丝，色丝合成一个“绝”字；幼妇是少女的意思，少女合成一个“妙”字；外孙是女儿的儿子，女子合成一个“好”字；齑臼是放置辛辣物的容器，是承受辛苦的意思，受辛合成一个“辤”字（即“辞”），所以谜底就是“绝妙好辞”四个字。

曹操还用自己编制的字谜发指令。有一次，曹操去视察一座在建的花园，看过后一言不发，只在大门上写了一个“活”字就走了。大家面面相觑，不知道曹操是什么意思。杨修却心领神会，立刻安排压缩基建规模。原来门里加“活”是个“阔”字，曹操是认为太铺张了。

有掌故的字谜毕竟是少数，绝大部分字谜是由文人雅士和平民百姓编的。这些字谜简洁机巧，贴近生活，不但可以愉悦心神，还可以增加对汉字功能的了解。举例如下：

多出一半。（岁）
一口咬掉牛尾巴。（告）
三人骑牛牛无角。（奉）
甜咸苦辣，各味俱备。（口）
高先生的头，李先生的脚，陈先生的耳朵。（郭）
太白写表，王婆骂鸡，武松打虎，宋江杀妻。（捌）
两日齐相投，四山环一周，两王位一国，一口吞四口。（田）
有土可种庄稼，有水可养鱼虾，有人不是你我，有马走遍天下。（也）

有的字谜不太严谨，所以不好猜。但揭开谜底大家觉得很有趣，也能接受，就流传下来了。比如：

恶狗咬倒吕洞宾。（哭）
上头去下头，下头去上头，两头去中间，中间去两头。（至）
上通下不通，下通上不通，不通全不通，要通上下通。（由甲田申）

比较大型的字谜往往是文人的作品，南宋女词人朱淑贞创作的《断肠迷》即属此类。朱淑贞的丈夫是个小官僚，贪钱恋权，好吃嗜赌。朱淑贞用十句话讲了丈夫的无良、自己的无奈和分手的决心，同时，这十句话还是十个数字字谜的谜面。《断肠迷》如下：

下楼来，金钱卜落；（谜底：一——“下”字去“卜”）

问苍天，人在何方？（谜底：二——“天”字去“人”）

恨王孙，一直去了；（谜底：三——“王”字去“一直”，即去掉一竖）

詈冤家，言去难留。（谜底：四——“詈”字去“言”）

悔当初，吾错失口；（谜底：五——“吾”字去“口）

有上交无下交。（谜底：六——“无下交”去“乂”）

皂白何须问？（谜底：七——“皂”字去“白”）

分开不用刀。（谜底：八——“分”字去“刀”）

从今莫把仇人靠，（谜底：九——“仇”字去“人”）

千种相思一撇销。（谜底：十——“千”字去“一撇”）

我国的史书里记载了许多谶语和政治童谣，也都是用字谜的形式表现的。

《古微书》中引《孝经援深契》的谶语说：“宝文出，刘季握。卯金刀，在轸北。字禾子，天下服。”“卯金刀”是个繁体的“劉”字；“禾子”是个“季”字。汉高祖刘邦，字季。这条谶语显然是为刘邦君权神授、将要统一天下制造舆论的。

汉献帝刚登基的永汉元年，董卓专权，实行暴政，长安到处传唱一首童谣：“千里草，何青青；十日卜，不得生。”“千里草”是个“董”字，“十日卜”是个“卓”字。意思是：董卓的残暴政权快要灭亡了。这当然是反董卓的势力在制造舆论，发动群众。

《明史·李自成传》载：“金星又荐卜者宋献策，长三尺余，上谶记云：‘十八子，主神器。’自成大悦。”“十八子”是个“李”字，“主神器”就是当皇帝。这是说，宋献策会算卦，算出姓李的应该当皇帝。这样讲，当然使“自成大悦”了。

字谜既然能传递政治信息，有人想当然地认为，它也应该能在人和鬼神之间传递信息。唐朝李公佐写的传奇小说《谢小娥传》里写道，谢小娥的父亲和未婚夫被贼人杀死，当夜托梦给谢小娥，说杀害他们的人是“車中猴，門東草”和“禾中走，一日夫”。这是两个以凶手姓名为谜底的字谜。“車中猴”，繁体的“車”字去掉上下两横，中间是个“申”字，在十二属相里正对应“猴”；“門東草”是个繁体的“蘭”字，所以第一个凶手叫“申蘭”。“禾中走”是穿田而过，也是个“申”字；“一日夫”三个字合起来，是个“春”字，所以第二个凶手叫“申春”。谢小娥参破字谜后，女扮男装，明察暗访，果然找到凶手，报了杀父和杀夫之仇。

迷信思想和字谜结合起来，就出现了一种新职业——测字。

六、测字

测字，是通过对汉字的拆分组合，解析预测人的命运，是从远古的龟卜占法演变而来的。测字时，要求被测者随意写出一字，测字先生就被测者所欲测知的事项，结合该字拆合解说。如果我们去除其迷信的内容，这实际就是一种文字游戏，测字先生都是专业级的游戏高手，他们的解说很具有欣赏性。

《红楼梦》第九十四回“宴海棠贾母赏花妖，失宝玉通灵知奇祸”，就讲了一个测字的故事。书中说，通灵宝玉失踪，管家林之孝去找刘铁嘴测字，拈了个“賞”字。刘铁嘴就说：“賞”字上头一个“小”，底下一个“口”，底下是个“貝”。这是丢了一件嘴里放得下的珠子宝石之类的东西。他又说：“賞”字上头是个“當”字，要到當铺里去找；“賞”字加“人”字是“償”字，只要找着当铺的人，赎下来就是“償”还了。

测字先生大都老于世故，阅人无数，尤其善于察言观色。高明的测字先生要根据不同情况区别对待，或一字一果，或一字多果，或多字一果，不能千篇一律。

先举个一字多果的例子。有两个读书人，参加乡试中了举，要赴京城应考会试。二人走在路上，看见一个先生在摆摊测字，他们就想测个字看能不能考上。向测字先生说明情况后，甲举子随手写了一个“串”字，测字先生看后连说：“好字！好字！此去必中。”为什么必中呢？先生解释说：“‘串’字可以从中间截断为两个‘中’字，‘中’是多音字，可以读作 zhòng，两个‘中’字相连就是‘连中’，即乡试、会试都能中，所以说‘此去必中’。”甲举子听了自然是喜形于色，乙举子在旁边听了心中也暗暗羡慕，于是他走过来也写了个“串”字，对测字先生说：“先生，我也要测这个‘串’字。”显然他也希望得到“连中”的吉兆。但是，测字先生看了看字，又看了看他，说道：“你今年不要去考了，不但考不上，还会惹出祸患。”乙举子一听，勃然大怒，问道：“一样的字，为什么他写就是‘连中’，我写就成了‘祸患’？”测字先生从容地答道：“他是随手写出的，当然只按字面意思解说；而你是有心要写的，要把‘心’的因素加进去。‘串’加‘心’不正是个‘患’字吗？”乙举子顿时哑口无言。由此可见，测字也要随机应变，不能千篇一律。若同一字必定同一结果，形同“批发”，哪里还会有人信呢？

再举个多字一果的例子。明朝末年，在李自成与关外清军的夹击下，朱明江山已危如累卵。一天，忧心忡忡的崇祯皇帝微服出宫，想散散心。他遇到一个测字先生，就提出要测测国运。先生说：“写个字吧。”崇祯随手写了个“友”字。先生一看就说：“从这个字来看，国运不妙。”崇祯忙问：“为什么？”先生说：“‘友’是‘反’字出头，反贼出了头，岂不是不妙？”崇祯心中懊悔，赶紧说：“我本想测有无的‘有’，刚才写错了。”先生想了想说：“还是不好。这个‘有’字是‘大’‘明’二字各取其半，岂不是说‘大明江山去了一半’啊！”崇祯大惊，又耍赖说：“先生莫怪，我又说错了。我是想说申酉戌亥的‘酉’。”先生一听连连摇手说：“不得了，这个字可不敢测！”崇祯说：“请先生务必测上一测。”先生凑近来悄声说：“这个‘酉’字，是‘尊’字截去上下两端，就是至尊去头去脚。国之至尊自然是皇上，把皇上砍去头脚，就是国运已绝啊！”崇祯顿时惊得目瞪口呆。这个故事当然是后人编的，因为知道崇祯是明朝的亡国之君，所以，不管故事里的崇祯怎么换字，都要往大明必亡上去解说。也有人说，那个测字先生就是李自成的军师宋献策假扮的，早就看破了崇祯的身份，所以字字句句刺他心窝，就是要动摇他的意志。

说起测字先生，就不能不提宋朝的谢石。他测过许多被认为是很难测的字，而且解说得都能令人服气。有个读书人想难为谢石，故意用无法拆分的“乃”字来测功名，谢石说：“‘乃’为‘及’字不成，你终生及第无望。”京城一官员拿着一个“也”字请谢石测，谢石看后，准确地说出了此字为其夫人所写，其夫人三十一岁，娘家萧条，该官员正意图搬迁。

官员问何以知之，谢石解释说：“‘也’是虚词助语，妻为夫之助，所以只有女人才选这样的字；‘也’字可以拆分为“三十”和“一”，这就是夫人的年龄；‘也’字有人为“他”、有土为“地”，既无人土，可见其夫人娘家已是无人无产了；而且，也字加水为‘池’、添马为‘驰’，既然无水行船、无马拉车，自然搬迁无望。”那人听后连连称准，又说：“但我今天最想问的，还是妻子怀孕生产是否顺遂。”谢石回答说：“也字若添虫旁，则为蛇形（‘蛇’字异体为‘虵’），尊夫人腹中所怀必是蛇虫之类。我可以用药帮助尊夫人打下蛇胎。”该官员即请谢石去家里用药，果然打下来许多小蛇。

谢石最为人津津乐道的，是为皇帝测字。一次，宋高宗微服私访，遇见谢石在摆摊测字，就要谢石测测自己的身份。宋高宗也不用纸笔，就用手杖在地上写了个“一”字。谢石看了暗自一惊，说道：“您的身份非同寻常，我怕出错，请再写一字，以便校验。”高宗便用手杖在地上又写了个“問”字，因为地不平，“問”字两边的竖笔都向外斜出。谢石一见，扑通跪倒，口称：“我主万岁！”宋高宗奇怪地问：“你怎么知道我是皇上？”谢石回道：“陛下在地上写字，即为土上加‘一’，是个‘王’字；‘問’字两侧竖笔斜出，各取其半，就是‘左右为君’。君王驾到，谢石岂敢不跪？”

谢石曾蒙宋徽宗、宋高宗两位皇帝恩宠，名动公卿，在朝野留下无数传奇故事。明末清初的文人周亮工，在钻研谢石测字之法的基础上，写成《字触》一书，全书分为“廋”“外”“晰”“几”“谐”“说”六部，对汉字的拆解方法进行了规范分类，成为后世测字术士的字典。

本讲小结

一个民族，其文化的生命力与其文字的生命力，有着密切的关系。当其他古文明的“文字之花”日渐枯萎的时候，生命力旺盛的汉字却正“万紫千红”，把华夏先贤的智慧创造传承了下来，使伟大的中华文明从未中断。

汉字有其独特的美。其真草隶篆的形之美，见之于诗书画印中；其抑扬顿挫的韵之美，闻之于词曲歌赋中；其拆分组合的义之美，融之于猜谜对句中。守我汉字，如守祖地；爱我汉字，如爱中华！

汉字文化是祖先留给我们的一笔巨大财富，滋养了我们，也造就了我们。继承和光大汉字，是我辈的历史责任；而汉字文化的昌盛，也必将助推中华文化走向世界，助推中华民族实现伟大复兴。

第八讲 建 筑

第一节　中国古建筑的特点

“古代世界曾经有过大约七种建筑体系，其中有的或早已中断或流传不广，成就也难免有限，如古埃及、古代西亚、古印度和古代美洲建筑等。只有中国建筑、欧洲建筑和伊斯兰建筑被称为是世界三大建筑体系。其中只有中国建筑和欧洲建筑延续时代最长，流传最广，成就也更为辉煌。”[①]要把中国古建筑同欧洲建筑和伊斯兰建筑区分开来，最直观的特点有三：木材榫卯结构、反曲面屋顶和斗拱支撑。

一、木材榫卯结构

无论走进古希腊的神庙、古罗马的斗兽场，还是欧洲、西亚中世纪的教堂、清真寺或王宫，我们都不难发现：这些古建筑的基本建筑材料是以石材为主的，石料结合部嵌入抓钩和填灌黏合剂。而在中国看到的宫殿、园林、佛寺道观，除了台基和屋瓦以外，基本上都是以木材为主，木料之间的联结咬合主要采用榫卯，辅以铁钉。

榫卯是指为连接而在两个木构件上制作的凸凹形状，凸出的部分叫“榫”，凹进的部分叫“卯”，二者可以互相插扣咬合，起到连接作用。榫卯因用途不同而有多种形式。

在没有发明炸药的年代，开山取石是一项极其辛苦和危险的工作。古罗马人把干木头塞入石头缝隙中，然后在木头上浇水使之膨胀的笨办法，把石头撬下来的。然后还要把巨石一凿一凿地雕琢成规范的条石或者其他需要的形状，成材率极低。兴建于 72～82 年的古罗马斗兽场，在蒂沃利采石场开采了 50 万吨石灰华岩石，其艰难程度可想而知。

---

① 李希凡.艺苑篇. 北京：中国青年出版社，1991：8.

木结构建筑的第一个优点就是取材方便，施工便利。相比于劈山凿岩地开采石料，伐树截木显然要容易得多。一般人们将伐倒的树齐根锯断，去掉枝杈、树头的部分叫“原木”，然后再把原木加工成木方、木板用于建筑，成材率很高。木结构建筑的表面，还可以雕刻精美细致的花纹图样，涂刷色彩鲜艳的油漆。这些都是砖石结构建筑做不到的。

木结构建筑的第二个优点就是墙不承重，通断灵活。木结构的建筑当然比砖石结构的建筑重量轻得多，其最重的分量主要来自覆盖着瓦片的屋顶，而屋顶的重量通过梁柱结构传给台基，墙是完全不需要承担重量的。常见的亭子就是个很好的例证，它只有几根柱子撑着顶盖，完全无墙。住人的房屋，都是先搭好梁柱、加盖屋顶，然后再把墙体挂上去。既然墙不承重，那么，在哪堵墙上开门、开窗，开几扇门窗，甚至改变用途封堵门窗，都可以随心所欲。

木结构建筑的第三个优点就是柔性结构，防震性好。西方古代建筑留存至今的，几乎都是断壁残垣，因为砖石之间是刚性结构，一旦遇到地震，难免因相互撞击而碎裂，房倒屋塌。而木材本身就有弹性，榫卯结构也允许一定程度的变形，当遇到地震时，其会在扭曲松动中消解地震能量。只要震动不是很强烈、持续时间不是很长，木结构会在外力消失后自动复位，即使墙倒也不会屋塌。我国山西应县有座释迦塔，建于辽代清宁二年（1056 年），纯木结构、无钉无铆，近千年来历经多次地震仍完好无损。

当然，有一利必有一弊，木结构建筑的缺点也是很明显的，首先就是怕火，而各种走水失火事件中，尤以战火为害最烈。《史记》就记载着项羽“烧秦宫室，火三月不灭”，近代更有英法联军火烧圆明园的恶行。北京故宫也曾多次失火，其中最严重的一次是 1644 年李自成退出北京前放的火，它使主要宫殿几乎尽毁。因此，过去人烟稠密的市井城镇，每到晚上睡觉前都会安排更夫敲锣提醒人们小心火烛。其次，水浸虫蛀也会对木结构建筑造成很大的威胁。一旦梁柱被水浸烂或被虫蚁蛀空，除非大修，否则建筑也难逃倾颓倒塌。

二、反曲面屋顶

屋顶的作用主要是遮雨。尖顶建筑自然防雨效果好，但覆盖面积太小，不方便使用，所以西方建筑总是在罗马式的圆顶建筑和哥特式的尖顶建筑之间徘徊。

我国古建筑的屋顶，不是尖顶坡面的陡直线，也不是圆顶的外拱式弧线，而是下凹式的反曲弧线。有人说这是依高山雪杉的仿生造型，有人说这是受了幕帐自然下垂的启发，《周礼·考工记》说："上欲尊而宇欲卑，上尊而宇卑，则吐水疾而溜远。"就是说这种屋顶的上部坡面较陡，利于滚水；下部张开出挑，可以使雨水急滚飞出，使墙体和柱脚少受雨水侵蚀。研究中国文化的著名英国学者李约瑟认为："不论我们对帐幕学说的想法是怎样，在中国，向上翘起的檐口显然是有其尽量容纳东阳、减少夏日的实用上的效果的。它可以减低屋面的高度而保持上部有陡峭的坡度及檐口部分有宽阔的跨距，由此减少横向的风压……向下弯曲的屋面另外一种实用上的效果就是可以将雨雪排出檐外离开台基而至院子之中。"[①]反曲面屋顶显然比尖顶和圆顶的覆盖面积更大，而挑起的屋檐，又不遮挡室内人的视线，达到了实用性强与造型美的完美结合。日本学者伊东忠太赞叹说："此乃盖世无比的奇异现象。"[②]

这种屋顶造型得到了斗拱飞檐的支持，可使屋檐远挑高翘，有展翅飞翔之势，使凝重的建筑似乎也有了轻巧灵动的感觉。从先秦至明清，反曲面屋顶的坡面弧度、檐口弧度及飞檐翘角的高度，都越来越大，形成了鲜明的中国特色。

我国建筑师林徽因指出："历来被视为极特异神秘之中国屋顶曲线，其实只是结构上直率自然的结果，并没有甚么超出力学以外的矫揉造作之处，同时在实用及美观上皆异常地成功。"[③]直率自然、实用美观，确实是对反曲面屋顶贴切的评判。

---

① Joseph N. Science & Civilisation in China, Vol. 4. Cambridge ： Cambridge University Press，1971：102.

② 伊东忠太. 中国建筑史. 陈清泉译补.上海：上海书店，1937：13.

③ 梁思成. 清式营造则例. 北平：中国营造学社，1934：17.

三、斗拱支撑

我国古建筑在立柱与横梁之间，有一种由若干小木块拼合而成的构件，叫作“斗拱”。方斗形的木块为“斗”，弯弓形的木条为“拱”。斗置于柱顶，拱架在斗上，拱两端再安斗架拱，这样逐层交错叠加，形成上大下小的倒金字塔式托架。在建筑物的转角处，或两个以上单体建筑搭接的部位，还要用到多向多层的复杂斗拱，这种结构有个专用名词，叫作“钩心斗角”。

斗拱是我国木构架建筑特有的结构部件，它可以扩大柱与梁的接触面积，缩小横梁在两柱间的跨度，防止出现“塌腰”现象，同时增加出檐深度。斗拱还能起到一种类似弹簧的作用，在遇到地震等情况时，能够消解外力冲击。根据柱间距和挑檐远近的需要，斗拱可以是一层，也可以是多层。

斗拱还是衡量建筑物等级的标准之一，是礼制的重要体现，特别是明清以后，斗拱更多地起着装饰和标示等级的作用。等级越高、开间越大的建筑，两柱间的跨度越大，斗拱的层级就越多、越复杂。正是斗拱层层错出的排列，才能使屋檐大幅度地前伸远挑，也成就了飞檐翘角灵动飞扬的特点。

上海世博园中的中国馆，既没有采用木结构，也没有采用反曲面屋顶，为什么我们还是一眼就看出来它的中国特色呢？就是因为它使用了现代变形的“斗拱”形式，造成了大跨度的出檐。

第二节　单体建筑的构成

中国的古建筑大都是群体组合式的，但先搞清楚单体建筑的基本构成，会便于我们理解组合式的古建筑群。

单体古建筑物由三个部分组成，分别是台基、墙体和屋顶。

一、台基

台基是建筑物的基座，作用是抬高建筑物，以便防潮通风。

普通人家的台基是夯土而成的，只要能防止雨水倒灌即可，跨步可登。富贵人家的台基大都用砖石砌成，身份越高贵台基越高。台基达到一定高度，就需要设台阶以便上下，台基上也要加装栏杆以保证安全。所以，台基也有权力象征的意义。

从级别上讲，石台基高于土台基，汉白玉台基高于其他石台基，有栏杆的台基高于无栏杆的台基，多层台基高于单层台基。《礼记・礼器》中规定："天子之堂九尺，诸侯七尺，大夫五尺，士三尺。"秦阿房宫和汉未央宫的遗址，台基均在 10 米以上。明清以后，限定以北京故宫太和殿共 8.13 米的三层台基为最高，其他建筑一概不许僭越。

最高级别的皇家建筑的台基宽敞开阔，砌有汉白玉栏杆，栏杆柱头雕有云纹。台阶设在左、中、右三个方向，中间的台阶设有"御路"，就是一块有龙纹浮雕的大石板，称"丹陛石"，供皇帝专用，实际是轿夫走在丹陛石两侧的台阶上，皇帝乘坐的轿子从丹陛石上面悬空而过。

台基表面就是房屋的地面，地面上还有一种承接木柱的构件，叫"柱础"。柱础石质圆形，中间凹陷呈碗状，木柱下部插入柱础凹陷处，这样既可以防止木柱柱头直接接触地面受潮腐朽，也可以扩大台基承压面积，分散重量。早期柱础作用单一，后来柱础逐渐加高，增加了纹样雕饰，有了装饰和等级的意义。

二、墙体

一座单体建筑的体量，是由"间"的数量决定的。四根柱子围合的空间叫"间"，左右两柱横向间的距离叫"开间"，前后两柱纵向间的距离叫"进深"。开间乘以进深等于"间"。比如一座五开间、三进深的单体建筑，它的总体量就是十五间。

由于屋顶的重量由梁柱承受，并通过柱础传递到台基上，墙体并不承重，这就使得门窗的设置和变更非常灵活方便。为了采光，一般房屋正面除了门以外的墙体都是开窗的，侧后面封闭以保暖，甚至用土石垒砌。

在玻璃没有传入我国以前，人们是靠在窗棂上糊纸采光的。由于纸的保暖性不好，所以冬天屋子里会很冷，需要安装取暖设备。为了支撑单薄的纸张，窗棂间隙就不能太大，于是人们便制作出了各种花样图案的窗棂，再饰以油彩，这就形成了独特的窗棂艺术。本来纸的透光性就差，再加上细密的窗棂，所以房间里往往光线很暗。

三、屋顶

我国古代少有高层建筑，这就使屋顶特别显眼。屋顶不仅能起到遮风挡雨的作用，更是建筑物等级的重要标志。不同等级的建筑使用对应等级的屋顶，不得僭越。屋瓦的颜色也有规定，如黄琉璃瓦为皇家专用。

屋顶中最高级的是庑殿顶，其次为歇山顶。这也是殿宇建筑的专用屋顶，民居不得采用。

庑殿顶：屋顶正脊两端向下斜出四条垂脊，把屋顶分成四面坡，屋檐挑出墙外。因共有一正脊、四垂脊，也称“五脊顶”。

歇山顶：屋顶也是四面坡，但两个侧坡上半部垂直折起，与正脊两端相交构成三角形墙面。共有一条正脊、四条垂脊、四条戗脊，所以又称“九脊顶”。

攒尖顶：尖顶无正脊，顶尖处称“宝顶”。圆攒尖顶，屋面无脊，状如斗笠；多角攒尖顶，每角各起一脊交于宝顶。攒尖顶建筑，上可用于殿宇，下可用于亭、阁、塔等，适用范围较广。

以上三种屋顶均有单檐、重檐之分，因此共有六种，重檐级别更高。其等级由高到低的排列次序为：重檐庑殿顶、重檐歇山顶、重檐攒尖顶、单檐庑殿顶、单檐歇山顶、单檐攒尖顶。

悬山顶和硬山顶：都是一条正脊、四条垂脊、两个坡面，两侧山墙到顶，没有侧面屋坡。二者的区别仅在于，悬山顶屋檐出挑，硬山顶屋檐不出挑。根据清朝规定，六品以下官吏及平民住宅的正堂，只能用悬山顶或硬山顶，宫殿的配殿或厢房也经常用硬山顶。悬山顶有利于防雨护墙，更适合于北方民居；硬山顶便于防风防火，多为南方民居所采用。硬山顶在历史上出现较晚，等级较低，屋面都使用青色板瓦，不能使用瓦筒和琉璃瓦。

卷棚顶：屋面前后双坡连贯铺瓦，没有正脊。多见于园林建筑，也有用于民居的。

北京天坛的祈年殿与众不同，是覆盖着蓝瓦的三重檐圆攒尖顶。殿顶原本覆盖上青、中黄、下绿三色琉璃瓦，寓意天、地、万物，清乾隆十六年（1751 年）改为统一的蓝瓦。因为祈年殿是皇帝祭天之处，故用圆顶蓝瓦，取象于古人“天圆地方”的理念。至于采用三重檐的用意，大概是皇帝为了对“天父”表示格外的敬重吧！

第三节　群体建筑的组合

许多专家学者都认为，“群体布局”是中国古建筑的一个重要特点，这是很有道理的。一来是古代中国纯粹的单体建筑较少，群体建筑组合是常态；二来是这种组合的基本规则及其反映的理念清晰明确，辨识率极高。

中国古建筑群体布局的特点，可以用“中轴对称，尊卑分明”八个字来概括。就是按“中轴对称”的规则布局，体现“尊卑分明”的理念。

一、城市

“城”是军事防御工事，“市”是贸易场所，二者本来是分开的。随着市井人员集聚、财富增加，“城”和“市”逐渐合为一体，成为外有防御高墙、内有里坊人居的城市。城市毫无疑问是最大的群体建筑，都城往往是建筑面积最大、建筑水准最高的城市。

在河南偃师二里头村附近，分别发现了距今近 4000 年的夏代都城遗址和距今 3500 年左右的商朝早期都城的遗址。看得出，它们都是经过缜密规划、布局的大型都邑，有居民区、制陶作坊、铸铜作坊、窖穴、墓葬等遗迹。这证明夏朝宫殿已经使用了中国独有的院落式群体布局，而商朝都城四周已有坚固的夯土城墙和护城河，具有较强的防御功能。

《周礼·考工记》描述的周王城是："方九里，旁三门。国中九经九纬，经涂九轨，左祖右社，面朝后市，市朝一夫。"就是长宽各九里的正方形，四面城墙各有三座门，十二座城门两两相对，由城中纵横垂直的道路隔成棋盘状的居民区，宫城在王城正中，左建祖庙，右建社稷坛。那时还有了"郭"的概念。《太平御览》卷一九六引《吴越春秋》说："筑城以卫君，造郭以居人。"这是说城是国君居处，郭才是平民百姓住的地方，尊卑两分。《管子·度地》还说："内为之城，城外为之郭。"这是说郭是环绕着城的。周王城的规划思想里显然已经有了"礼"制观念，强调"王者居中"、尊卑有别和严谨对称的规划原则。这些思想对后世影响极大。

但是，受战乱和地理条件的限制，城市建设很难如《周礼·考工记》的设计那么严谨规范，秦都咸阳就没有修筑城墙，汉都长安的多座宫城与民居杂错，直到东汉初年在洛阳建都时，其才开始回归规范格局。东汉建安二十一年（216 年），曹操被封魏王，定都邺城。邺城以丁字形南北大街为纵横轴，宫殿在北，民居在南，王宫正对中轴。"豆腐块"式的居民区，被划分成"里""坊"，街道整齐对称，结构严谨规范。邺城的建设规制，上承周礼，下启隋唐，对后来的长安、洛阳、北京等大都城的兴建，都具有典范意义。北宋建都汴梁时，将宫城由北部移至城中央，这更符合周礼，由此"中轴对称、中尊侧卑"的格局就固定下来了。

周礼的核心是别尊卑、王权至上，城市建设的格局当然就要突出政权建筑。所以，在都城，皇宫居中；在地方城市，官府居中，形成了政权建筑统帅全城的格局。居民区被纵横垂直的道路隔成"豆腐块"，五家为邻、五邻为里，由窄巷相连。坊巷是有围墙和坊门的，设专人管理，晚上关闭以防盗。能行车走马的大路叫"马路"，一般建在两侧店铺集中的商业区。从北宋画家张择端的《清明上河图》里，能看到宋代汴京城东南一角的繁荣景象。

城市需要增扩时，会尽量保持基本格局。北京城原本是正方形，因为人口增加和防范蒙古骑兵威胁的需要，明朝嘉靖年间增建了外城。起初的设想是向四面扩展，但在建完南部外城之后，就因财力紧张而放弃了其他三面的建筑计划，致使今天的北京城由“回”字形变成了“凸”字形。

北京城是中国古城市建筑的最高峰。首先，其采用了成熟的“棋盘式结构”，就是主要建筑坐落在中轴线上、次要建筑在两侧对称排列的布局，暗含着培养中正无邪、认同尊卑分明的教化思想；其次，完善了外城套着内城、内城套着皇城、皇城套着宫城的“套盒式结构”，官内民外，地位越卑下者离中心区越远；最后，采用皇宫、王府、民居都自成院落的“豆腐块结构”，官士工商，各尽其责。这三种结构叠加在一起，布局严谨，层次分明，区划清晰，功能齐全，充分体现了“中轴对称、尊卑分明”的王权教化理念。

地方城市也按中轴对称原则布局，只是把京城的宫城居中改为官府居中，城市规模和街道里坊相应缩小而已。

二、宫殿

宫殿建筑群，由多个单体建筑组合而成，是大号的院落、小号的城池，也要遵循“中轴对称”的原则。

二里头村遗址的夏朝宫殿只有一个单体殿堂，坐落在面积约 10 000 平方米的台基上，坐北朝南，和四周相连的廊庑、门庭等单体建筑组成一个建筑群。偃师商城已经实行了宫庙分离、前朝后寝的布局。周朝的镐京和洛邑的王宫尚未被发掘，但据《周礼·考工记》记载，其应该是一组有五重宫门、三道宫室的建筑群。西周陪都洛邑的宫城置于王城中央，祭拜祖先的宗庙和祭拜神祇的社稷坛分开在宫城左右，这说明那时君权已经凌驾于族权、神权之上了。

“蜀山兀，阿房出”（唐·杜牧《阿房宫赋》），秦始皇修建的阿房宫虽已不存，但其土台长达 1000 米、宽 500 米，远超前代。西汉的宫殿群规模巨大，未央宫占地 5 平方千米，比北京紫禁城大 6 倍，长乐宫占地更达6平方千米。东汉都城洛阳，建有南宫和北宫两个主要宫殿群，都和北京紫禁城规模相当。秦汉宫殿群的共同特点是体量大、规模大，但整体布局尚不严谨。

唐朝兴建的太极宫，已经确定了皇宫坐落在中轴线上的格局，而且规模远超北京紫禁城。后来在长安城东北角上建的大明宫，也贯彻了宫城自身的中轴线原则，但并不强求建在城市中轴线上。把园林纳入宫城的“宫苑一体”格局，规范中有灵动，复古中有创新，体现了大唐帝国的开放风格。

宫殿建筑的顶峰之作，当然是明清宫殿——北京紫禁城。

北京故宫始建于永乐四年（1406 年），永乐十八年（1420 年）基本竣工，是明成祖朱棣在元大都宫殿的基础上兴建的。依照中国古代星象学说，紫微垣（即北极星）位于中天，乃天帝所居，天人对应，所以北京故宫原称紫禁城。

有人用“前朝后寝，左祖右社”八个字来概括北京故宫的格局，其实这是不太确切的。因为祭祀祖先的太庙和祭祀神祇的社稷坛，设置在午门和天安门之间的中轴线两侧，象征着族权与神权对皇权的拱卫，但那里已经不属于宫城的范围了。正是因为排除了祭祀建筑和大型园林建筑，所以北京故宫可以做到严谨的中轴对称。

我们用“前朝后寝，中尊侧卑”八个字来概括北京故宫的格局。以乾清门为界，可以把故宫分为“前朝”和“后寝”两部分。“前朝”就是朝廷，是皇帝与朝臣商议处理军国大事的地方，以太和殿、中和殿及保和殿为中心，左右两侧有文华殿、武英殿等许多殿宇拱卫，象征着皇权至高无上的地位。“后寝”就是皇帝和后妃们的寝宫，以皇帝的寝宫乾清宫和皇后的寝宫坤宁宫为中心，东六宫和西六宫在两翼展开，体现着皇后统御六宫、母仪天下的威仪。这就是“前朝后寝”。坐落在贯穿故宫的中轴线上的建筑，从南到北依次有：午门、太和门、太和殿、中和殿、保和殿、乾清门、乾清宫、交泰殿、坤宁宫、坤宁门、钦安殿、神武门，形制级别都高于两侧的建筑，而且与北京城的中轴线是重合的，显示着它们的中心地位，这就是“中尊侧卑”。

宫城周围环绕着高 10 米、长 3400 米的宫墙，墙外有 52 米宽的护城河。东、西、南、北各有一座大门，南门叫午门，北门叫神武门，东门叫东华门，西门叫西华门。这就是一个大院落。宫城里面又有太和殿院落、乾清宫院落、文华殿院落、武英殿院落、宁寿宫院落、慈宁宫院落，东西六宫也各自自成院落。这就体现了对历史上院落式宫殿布局的继承。

评判一组宫殿群级别高低的标准主要有两个：一是这一宫殿群中单体建筑的数量越多，整组建筑的级别越高；二是这一宫殿群中最高级别的单体建筑的形制越高，整组建筑的级别越高。北京故宫以长 960 米、宽 750 米、占地 72 万平方米、建筑面积 15 万平方米、相传有房屋 9999.5 间的规模（据 1973 年专家现场测量，故宫实际有大小院落 90 多座，房屋 980 座，共计 8707 间），成为全国最大的宫殿群组。故宫中的核心建筑太和殿，居于三层 8 米多高的台基之上，是十一开间、五进深、重檐庑殿顶的单体建筑，是形制上的最高标准。宫城正门午门，坐落在 12 米高的城台之上，九开间，重檐庑殿顶，左右有向南伸出的四座联檐通脊、明廊相连的楼阁，是中国古代大门中最高级的“阙门”。这一殿一门的级别，举国独尊。所以，北京故宫是群体建筑中级别最高的。

比照皇室宫殿，王府、官府和佛寺道观等宫殿式建筑，在形制上要依规缩减。

中国古建筑的级别，还可以从其装饰细节来判断，比如，门钉和檐角脊兽的数量、门狮和丹陛石的形制，等等。

三、寺观

我国宗教建筑中数量最大的，是佛寺和道观。寺观建筑理所当然地反映了各自的宗教色彩，但在殿宇的组合布局上，也不可避免地受到世俗建筑的影响，供奉主神的建筑物采用庑殿顶或歇山顶的宫殿式样，居中坐落于中轴线上，但是建筑体制有所简化，也不能多用金黄色。

佛教传入中国后的第一座寺院，是东汉永平十一年（68 年）汉明帝敕建的洛阳白马寺。寺内主要建筑天王殿、大佛殿、大雄殿、接引殿和清凉台，都分布在中轴线上，是中国宫廷式布局。《魏书·释老志》载：“自洛中构白马寺，盛饰佛图，画迹甚妙，为四方式。凡宫塔制度，犹依天竺旧状而重构之，从一级至三、五、七、九级。世信相承，谓之‘浮图’，或‘云佛图’。”这是说，白马寺以后，佛寺的建筑还是按印度模式，以供奉佛舍利的塔为中心，殿堂建在四周，并不是中轴对称式的布局，如东汉始建的山西洪洞县广胜寺——上寺、北魏洛阳永宁寺等，都是重塔不重殿的。

汉末至南北朝时期，在贵族富商中盛行“舍宅为寺”的风气，就是把自己的家宅捐为佛寺。在把宅第改建为佛寺时，很难改动原宅布局，于是“以前厅为佛殿、后堂为讲经堂”的改造方案成为主流，佛寺建筑逐步完成了中轴贯穿几重庭院的汉化过程。晋唐以后，殿堂已经成为佛寺的主要建筑，并被放置在中轴线上，佛塔则被移于一角，甚至在寺外另建塔院。宋朝以后，多数寺院已不再建塔了。

为了适应自石窟造像而来的大型佛、菩萨像，隋唐以来还出现了阁楼式殿宇。这种阁楼从外面看是三层、五层不等的楼，而里面是上下贯通的，其代表作是天津蓟县的独乐寺和河北承德的普宁寺大乘阁。

明清以来的佛寺基本分为两类。

一类是位于城市市区、平原地带或山林开阔地带规模较大的佛寺，多数是有官方背景的，甚至是皇帝敕建的。这类寺院往往建造规模较大，规整对称，布局严谨。中轴线从南向北的建筑依次为：山门、天王殿、大雄宝殿、藏经楼、方丈室等。在中轴线两侧建造体形较小的配殿和附属设施：山门内东西分设钟楼、鼓楼，大雄宝殿庭院东西两侧分设伽蓝殿（佛教以关羽为伽蓝神）、祖师殿（供奉达摩禅师），以及禅堂、斋堂、僧房、香积厨、浴堂、西净（厕所）等。当然，附属设施可因寺院大小和功能需要增减。北京智化寺、广济寺，山西太原崇善寺即属此类。

另一类是建在远离尘世的山林幽谷之中规模较小的佛寺，多由善男信女捐资兴建。这类寺院的建造因为要尽量随坡就势，所以布局不强求规整，有的甚至只是近乎民居的单体建筑，无须考虑布局组合。恒山悬空寺是这方面的典范，峨眉、九华、普陀、天台、雁荡等名山的若干佛寺，也属此类。

藏传佛教和西南地区小乘佛教的建筑另有特色，在布局和朝向上都与汉传佛教地区有所不同，限于篇幅，不再论及。

道教是土生土长的中国宗教，其庙宇也是在我国世俗建筑的基础上发展而来的。道教的庙宇称作“观”，这个“观”就是中国化的。汉末刘熙在《释名·释宫室》中说：“观者，于上观望也。”观，就是古代天文学家观察星象的高台。道教从道家“天人合一”的理念出发，认为了解天象有助于求道修仙，有夜观星象的传统，所以称其敬神修炼之地为“观”。东晋道士葛洪在《关尹子》序中说：“今陕州灵宝县太初观，乃古函谷关候见老子处，终南宗圣宫乃关尹故宅，周穆王修其草楼，改号楼观，建老子祠。道观之兴，实祖于此。”较小的观又称“道院”，较大的观可以称为“宫”。道观的建筑原则与平面布局基本同于宫殿建筑，只是规模较小，并且在装饰及室内摆设上带有其宗教色彩。道观的主殿一般是三清殿，往往还建有老君堂、纯阳殿、真武殿、三官殿和求仙楼阁等。观内建有对称的钟楼和鼓楼。

道教比较有名的宫观主要有：江西龙虎山正一观、西安户县重阳宫、武当山紫霄宫、青城山圆明宫、成都市青羊宫、北京白云观、大连三清观、山西芮城永乐宫等。这些宫观基本都是中轴线贯穿几重院落中的主要建筑，钟鼓楼、配殿在两侧对称设置。

以西安重阳宫为例。重阳宫是全真教祖师王重阳的开山祖庭，位于陕西省西安市区西南户县祖庵镇，是道教全真派的三大祖庭之首。王重阳辞世后，道徒们在其葬骨之地建“灵虚观”，王重阳的弟子丘处机又请元朝廷改名为“重阳宫”。现存的灵官殿、七真殿均为清同治十三年重建，建制和规模远非元代全盛时可比。中轴线上还依次建有灵官殿、三清殿、三皇殿、升仙台。灵官殿供奉着道教护法神王灵官和青龙、白虎、朱雀、玄武四象；三清殿祭奉道教最高神祇三清，旁列元始天尊十二大弟子；三皇殿奉祀中华民族的三位祖先伏羲、炎帝和黄帝。东侧配殿为财神殿、天医殿和转运堂，西侧配殿为三官殿、慈航殿和三阳殿，并分设钟楼、鼓楼。

而北京白云观虽然也是中轴对称布局，但在南北中轴线上的殿宇与西安重阳宫有所不同，依次为牌楼、山门、灵官殿、玉皇殿、老律堂（七真殿）、丘祖殿、三清四御殿。其中，三清四御殿为二层建筑，上层供三清、下层奉四御。因为白云观是长春真人丘处机修真和羽化之地，所以观中专设一丘祖殿，丘处机的泥塑像下埋葬着他的遗骨。

也有些宫观不按中轴对称原则布局。比如，湖北武当山太和宫，就是依照山体的走向和地形而建的，颇得道家顺势而为的妙旨；河北涉县凤凰山上的娲皇宫，紧靠陡峭的绝壁而建，并用数条铁链将楼阁加固在山崖之上，与恒山悬空寺有几分神似；还有坐落在江西贵溪上清古镇的天师府，建筑布局是道教特有的八卦形，可谓匠心独运。

总之，在强调宗教特色的同时，我国佛寺道观的基本建筑样式与宫殿相似，群体组合也遵循中轴对称、院落式布局的基本规则。

第四节 园林艺术

园林和宫殿是完全不同的两类建筑。“文武之道，一张一弛”，建筑也有“赳赳武夫”与“纤纤美女”的区别，宫殿取其刚，园林取其柔。殿宇排列犹如军阵，整齐划一，几乎处处都是直线；而园林则任由山环水绕，曲径通幽，尽量避免方正平直。如果说宫殿建筑强调规范、注重教化，是讲善的，那么园林建筑就是用来欣赏、注重愉悦的，是讲美的。所以，人们面对宫殿建筑会有“通天下皆一式”的感觉，而观赏园林则会有“远近高低各不同”的惊喜。

中国园林艺术主张天人合一，认为人是大自然的一部分，人应该融于自然，化于无形。所以造园就应该打破规范化的约束，以天地万物为师，与山川草木为友，顺其自然，不留痕迹，追求“虽由人作，宛自天开”（明・计成《园冶・园说》）的效果。

中国传统园林具有观赏、游玩、居住等多重功能，是人工建筑与自然环境融为一体的空间，是哲学、美学、文学、绘画、建筑、园艺等多门类学科相融的产物。

以规模和风格论，中国园林可以分为两类：北方皇家园林和南方私家园林。

一、北方皇家园林

皇家园林是供帝王及其家族游乐和围猎用的，为皇帝个人和皇家所私有。所谓“普天之下莫非王土”，皇家园林占地广大，多依自然山水改造而成。皇家园林的建造，往往要大量征发民夫，动用国库银钱，选调天下能工巧匠，集中各地美质良材，耗时长、成本高，建筑及装饰级别也高。因为我国历史上在北方建都的王朝比较多，所以这类园林也集中在北方。

北方皇家园林的特点是：浓墨重彩，气势恢宏。

中国最早见于文字记载的园林雏形，是殷末周初的“囿”和“台”。囿，是用栅栏围墙封闭起来、放任动植物自然生长的园子，供帝王游玩狩猎。《毛传》载：“囿，所以域养禽兽也，天子百里，诸侯四十里。”台，是用土夯筑而成的高而平的建筑物。汉代赵晔《吴越春秋·勾践阴谋外传》称：“昔者桀起灵台，纣起鹿台。”灵台是夏桀所筑观星象、察灾异的高台；鹿台是上面建有宫室的大型高台，为商纣王所建。

秦汉以后，在囿的基础上发展出一种开放式的园林，叫作“苑”。较小的苑，在宫城中辟地而建，宫苑交错，便于游玩，是“宫中苑”。较大的苑，划天然山林整修而成，动辄占地百里，有各种野生的或畜养的飞禽走兽，并建有少量宫室，是“苑中宫”。这时的宫和苑联系紧密、功能互补，被人们合称为“宫苑”。

我国著名的宫苑有：汉代的上林苑、建章宫，南北朝时的华林苑、龙腾苑，隋代的西苑，唐代的兴庆宫、大明宫和九成宫，北宋的艮岳，明代的西苑（今北海、中南海），清代的圆明园、清漪园（今颐和园）和避暑山庄。

秦始皇曾在咸阳城外建兰池宫，引水为池，池中筑岛，聊以慰藉对海外仙岛的渴望。后来，汉武帝在长安建造建章宫时也学秦始皇，开挖太液池，并堆筑三座岛屿，模仿传说中的仙山，取名为蓬莱、方丈、瀛洲。这种“一池三山”的造园手法延续到后世，成为皇家园林造景的主要模式。

北宋徽宗时，建了一个著名的园林，叫“艮岳”。为建此园，尽取江南珍木美石，“花石纲”（运送花石的船每十只编为一纲）持续20余年。

艮岳周长约 3000 米，面积约 50 万平方米，各种建筑 40 余处，堆了一座高达 150 米的三峰寿山，还有溪流相连的几处池水，亭台楼阁、村屋茅舍，一应俱全，奇花怪石、珍禽异兽，遍布园中。全园山势连绵，水系环绕，山水相映，妙趣天成，具有很高的艺术价值，可惜后来毁于战火。

明清时期，我国皇家园林艺术达到了顶峰。

从元朝到明朝时期，北京城的南海、中海和北海被称为“西苑”，成为皇家园林。清朝时新建和改建了许多，并实行宫、苑分离，“三海”被隔在了宫城之外，不再称“西苑”，而将北京西郊的颐和园到圆明园一带称为“西苑”。

清朝康乾时期，在北京西郊形成了大片的皇家园林区，号称“三山五园”，即香山的静宜园、玉泉山的静明园、万寿山的清漪园（后改称颐和园）、相互毗邻的畅春园和圆明园。这一园林区的规模之大、造作之美，远胜历代。而“园中有园、园中有院、院中有院”的层层嵌套格局，更是圆明园设计的独特之处。因为皇帝常来园中理政居住，所以这些园林中都辟有一个相对独立的宫殿区，成为“园内有宫”的格局。但到了近代，这片瑰丽的艺术殿堂及其中的大量珍宝，大都毁于英法联军和八国联军的抢掠及焚烧。

颐和园是劫后保存最完整的一座皇家宫苑，其前身是清漪园，清咸丰十年（1860 年）被英法联军烧毁；光绪十年（1884 年），慈禧太后为自己过六十大寿，挪用海军经费重建，改称“颐和园”。

颐和园挖湖堆山，造出一山一湖，山称“万寿山”，湖名“昆明湖”，其他景致都依山环湖而建。主景区在万寿山南坡，众多楼、阁、轩、亭错落林间，背倚高山，面对阔湖，湖光山色尽收眼底。从全园最高处的佛香阁到湖边，形成一条主轴线。湖边有一条蜿蜒 700 多米长的长廊，犹如长链串珠，贯通了山下湖边各个景点。昆明湖面由堤、桥分为一大二小三部分，各有一个小岛，象征着海上三座仙山。昆明湖水绕山而过，在万寿山北坡下形成两山夹一水的别致风景。两岸平坦处有一条全长 300 余米的买卖街，仿江南水乡而建，沿岸设有茶馆、酒楼、药房、钱庄、衣帽店、首饰店等几十个铺面。颐和园东侧山湖相交处是宫廷区，有朝堂仁寿殿、寝宫乐寿堂及大戏台德和楼等建筑，采用对称式、相对封闭的院落布局，是帝后们的居处。

承德避暑山庄是我国现存最大的皇家园林，始建于清朝康熙四十二年（1703 年），历经“康乾盛世”的三代皇帝，历时 89 年才建成，是清帝夏日避暑、理政的场所。整个园区占地面积达 564 万平方米，由宫殿区、湖泊区、平原区、山峦区四大部分组成。

宫殿区由正宫、松鹤斋、万壑松风和东宫四组建筑组成，占地面积为 10 万平方米。正宫是九进院落，由丽正门、午门、阅射门、澹泊敬诚殿、四知书屋、十九间照房、烟波致爽殿、云山胜地楼、岫云门，以及一些朝房、配殿和回廊等组成，也分为“前朝”和“后寝”两部分，是个缩小版的紫禁城。宫殿区北部是湖区，有大小 8 个湖泊，面积近 50 万平方米，是整个山庄的主景区。湖区用多组模仿江南的建筑，营造出一派水乡景色，还有仿浙江嘉兴南湖烟雨楼建的“烟雨楼”、仿江苏镇江金山建的“金山岛”。湖区北部是平原区，面积 60 多万平方米，有大片的草地和树林，是皇帝举行赛马活动的地方。山区位于山庄西北部，面积 443 万平方米，占整个山庄的近 80%。这里群山环绕、峰谷交错，是皇帝狩猎、演兵的好去处。

避暑山庄占地面积广阔，山水相连，120 余组大小建筑散落于山水之间，多数为素墙灰瓦，与大自然融为一体，与其他宫苑金碧辉煌的风格迥然不同。园中有康熙帝以四字命名的景致 36 处，乾隆帝以三字命名的景致 36 处，各以匾额或碑石题记。

从颐和园的“买卖街”到避暑山庄的“烟雨楼”“金山岛”，都能看出北方皇家园林对南方私家园林的借鉴，甚至避暑山庄的宫廷建筑也开始改变一律红墙黄瓦的惯例，朴素自然了许多。这固然是园林建筑的需要，但南方私家园林风气北上，也是不争的事实。

二、南方私家园林

南方私家园林的园主，主要是民间的地主、富商、文人和退休官僚，也包括为数不多的王公贵族，一般都是建在家宅院内，宅园前后相连，供园主赏玩和休养之用。由于在占地面积和山水楼阁的体量上远不能与皇家园林相比，也不允许采用浓烈的色彩装饰，所以，私家园林色彩以素淡为主，屋宇则是青瓦白墙，但力求在空间的利用上奇思巧构，在方寸之地造作万千景象，也就形成了独特的风格和韵味。

南方私家园林的特点是：小巧精致，清幽淡雅。

南方私家园林兴于魏晋南北朝时期。那时，有一批官场失意或仕途无望的文人士大夫，为了逃避现实，寄情于山水之间。他们自命清高，但又舍不得真地隐逸江湖，就兴起了在自己的家居环境中饰以山石草木、制造点儿山林野趣的风气，这成了私家园林的肇始。

五胡十六国的乱世之后，出现了大唐近 300 年的繁荣发展，私家园林也进入了全面发展的盛期，长安、洛阳都有大量私园，宋人李格非《洛阳名园记》载："方唐贞观、开元之间，公卿贵戚开馆列第于东都者，号千有余邸。"曾在西湖修过白堤的白居易，也在洛阳造了一所白莲庄园。

宋代经济富足，官宦士大夫修园之风更盛，并开始从单纯地模仿自然山水，转向把亭台楼阁与山水草木融为一体，注重园林景致中诗情画意的表达。

明清两代，造园者把儒家的情怀、佛家的禅意、道家的旷达融入山水草木，使园林的建造超越了艺术，达到了一个新的高峰，甚至深刻影响了皇家园林。

中国的儒、释、道三教，都能在乐山乐水中找到共鸣，这种理念无疑促进了江南园林精妙的"叠山理水"艺术的日臻成熟。

叠山就是垒石造山，理水就是规划水系。之所以山要垒造、水要规划，就是因为私园狭小，只有从小中见大、平中出奇中去寻求出路。

叠石而造的山，自然是假山，造假山最好的石料莫过于太湖石了。太湖石，又名窟窿石，经长时间侵蚀形成万千各异的姿态，色多青白，剔透玲珑，最能体现"皱、漏、瘦、透"之美，适合营造峰峦幽深之象，是堆垒假山的绝佳石材。著名的太湖石有苏州留园的"冠云峰"、上海豫园的"玉玲珑"、北京中山公园的"青莲朵"等。

扬州个园以叠山巧妙著称。个园占地仅 24 000 平方米，却在其 1/3 左右的狭小地域内，运用不同石料堆叠而成春、夏、秋、冬四个景区。春景：以在修竹丛中插植活灵活现的石笋的手法，隐喻“雨后春笋”，自然带出春意。夏景：以青灰色太湖石叠成山峰，山下一池碧水流入山腹，步曲桥直入洞中，顿觉幽深清爽。沿石阶盘旋而上山顶，顿感八面来风。秋景：用黄山石堆叠成的山体，棱角分明，雄伟壮丽。山腹有路，下通石屋，内设石桌、石凳，可容十几人；上可登顶，山顶有亭，凭栏远望，美景尽收。冬景：背靠园墙的冬山，用晶莹雪白的宣石堆叠，犹如一群小雪狮欢腾跳跃，憨态可掬。地面用白石铺成，园墙上有 24 个风音洞，园外空巷中的凉风呼啸穿入，益增肃杀之气。个园四景相连，过渡自然，平中出奇，诗情画意，是中国园林中的孤例。

江南是水乡泽国，南方园林也以理水见长。水系的分合聚散，决定着园区布局的分割通连。湖溪潭瀑的动静变化、涉水步石和曲桥的辅佐点缀，都与主人的造园意图息息相关。一般以廊连墙隔，使之层次分明；又以水系贯穿，使全园隔而不断，达到浑然一体的效果。

苏州拙政园可被称为理水的典范。拙政园占地 52 000 平方米，水系流布全园，亭台楼阁大都临水而建。中部主建筑远香堂位于湖水南岸，是观赏荷花的佳地。北望湖中三岛，犹如三座仙山掩映于水雾之中。从远香堂沿湖东行，有海棠春坞、梧竹幽居依树傍水，抵绿漪亭回望三岛和远香堂，只觉水波潋滟，楼影重重。远香堂西北是倚玉轩，有桥通往湖中三岛，岛上各有一亭，分别名为荷风四面亭、雪香云蔚亭和待霜亭，均为湖水环绕，景色处处不同。倚玉轩与香洲澄观楼隔溪相望，通过廊桥小飞虹西行可达别有洞天，这正是中园与西园两分之处。西园湖面略小，但湖边建筑精美，景致紧凑。与谁同坐轩坐落在西园中心的半岛上，三面临水，隔湖东望别有洞天，南对卅六鸳鸯馆，西有留听阁，北眺倒影楼，粉墙漏窗相隔，游廊曲桥相通，庭院深深，花树重重，犹如身在秦淮。而东园早已荒废，现有景观均为新建。

私家园林空间比较狭小，规模也受到限制，因而形成了掘地为池、叠石为山、小中见大、实中有虚的造园手法和理念，这就产生了曲径通幽、步移景变的效果，创造出视觉无尽的超自然境界，其是集建筑、书画、文学、园林于一体的艺术。

18 世纪中叶，清乾隆皇帝六下江南，足迹遍及扬州、苏州、杭州、海宁等地，对江南园林爱慕留恋，于是令人描画临摹，“携图以归”，再造于皇家园林之中，大量采用游廊、水廊、拱桥、亭桥、粉墙、漏窗等江南园林常用的形式，使南园之风渐入北地。

园林是综合性的艺术，要在山水草木、亭台楼阁的组合错落中，才能体会其韵味，并因春夏秋冬、阴晴雨雪而有不同，绝不是仅就山谈山、就水谈水能说得清楚的。

品味园林的佳妙，可以参考《红楼梦》第十七回“大观园试才题对额荣国府归省庆元宵”中对大观园描述的段落。比如，“进入石洞来，只见佳木茏葱，奇花烂灼，一带清流，从花木深处曲折泻于石隙之下。再进数步，渐向北边，平坦宽豁，两边飞楼插空，雕甍绣槛，皆隐于山坳树杪之间。俯而视之，则清溪泻雪，石磴穿云，白石为栏，环抱池沿，石桥三港，兽面衔吐。”这是讲水、石、花、木、楼、桥组合的。“转过山坡，穿花度柳，抚石依泉，过了荼蘼架，再入木香棚，越牡丹亭，度芍药圃，入蔷薇院，出芭蕉坞，盘旋曲折。忽闻水声潺湲，泻出石洞，上则萝薜倒垂，下则落花浮荡。”这是写花、草、路、桥怎样串联亭、圃、院、坞的。“只见许多异草：或有牵藤的，或有引蔓的，或垂山巅，或穿石隙，甚至垂檐绕柱，萦砌盘阶，或如翠带飘飘，或如金绳盘屈，或实若丹砂，或花如金桂，味芬气馥，非花香之可比。”这是描述异草的情状的。“于是一路行来，或清堂茅舍，或堆石为垣，或编花为牖，或山下得幽尼佛寺，或林中藏女道丹房，或长廊曲洞，或方厦圆亭。”这是描述园林建筑的外观的。“只见这几间房内收拾的与别处不同，竟分不出间隔来的。原来四面皆是雕空玲珑木板，或‘流云百蝠’，或‘岁寒三友’，或山水人物，或翎毛花卉，或集锦，或博古，或万福万寿各种花样，皆是名手雕镂，五彩销金嵌宝的。一槅一槅，或有贮书处，或有设鼎处，或安置笔砚处，或供花设瓶，安放盆景处。其槅各式各样，或天圆地方，或葵花蕉叶，或连环半璧。真是花团锦簇，剔透玲珑。倏尔五色纱糊就，竟系小窗；倏尔彩绫轻覆，竟系幽户。且满墙满壁，皆系随依古董玩器之形抠成的槽子。诸如琴、剑、悬瓶、桌屏之类，虽悬于壁，却都是与壁相平的。”这一大段，是描写园中房舍内饰的。

《红楼梦》第十七回不是要单纯地描写景致，而是要因景及义，为各种景观题字作联，可见每栋建筑和院落的匾额与楹联，也是欣赏中国园林必不可少的一个方面。这不仅是中国园林的特点，更是中国宫廷、庄院和园林等建筑群的共同特点。

第五节 民居建筑

宫殿、官府建筑都是有严格等级的，这是因为建筑物的主人都是有官职和爵位的，必须明确贵贱尊卑。但没有官职的普通百姓之间，理论上是没有贵贱之分的（虽然事实上并不平等），所以民居建筑只要不僭越官家形制，是没有严格限制的，乡绅富商可以建造得精美一些，贫苦小民就搭盖得简陋一点。在没有官府的村镇群落，也不必遵守中轴对称那一套规矩，靠山则随坡就势，临水则夹岸顺弯，这就形成了或散或聚的山村水乡。

一、三种常见的建筑形式

民居有三种形式比较多见，就是抬梁式、穿斗式和干栏式。

抬梁式：又称叠梁式，就是在齐头柱上架梁，梁上再立柱架梁，但要沿进深方向逐层缩减尺寸，从而形成三角形屋架。在最上层梁中间小柱上横向架檩，檩上纵向架椽，椽上挂瓦构成双坡屋顶。屋顶重量经椽、檩、梁、柱传到台基。抬梁式的优点是屋顶跨度大，前面谈到的宫殿都是采用的这种结构。

北方民居的代表——北京四合院，就是抬梁式建筑。

四合院是由坐北朝南的正房、东西厢房和坐南朝北的倒座房，四面围合起来形成的内院式住宅。四合院的大门开在东南角上，进了大门面对一道影壁，贴南墙的倒座房为客房和男仆住处。倒座房和院子间还有一道二门，在第二道南墙正中，也叫垂花门。进了二门就是四合院的主庭院了，面对垂花门的正房体量最大，是家长的住室。院子的两边建有东西厢房，是晚辈们居住的地方。正房和厢房体量虽有差异，但都是三间，因为明清时期有“庶民庐舍不过三间五架”的规定。在正房和厢房之间建有连廊，可以供人行走和休息，庭院中一般植有花木，是一家人活动的场所。正房两侧建有耳房，穿过耳房可到达后院，后院还有一溜北房，叫“罩房”，用作厨房、库房和女仆的住处。四合院的围墙和临街的房屋一般不对外开窗，院中封闭而安静。

如果家里人口多或几代同堂，还可以在主庭院后面再建一个同样大小的庭院，称为“二进院落”，当然也可以建三进院落、四进院落，等等。还可以在主轴线院落两侧建“跨院”，形成多路并列的格局。

四合院的结构就像一个缩小版的宫廷，也是按中轴对称原则布局的，家长的住房正对垂花门，设置在中轴线上，子女依次列居厢房和耳房，长幼有序，尊卑有礼，内外有别，以维护家长的绝对权威。

穿斗式：沿进深方向立排柱，不用梁，柱上直接架檩，檩上布椽，屋顶荷载由檩传至柱。每排柱子用穿枋横向贯穿成整体构架，两构架间使用斗枋和纤子连接。因为不用梁，立柱也不用太粗，屋架就比较轻，所以穿斗式构架比抬梁式用料少，结构简单，造价低廉。但因柱子排列过密，影响室内使用空间，加之保暖性差，所以不能为宏大的宫殿建筑所用。其造价低、通风性好的优点，正好适合温暖的南方，因此，南方长江中下游各省汉族地区和与汉族杂居的南方山地少数民族的传统民居，几乎都是穿斗式木构架。

南方民居中有一种天井院，是由住屋和墙四面围拢的院落，很像北方的四合院。天井院分为两种，由三面住屋和一面开有大门的院墙围合起来的，叫“三间两搭厢”，由四面住屋围合起来的，叫“对合式”，大门开在南面下房的中间。天井院的三开间正房居中，两边各为一开间的厢房，所以院子是横长方形，比北方四合院方方正正的院子要狭小一些。因为江南平坦地块较少，为了节约用地，天井院基本都是两层的。正房一层叫“堂屋”，南面无墙，宽敞明亮，是宅院的中心。堂屋后板壁叫“太师壁”，壁两侧有门可通后堂。太师壁前设条案，供奉祖先牌位。皖南的天井院多为内倾单面坡屋顶，下雨时雨水汇流入天井，当地叫作“四水归堂”。天井院的外墙都建得高出屋顶，呈错落的阶梯形，可以防止失火时火灾蔓延，人们称之为封火山墙。从外面看，这就形成了高墙窄巷的景观。

干栏式：先在地面用竹木柱搭成底架，再在底架上建筑房屋，使整栋建筑脱离地面。承重的柱子和屋架主要使用木材，不承重的檩、椽、墙、栏等处多用竹子，连接处榫卯、绑扎并用。房顶挂瓦或用草苫盖。由于这种建筑是靠柱子撑悬于空中的，犹如踩高跷，所以俗称“吊脚楼”。吊脚楼的居室通风干燥，楼屋下面可以养家畜或是堆放杂物。

傣族竹楼也是干栏式建筑的一种，基本上只用竹子建造。竹楼一般用粗竹子做承重骨架，以竹篾编成墙体，铺板或竹或木，屋顶以草覆盖。傣族人民所居的我国西南地区盛产竹子，非常适合搭建轻巧省料的竹楼。

干栏式民居一般为独栋建筑，自家围成院落，节约土地，造价低廉，重防潮，轻保暖，尤其适用于温暖多雨的南方。

二、其他民居

我国地域广大，地形多样，气候各异，所以各地还有很多因地制宜而建的民居。比较有特色的有窑洞、客家土楼和蒙古包等。

窑洞是仿远古人类穴居的山洞而挖掘的人工“洞穴”。因为只有一面墙需要木石材料镶砌窗门，其余三面皆以土壁为墙，而且洞顶直接挖成拱形，无须搭建屋顶，所以极为节省建筑材料，且冬暖夏凉。这种人工“洞穴”要求土质密实、土壤干燥后坚固，所以主要分布在我国西北黄土高原覆盖的地区，如甘肃、宁夏、陕西、山西、河南及内蒙古等地。

窑洞的主要形式有靠山窑和地窨院。

靠山窑，主要分布在山区，一般是选在山崖山坡的朝阳面，向内横向挖掘成屋室。每孔窑的高和宽都在三四米，进深七八米至十几米不等。经济实力差的家庭，先挖一孔窑来避风寒，以后有能力了再继续扩挖；实力强些的家庭，可以一次完成多孔窑，甚至形成家族群落。由于地势的关系，靠山窑民居通常都是横列式的，而不采用围合式。适合挖筑窑洞的山体，大多会上下形成多层窑洞群，将下层窑洞的洞顶铲平，就可作为上层窑洞的院落，各家院落有小路和阶梯连通，一层层叠上去，远看犹如梯形高楼，蔚为壮观。

在山西、河南交界的平坦少山地带，人们巧妙地创造了地窨院民居。地窨院，又称地坑院、下沉式窑洞，是在平地上向下挖掘出一个十几米见方、7～10 米深的大坑，再在坑壁上横向挖掘窑洞，从而形成围合式院落，很像一个沉到地下的四合院。窑门口一般砌条石以防水，沿地坑边缘挖有排水沟，或在天井中挖渗水坑。在地坑的一角开掘一条坡道，通向地面，即为进出的通道。地面坑沿处用砖砌筑成花墙，既美观又可以起到防止人畜跌落的作用。

中国历史上有三次因战争和政治动乱而导致的大规模人口南迁，称为“衣冠南渡”。第一次发生在西晋末，第二次发生在唐朝“安史之乱”后，第三次是北宋末年宋高宗南渡长江。在这历时千年、辗转万里的避祸南徙中，黄河流域的部分汉人来到现在江西、福建两省及广东北部，形成了有别于当地原有居民的“客家人”。他们每到一处，都像在北方老家一样，同姓族人抱团聚居，并且建起了独特的客家民居——土楼。

客家土楼，也称客家土围楼、围屋，是体量巨大的合围式民居建筑。土楼通常夯土为墙，墙厚 1.5 米左右，夏隔暑热、冬抗寒冷，内部居室用材则以木料为主。土楼多为圆形，也有方形、多边形等。直径数十米、高达十几米的围合式土楼，外墙高大厚实，堪比城墙。晚上楼门关闭，整个建筑犹如巨大的堡垒，可以抵御贼寇攻击和当地排外强族的袭扰。楼内分层别户而居，从三四层到五六层不等，每层十几或几十户人家，楼梯通达各层，廊道环穿每户，家家面朝天井院心处的家族祠堂，这样的布局便于族群管理。作为单体建筑，土楼体量之大堪称民居之最。

蒙古包，古代称作“穹庐”、“毡包”或“毡帐”，以木架为骨，覆盖厚羊毛毡捆扎而成，搭建、拆卸都很方便，是蒙古族牧民为适应经常转场的游牧生活而设计的房屋。蒙古包为圆柱式墙体上覆盖圆形尖顶，高约十几米，包内面积小则几十平方米，最大可达五六百平方米，拱顶上开有可遮蔽的天窗。转场时，松开捆扎的绳索，揭下羊毛毡，收拢哈那（蒙古包的搭建用材），就可以将这些建材装车搬走，择地重建。羊毛毡和哈那等搭建用材可以多次重复使用，省料省时。

蒙古包最关键的部件，是可以伸缩的网状支架，蒙古语叫“哈那”。制作哈那的木材采用当地的红柳，其特点是重量轻、坚韧耐折、打孔不裂、受潮不走形。将红柳木条纵横布成网状，交叉处用皮钉连接，就成了网眼大小一致、开合自如的支架哈那。由哈那支撑而成的毡包受力均匀、外形美观。蒙古包的大小由使用的哈那数量决定，有用 4 个哈那搭盖的小包，也有用 12 个哈那撑起的可以作“王帐”的超级大包。8 个哈那以上的蒙古包就要加顶支柱，以保证坚固。

此外，西藏的碉房、新疆的“阿以旺”式住宅、云南的“一颗印”，以及开平碉楼等民居，也各有特色。

本讲小结

在我国的古建筑中，宫殿属于规范建筑，采用统一的中轴对称格局，有严格的体量、形制、用材和彩绘装饰方面的规定，以彰显与权力相应的身份等级，带有别尊卑、明礼仪的教化作用，体现的是一种庄重、端凝和严谨对称之美。

园林属于非规范建筑，不拘成法，张扬个性，缩山川于有限之地，化匠心于无形之中，体现的是自然、灵动与层次错落之美。

民居则介于上述两者之间，建筑形式可以因地势、气候和用材而各具特色，但在内部布局设置上，仍要体现明堂幽居的功用之分和长幼尊卑的身份之别。

中国古建筑独特的美学价值和深厚的人文蕴涵，是祖先留给我们的宝贵遗产，也是世界文化宝库中一颗耀眼的明珠。

第九讲　茶·酒

第一节 茶 文 化

中国茶文化的内涵极为丰富，既包括茶的历史、茶的制作工艺、名茶种类、茶艺表演等物质形态，也包括茶德、茶道精神、茶礼茶规等精神形态的内容。

本节只概略地谈一谈茶的历史、茶的品级与种类，以及茶水与茶具。

一、茶的历史

关于中国茶的起源，已不可考，但人们普遍认为是起源于神农。唐朝陆羽的《茶经》里说："茶之为饮，发乎神农氏。"成书于秦汉时期的《神农本草经》里说："神农尝百草，日遇七十二毒，得茶而解之。"这两个说法都提到了神农，所以我们一般就认为茶的起源是从神农开始的。

"神农尝百草"的目的，是要找到能治病的草药。西汉刘安在《淮南子·修务训》里说："古者民茹草饮水，采树木之实，食蠃蛖之肉，时多疾病毒伤之害。于是神农始教民播种五谷，相土地宜燥湿肥饶高下，尝百草之滋味，水泉之甘苦，令民知所避就。"远古时，人们常喝生水、吃半生不熟的草木昆虫，容易得病，神农就亲自品尝各种植物的根茎叶，力图从中找出能治病的植物。

传说神农的腹腔是透明的，能看见吃下去的东西在肚子里的变化，如果看到某种植物在胃和肠道里被吸收后，起到了治愈伤病的作用，就记下它的功效，以便日后对症使用；如果发现某种植物有毒，对身体器官造成了危害，就列为毒药，教人们以后不可食用。那么，神农自己中了毒怎么办呢？传说他就是用茶来解毒的。有一次，当他尝到一种开白花的乔木嫩叶时，看到吃下的叶子在肚子里到处游动，好像在检查什么，遇有毒素即行清除，于是他就把这种绿叶作为解毒的药记录下来，并称之为"查"，以后人们又把“查”叫成了“茶”。神农曾经“日遇七十二毒，得茶而解之”。据说他发现了 365 种草药，能治 100 种以上的疾病，同时其也开启了中国人饮茶的历史。

这段传说当然不是信史，但在没有文字的年代，很多事情都是口耳相传的，有些传说也被实物考古证明过，所以我们也不能全盘否定这一传说。晋朝人常璩作的《华阳国志·巴志》中提到，巴国曾以茶向周武王进贡，可知在距今 3000 年前的商末周初时，巴蜀地区就已经开始人工栽培茶树了。把这段记载和“神农尝百草”的传说结合起来推断，我们中国人在距今 4000 年左右开始食用野生茶，是完全可能的。

茶最早产于云南、四川一带，战国时开始移种至安徽、山东一带。

西周以前，茶是被人们当作零食来吃的，劳累时嚼食茶叶可以提神解乏。后来，人们又开始尝试以水煮茶，然后饮用茶汤，这就是“粥茶”，因其味道苦涩，也被称为“苦茶”。但人们仍然保持着吃茶的习惯。

汉代时，茶的种植逐渐向陕西南部及河南南部发展，人们也开始尝试在粥茶中添加葱、姜、橘皮、茱萸、薄荷等味道浓烈的东西，试图调出不那么苦涩的粥茶。西汉辞赋家司马相如的《凡将篇》中，就列了一个包括桔梗、贝母、芍药等材料的配方。三国魏时张揖撰写的百科词典《广雅》载：“茶捣末，汤浇覆之。用葱姜、桔子调味，芼之，其饮醒酒，令人不眠。”

三国两晋时期，饮茶的风俗传入宫廷和贵族之间。东吴皇帝孙皓昏庸无能，常常以用酒灌醉大臣为乐。大臣韦昭酒量小，孙皓允许他以茶代酒，这开创了文人之间以茶待客的风气。晋代士族子弟崇尚空谈之风，常常群聚以茶酒伴聊，使吃茶成为上流社会的风尚。这时，人们对茶的加工有了一个重要的改进，就是开始把茶叶碾成粉末来熬煮，称为“末茶法”。“末茶法”在唐朝已经大为盛行并流传到了日本，对日本的“茶道”产生了重大影响。

唐代最值得一提的是，陆羽写出了中国第一部茶的专著——《茶经》。《茶经》约 7000 字，分上、中、下三篇，共 10 部，分别为：一之源、二之具、三之造、四之器、五之煮、六之饮、七之事、八之出、九之略、十之图。《茶经》论述了茶的性状、品质、产地、采制、烹饮方法及用具等。

陆羽认为此前加入葱、姜等调味品的茶犹如“沟渠间弃水”不可取。他提倡“煎茶法”，即先在风炉上的茶釜中煮水，等水微沸之后，就将碾好的茶末投入釜心之中，随即用特制的竹筴搅动，等到茶沫满溢之后，将茶汁倾入茶碗中饮用。在煎茶的过程中，可以依照个人口感加盐来调味。唐代时兴饼茶，也称团茶，就是用高温压制成饼状的茶，优点是利于长时间存放。团茶多用日晒火烘方式制作，后来发明了用水汽熏蒸的方法，制出了既去除了青涩之味又保留了天然青绿色泽的茶，称为“蒸青团茶”，《茶经》也记载了制作蒸青团茶的七个步骤：采、蒸、捣、拍、焙、穿、封。

唐代以后，茶树的种植扩大到了闽、浙、苏一带。唐肃宗时，国内的茶叶销售量激增，利润丰厚，政府开始对茶叶课税。李时珍认为：“茶之说（税），始于唐德宗，成于宋、元。及于明朝，乃与番互五市易马。夫茶一木尔，下为民生日用之资，上为朝廷赋税之助，其利溥哉。”（明·李时珍《本草纲目·茗》）此后，大江南北凡气候适宜之地，遍种茶树，饮茶之风遍及全国。

唐宋时期，上好的茶叶开始被列为贡品，首先要满足皇帝和皇族的需要。南宋福州的长乐茶场，就专门生产“贡茶”。贡品产地的地方官员为了讨好皇帝，当然要维护好这条渠道，所以对茶的组织生产和加工就更加努力、用心，这在客观上有利于茶产业的发展。北宋的团饼贡茶上压制有龙凤纹样，称为“龙凤团茶”，“采择之精，制造之工，品第之胜，烹点之妙，莫不盛造其极”（宋·赵佶《大观茶论》）。

宋代时，“点茶法”成为时尚。点茶时，先将团茶碾碎置碗中，加沸水调成糊状，然后在源源注入沸水的同时，用茶筅搅动，使茶末与水融为一体，形成粥面。宋代还盛行较量点茶技艺的“斗茶”之风。宋徽宗赵佶也乐于茶道，并著有《大观茶论》20 篇，对北宋时期蒸青团茶的产地、采制、烹试、品质、斗茶风尚等，均有详细记述。他在《大观茶论》综论中得意地说：“本朝之兴，岁修建溪之贡，龙团凤饼，名冠天下，而壑源之品，亦自此而盛。延及于今，百废俱兴，海内晏然，垂拱密勿，幸致无为。”这虽然有点自吹自擂，但宋代茶风大盛是事实，饮茶不仅是上流社会不可缺少的交际方式，民间茶楼也勃然兴起。

明朝以前，团茶比较多，饮用的时候要放到锅里添水烧煮，叫作“烹茶”，然后连茶水带茶叶都吃下去。有的干脆把茶叶和饭放在一起，煮熟后吃下去。这种吃茶的习俗，至今在湖南、贵州和内蒙古的个别地方还有保留。明太祖朱元璋认为，制作团茶劳民伤财，于是洪武二十四年（1391年）下诏停止进贡团茶，改为进贡散茶，于是散茶冲饮方式也随之流行开来。团茶一统天下的局面被打破了。

散茶冲饮，就是把不捣碎的散茶叶放到杯子里，加热水冲泡，几分钟就可以喝了。这是中国茶叶饮用方式的一次重大转变，之后中国人饮茶就以散茶为主了。

清代茶叶开始大量外销，带动闽、浙一带几乎县县产茶。咸丰年间，各产区大力开荒种茶，茶产量创历史最高纪录。“1781～1790 年，中国输英的商品，仅茶一项，即达 96，267，832 银元。英国输华的商品，在 1781～1793 年，包括毛织品、棉布、棉纱、金属等全部工业品在内，总共才 16，871，592 银元（其中毛织品占 13，805，394 银元，其他货物合计为 3，066，198 银元），只及到上述茶价的六分之一。到十九世纪，茶叶不仅是英国的必需品，而且又是东印度公司的大利所在和英国政府的大宗税源。中国输英的茶叶，从 1793 年的 1600 万磅，增加到十九世纪二十年代每年平均为 3000 万磅以上；英国的茶税由于一再提高，由 1793 年的 60 万镑，增加到 1833 年的 330 万镑，成为英国政府的主要财源之一。”[①]这组数据清楚地说明，中国清朝乾隆到道光年间茶产业的高度发展以及出口量的迅猛增加，甚至使世界第一强国英国处于不利的入超地位。

二、茶的品级与种类

（一）茶的品级

陆羽开了评判茶的品级的先河。

陆羽在《茶经·一之源》中说：“其地，上者生烂石，中者生栎壤（“栎”

① 丁名楠，余绳武，张振鹍，等. 帝国主义侵华史（第一卷）. 北京：人民出版社，1973：16.

当为“砾”），下者生黄土。凡艺而不实，植而罕茂。法如种瓜，三岁可采。野者上，园者次。阳崖阴林，紫者上，绿者次；笋者上，芽者次；叶卷上，叶舒次。”就是说，陆羽认为茶的质量与土质的关系最大，野生的比人工栽培的要好，长在阳坡的比长在阴坡的要好，而且从茶叶的颜色、形状上也可以判断。根据这样的标准，《茶经·八之出》分别对山南地区、淮南地区、浙西地区、剑南地区、浙东地区等地的茶叶，按产地分为三等，如“浙东：以越州上，明州、婺州次，台州下”。

宋朝人蔡襄在其所著的《茶录》中说：“昔者陆羽号为知茶，然羽之所知者，皆今之所谓草茶，”他认为陆羽没有品过福建一带的茶，“至于烹试，曾未有闻”。所以，蔡襄提出了以“茶色贵白”“茶有真香”“茶味主于甘滑”的茶叶质量判断标准。

蔡襄的“色、香、味”三标准与陆羽的“土质说”虽有差异，但并不矛盾。福建的茶好，也是得益于当地的土质，但是，人为的加工可以使茶的“色、香、味”更臻佳妙，也是不争的事实。所以后世的名茶，几乎都是独特的产地环境与上好的加工工艺结合的产物。

明朝钱椿年编著《茶谱》，列举了当时的名茶，“茶之产于天下多矣。若剑南有蒙顶石花，湖州有顾渚紫笋，峡州有碧涧、明月，邛州有火井、思安，渠江有薄片，巴东有真香，福州有柏岩，洪州有白露，常之阳羡，婺之举岩，丫山之阳坡，龙安之骑火，黔阳之都濡、高株，泸川之纳溪、梅岭之数者，其名皆著。品第之，则石花最上，紫笋次之，又次，则碧涧明月之类是也，惜皆不可致耳”。清朝震钧著《茶说》，在“择茶”篇中说：“茶以苏州碧螺春为上，不易得，则杭之天池，次则龙井；岕茶稍粗，或有佳者，未之见也。次六安之青者，若武夷、君山、蒙顶，亦止闻名。”

（二）茶的种类

中国茶的种类很多。可以根据采摘时间的先后，分为春茶、夏茶、秋茶；也可以按种植的地理位置不同，分为高山茶和平地茶。但最为人们所认可的标准，还是根据制茶技术的不同，尤其是发酵时间的长短，分成六类，即绿茶、乌龙茶、红茶、黄茶、白茶和黑茶。

绿茶属不发酵茶，是采新鲜茶菁（从茶树上采下准备加工的叶子）嫩叶，不经任何发酵就立即杀青（通过高温蒸发鲜叶水分使之变软），然后经揉捻、干燥而制成的，保留了丰富的氨基酸和维生素C，是所有茶类中最接近原始味道的茶。绿茶以形美、色翠、清香、味和四绝著称，因叶绿汤碧而得名。著名的绿茶品种有西湖龙井、黄山毛峰、洞庭碧螺春等，是我国产量和饮用人群最多的茶类。

乌龙茶亦称青茶，属半发酵茶，经过杀青、萎凋、摇青、半发酵、烘焙等工序制成。乌龙茶由宋代贡茶龙团、凤饼演变而来，创制于清雍正年间（1725年前后），主要产于闽北、闽南及广东、台湾等地。著名的乌龙茶品种有安溪铁观音、台湾冻顶乌龙、武夷岩茶等。

红茶属全发酵茶（发酵程度在80%以上），以适宜的茶树新芽叶为原料，经萎凋、揉捻、发酵、干燥等典型工艺精制而成，内含多种维生素。干茶和冲泡的茶汤以红色为主，故名红茶。红茶种类较多，产地较广。福建武夷山区茶农发明的“正山小种”，为世界上最早的红茶，金骏眉、银骏眉等为其名品。安徽茶农发明的祁门红茶后来居上，曾在1915年巴拿马太平洋万国博览会上获得金奖，闻名天下。

黄茶为轻发酵茶，加工工艺与绿茶大致相似，但比绿茶多了一道“闷黄”的独特工艺，形成了“黄汤黄叶”的品质特点，并因此得名。黄茶依据芽叶的嫩度和大小不同，分黄芽茶、黄小茶、黄大茶三种。黄芽茶名品有君山银针、蒙顶黄芽、霍山黄芽等；黄小茶名品有泉城红、泉城绿、平阳黄汤等；黄大茶名品有霍山黄大茶、广东大叶青等。其中，君山银针产于常年云蒸霞蔚的洞庭湖君山，唐代就已生产，此后历代均奉此为贡品。

白茶是自然发酵的茶，采下来的茶叶不经杀青或揉捻，直接由日晒或小火烘干而制成。因色白如银，昂贵稀少，宋代即被奉为贡茶。宋徽宗在《大观茶论》中说：“白茶自为一种，与常茶不同。其条敷阐，其叶莹薄。崖林之间，偶然生出，虽非人力所可致……芽英不多，尤难蒸焙，汤火一失，则已变而为常品。须制造精微，运度得宜，则表里昭彻，如玉之在璞，它无与伦也。浅焙亦有之，但品不及。”白茶为福建特产，汤色黄绿清澈，滋味清淡回甘。

黑茶属后发酵茶，采用较粗老的原料，经杀青、揉捻、渥堆和干燥等工艺制成紧压茶，因外观呈黑色而得名。按地域分布，黑茶主要分为雅安藏茶（黑茶鼻祖）、湖南黑茶、云南黑茶（普洱茶）、陕西黑茶及湖北黑茶，其中，尤以普洱茶最为著名。完成了制作工艺的黑茶并非成品，还要经过一个在自然状态下的“后发酵”过程，就是存放的过程一直在发酵，可能十几年甚至几十年，越老越香，所以人们称普洱茶为“能喝的古董”。

花茶不是单独的一个种类，而是以红茶和绿茶中的烘青茶等做主要原料，把茶叶及花瓣掺和窨制，使茶叶吸收花香。冲泡茶叶的时候，闻则有花香，饮则有茶香，所以叫作“花茶”。明朝钱椿年的《茶谱·制茶诸法》载有花茶制法：“木樨、茉莉、玫瑰、蔷薇、兰蕙、橘花、栀子、木香、梅花皆可作茶。诸花开时，摘其半含半放蕊之香气全者，量其茶叶多少，摘花为茶。花多则太香而脱茶韵，花少则不香而不尽美。三停茶叶一停花始称。假如木樨花，须去其枝蒂及尘垢虫蚁，用瓷罐一层茶一层花投间至满，纸箬絷固，入锅重汤煮之，取出待冷，用纸封裹，置火上焙干收用。诸花仿此。”

饮茶最讲究的，是闽南、潮汕地区的功夫茶。品功夫茶不宜人多，一般三四人，最好是在家中由主人表演技艺；如聚于茶馆，也可由店家代办。技艺表演讲究活水活火，有温壶、入茶、润茶、泡茶及斟茶等步骤，主要展现沏泡的功夫。至于品饮的功夫，那就要看各位茶客各自的修为了。在潮汕地区，功夫茶具家家必备，功夫茶天天必喝，喝功夫茶已经成为人们享受生活的一种方式。

饮茶可以提神醒脑、减脂排毒、明目乌发、养颜瘦身、防癌抗癌。《神农本草经》载：“茶叶味苦寒，久服安心益气，轻身耐劳。”《神农食经》亦云：“茶叶利小便，去痰热，止渴，令人少睡。”“茶茗久服令人有力悦志。”元朝王祯的《农书》中也谈到了茶的医药功效：“茶之为物，择滞去垢，破睡除烦，功则著矣。”明朝钱椿年在《茶谱·茶效》中说：“人饮真茶，能止渴消食，除痰少睡，利水道，明目益思，除烦去腻。”明朝李时珍在《本草纲目》中将茶列入可茹草木类，并说茶“有驱逐五脏之邪气、镇神经、强壮精神，使人忍饥寒，防衰老之效能”。

三、茶水与茶具

（一）茶水

茶毕竟是饮品，再好的茶也需借水出味，所以要选用好水就茶。五代候汤大家苏廙《十六汤品》曰：“汤者，茶之司命。若名茶而滥汤，则与凡末同调矣。”明朝田艺蘅在《煮泉小品》中说，好茶“若不得其水，且煮之不得其宜，虽好也不好”。清人张大复在《梅花草堂笔谈》中更是强调：“茶性必发于水，八分之茶，遇十分之水，茶亦十分矣；八分之水，试十分之茶，茶只八分耳。”

那么，怎样的水才是好水呢？还是茶圣陆羽在《茶经・五之煮》中先来立论的：“其水，用山水上，江水中，井水下。其山水拣乳泉、石池漫流者上；其瀑涌湍漱，勿食之……其江水，取去人远者。井，取汲多者。”他把水分为三等：上等的是山泉水，中等的是江河水，下等的是井水。这三等水又各自再分优劣：山泉水缓缓流出的比喷涌而出的好，江河水远离人烟地段的更好，井水要从经常有人使用的井中汲取。

陆羽的“三等水说”一出，后来者纷纷响应，尤其是品评山泉水成为论家主流。比如，明人许次纾在《茶疏・择水》中就说：“古人品水，以金山中泠为第一泉，第二或日庐山康王谷，第一庐山，余未之到，金山顶上井，亦恐非中泠古泉。陵谷变迁，已当湮没。不然，何其漓薄不堪酌也。今时品水，必首惠泉，甘鲜膏腴，致足贵也。往三渡黄河，始忧其浊，舟人以法澄过，饮而甘之，尤宜煮茶，不下惠泉。黄河之水，来自天上，浊者土色也。澄之既净，香味自发。余尝言有名山则有佳茶，兹又言有名山必有佳泉。相提而论，恐非臆说。余所经行，吾两浙、两都、齐鲁、楚粤、豫章、滇、黔，皆尝稍涉其山川，味其水泉，发源长远，而潭此澄澈者，水必甘美。”清朝震钧在所著《天咫偶闻》之卷八《茶说・择水》中也说：“余游纵南北所尝，南则惠泉、中泠、雨花台、灵谷寺、法静寺、六一、虎跑；北则玉泉、房山孔水洞、潭柘、龙池。大抵山泉实美于平地，而惠山及玉泉为最，惠泉甘而芳，玉泉则甘而冽，正未易轩轾……大抵泉水虽一源，而出地以后，流逾远则味逾变。余尝从玉泉取水，归来沿途试之，至西直门外，几有淄渑之辨。古有劳薪水之变，亦劳之故耳，况杂以尘污耶。”明朝田艺蘅在其所著《煮泉小品》第一章“源泉”中则提出：“山厚者泉厚，山奇者泉奇，山清者泉清，山幽者泉幽，皆佳品也。不厚则薄，不奇则蠢，不清则浊，不幽则喧，必无佳泉。”虽着墨不多，却是论山与泉水关系的绝妙佳句。

宋徽宗赵佶慧眼独具，他抛开水的出处，直接从水的品质立论，在其所著的《大观茶论》中提出：“水以清、轻、甘、冽为美。清甘乃水之自然，独为难得。” 清朝震钧很以为然，在《茶说·择水》中还加以发挥：“凡水，以甘而芳、甘而冽为上；清而甘、清而冽次之；未有冽而不清者，亦未有甘而不清者，然必泉水始能如此。若井水，佳则止于能清，而后味终涩。凡贮水之罂，宜极清，否则损水味。”这里只是把赵佶提出的四字标准中的“轻”换成了“芳”。他特别强调：泉水之所以是上等水，就是因为符合“甘芳清冽”的标准。就此，“三等”“四字”两说被统一起来。

当代科学已经证明，水有软硬之分，溶解在水中的钙盐与镁盐的含量越高水质越硬越重；反之则富含多种对人体有益的微量元素，既软又轻。沏茶的水以轻软为佳，所以泉水第一、深井水第二、蒸馏水第三，自来水则不适合沏茶。依此而言，倒还是赵佶的“清、轻、甘、冽”四字，更适合作为评判好水的标准。

《警世通言》里有个“王安石三难苏学士”的故事，说的是王安石托苏东坡探家归来船过三峡时，在中峡取一瓮水，说要烹茶用。结果苏东坡睡过了头，只好取了一瓮下峡水想蒙混过去，却被王安石当即识穿。苏东坡只得老老实实地求教：“老太师何以辨之？”王安石解说道：“……这瞿塘水性，出于《水经补注》。上峡水性太急，下峡太缓。惟中峡缓急相半。太医院官乃明医，知老夫乃中脘变症，故用中峡水引经。此水烹阳羡茶，上峡味浓，下峡味淡，中峡浓淡之间。今见茶色半晌方见，故知是下峡。”文学作品中的描述当然不足为凭，但认为水也有性急性缓之分，倒也是一番趣论。

除了山泉水、江河水和井水以外，得之方便的雨雪水也可以就茶。震钧在《茶说·择水》中说：“山泉未必恒有，则天水次之。必贮之风露之下，数月之久，俟瓮中澄澈见底，始可饮。然清则有之，洌犹未也。雪水味清，然有土气，以洁瓮储之，经年始可饮。”在《红楼梦》第四十一回里，妙玉邀林黛玉和薛宝钗喝体己茶，说起自己用的水，“这是五年前我在玄墓蟠香寺住着，收的梅花上的雪，共得了那一鬼脸青的花瓮一瓮，总舍不得吃，埋在地下，今年夏天才开了”。妙玉就是藏雪水为饮，而且收藏了五年之久。

那么，妙玉为什么要把装了雪水的瓮埋在地下呢？古人把这叫作“养水”。古人认为，水日久不用会变质，埋土养水可以保持其味，而且养得时间越长越好。如果水需要长途运输的话，也可以放石头来养水。田艺蘅在《煮泉小品》中说：“移水取石子置瓶中，虽养其味，亦可澄水，令之不淆。”“择水中洁净白石，带泉煮之，尤妙，尤妙。”这就是说，茶与石共煮更为佳妙。田艺蘅患有“神医之所不治”的病症，“煮清泉白石，加以苦茗，服之久久”，竟然日渐好转，这茶、水、石的独特配方，真是令人称奇。

（二）茶具

隋唐以前，人们主要是把茶熬煮成粥羹状的茶汤饮用，有时还要加上佐料和调味品，和吃饭喝粥差不多，用具与盛菜盛酒的器具是通用的。但茶从“服饮”转向“品饮”以后，人们开始讲究茶色，能映衬茶色的茶具也随之独立出来。

唐代以煎茶为主，茶色尚绿，所以陆羽主张用青瓷碗。他在《茶经·四之器》中说：“越州瓷、岳瓷皆青，青则益茶，茶作白红之色。邢州瓷白，茶色红；寿州瓷黄，茶色紫；洪州瓷褐，茶色黑；悉不宜茶。”《茶经》还列出了煎茶所用的风炉、筥、火筴、鍑、碾、罗合、漉水囊等 20 余种器具，但至今未发现齐全的实物。

宋代流行的是点茶，茶色尚白，宋徽宗在《大观茶论》中主张“盏色贵青黑”，人们就偏爱选用黑釉瓷碗。南宋审安老人（董真卿）在其所著的《茶具图赞》一书中，为宋代斗茶所用的十二件茶具拟人化地起了姓名，并配以官职，称为“十二先生”。其中：茶碾称“金法曹”，茶磨称“石转运”，茶盏称“陶宝文”，茶槌称“木待制”，茶筅称“竺副帅”，茶焙笼称“韦鸿胪”，茶刷称“宗从事”，瓢杓称“胡员外”，茶巾称“司职方”，罗合称“罗枢密”，水注称“汤提点”，盏托称“漆雕秘阁”，基本上都是以制作茶具的材质为姓，以功用拟官职，别具情趣。

明代以后，散茶大行其道，茶色尚黄白，茶客们喜欢用白瓷碗来映衬。除去功夫茶外，散茶稍事冲泡即可饮用，比起煎茶、点茶方便了许多，省去了大量的过程，也就省去了许多器具。所以，散茶冲饮的器具就是一壶一杯而已。明朝冯可宾《岕茶笺·论茶具》中就有专论壶的内容：“茶壶，以窑器为上，锡次之……茶壶以小为贵，每一客，壶一把，任其自斟自饮，方为得趣。”

明代正德年间，茶具重器紫砂壶开始生产。江苏宜兴丁蜀镇的紫砂泥与众不同，经高温烧制，虽硬度如瓷却不瓷化，仍如普通陶器一样留有许多微孔，久用自然积成“茶锈”，空壶注入沸水也有茶香。这种声脆如玉、不裂如瓷的壶具，一问世就风靡天下。

明末清初，出了一位名叫时大彬的著名陶艺大师，受冯可宾等名家影响，开始专门制作紫砂小壶，这对后世影响极大，使老茶客人手一壶成为常态。他在紫砂壶的制造方法和形制上都有创新，人称其壶“砂粗质古肌理匀”，乾隆年间已被视为稀世珍宝，成为茶客和藏家的最爱。

明代人爱用直口尖底的白釉小盏，状如鸡心，俗称“鸡心杯”。清代茶具的风格转向华丽，各种色彩明丽、造型别致的茶杯不断被推出。清代还在原有的茶杯、茶托组合中，加入了茶杯盖，形成了三合一的“盖碗”。而后，成都人又发明出以盖拨水调节浓淡的“盖碗茶”，使茶水翻转、茶香散出，更增了茶的清、鲜、爽、活。盖碗茶后来流行各地，尤其盛行于京师，上至皇室贵族，下到茶馆民家，皆重盖碗茶，至今仍是川滇等地常见的饮茶方法。

相对于陶器，我国的瓷器更是声名在外，很早就与丝绸一起走出了国门。尤其是江西景德镇烧制的优质瓷器，有白如玉、明如镜、薄如纸、声如磬的美誉，更有“假玉器”之称。景德镇古名新平镇、昌南镇，宋代真宗皇帝将年号“景德”赐其为镇名，从此“景瓷”驰名天下。至清康、雍、乾三朝，精美的景瓷茶具更是风靡朝野，一时无二。

“宜陶”如瓷，“景瓷”如玉，二者同为茶具中之重器，各擅胜场，至今为好茶者所爱。

第二节　酒　文　化

我国是世界上酿酒最早的国家之一，酒文化在中国有着独特的作用：敬神用酒，敬人也用酒；欢聚时要喝酒，孤独时也要喝酒；高兴了要喝酒，忧愁了也要喝酒；办喜事要喝酒，办丧事也要喝酒……正所谓“酒里乾坤大，壶中日月长”。

本节只简略地谈三点：酒的历史、酒的分类和酒具、酒礼与酒令。

一、酒的历史

关于酒的产生，有很多传说。有人说仪狄酿酒、杜康酿酒，有人说是猿猴造酒，还有人认为炎黄时期就已经有了酒。

汉代刘向所著《战国策·魏策》中说，是大禹的臣子仪狄酿了酒：“昔者，帝女令仪狄作酒而美，进之禹，禹饮而甘之。”晋朝江统在《酒诰》中，也有“或云仪狄，一曰杜康”的说法，在仪狄之外，又多出个杜康。北宋朱肱著的《北山酒经》对仪狄、杜康均予以承认，并认为两人各有贡献，并不矛盾：“酒之作尚矣。仪狄作酒醪，杜康秫酒。”就是说，两人造的是不同的酒，仪狄造的是“醪”，即糯米经过发酵而成的醪糟，相当于黄酒，而杜康所造的是高粱酒。仪狄、杜康都是夏朝人，按照上述说法，我国最晚在夏代已能人工造酒。

还有人说是猿猴造酒。清初陆祚蕃所著的《清稗类钞·粤西偶记》，就有猴子造酒的记载：“粤西平乐等府，山中多猿，善采百花酿酒。樵子入山，得其巢穴者，其酒多至数石，饮之香美异常，名曰猿酒。”明代学者李日华在《蓬栊夜话》、清代袁枚在《子不语》中，都记有猴子酿酒的故事。这跟《酒诰》中“有饭不尽，委余空桑；郁积成味，久蓄气芳；本出于此，不由奇方”的说法，有异曲同工之妙，都认为酒是因偶然灌入雨水自然发酵而成的，只不过前者是假于猿猴酿成的果酒，后者是人造的米酒。

我国最早的酒是什么时候酿造的，已经很难考证了。但早在远古时代，中华先民就已经掌握了以谷物为原料、以糵（发芽的谷物）为糖化剂酿造甜酒“醴”，以及用曲（含有微生物的发霉谷物）作糖化剂造酒“鬯”的技术。糵、曲的发明，促进了糖化和酒化同时进行的酒曲“复式发酵法”的诞生，是我国发现和利用微生物的一大成就，在相当长的历史时期中都是世界上独一无二的技术，后来传入了日本、印度和南洋地区。

1979 年发掘的山东莒县大汶口文化墓葬，出土了许多距今 5000 多年的酒器，有煮料的鼎、滤酒的漏缸、贮酒的陶瓮、发酵用的大口尊，以及各式饮酒器具 100 余件，这说明在黄帝时期我国已经有了酒的生产，这就与晋朝江统在《酒诰》中所说的“酒之所兴，肇自上皇”、古医书《内经》中记载的“上古圣人作汤液醪醴”的说法相吻合了。

夏禹时代存在酿酒业是毋庸置疑的。到夏朝末年，酒已能大量生产，好饮者也大有人在。《资治通鉴》记载：夏桀“作瑶台，罢民力，殚民财，为酒池糟。纵靡靡之乐，一鼓而牛饮者三千人”。因为酒是用粮食造的，能造酒池，这就意味着农业很发达，有很多剩余粮食可以用来造酒。

商代的酿酒技术有了进一步的发展，实现了糵、曲分离。糵的发酵能力弱，虽然能使淀粉充分糖化，但酒化程度不高；曲的发酵能力强，能使淀粉糖化后充分酒化。这时，人们把用糵酿制的酒称为“醴”，把用曲酿制的酒称为“酒”。商王武丁就曾对大臣付说说：“若作酒醴，尔维曲糵。”（《尚书・说命》）醴盛行于夏、商、周三代，秦以后人们在制曲的时候把谷物破碎，防止其发芽，曲酒就彻底取代了糵醴。我国是世界上最早用曲酿酒的国家。

到了周代，酒被作为敬神的祭品，得到了特别的重视。酿酒的手工业作坊已经独立出来，并具有了相当的规模；专门管理酿酒的“酒正”“酒人”“郁人”“浆人”“大酋”等官职被设置，对酒的管理已经成为政府行为。

战国时期，酿酒技术又有显著进步，《礼记·月令》中称，酿酒时“秫稻必齐，曲蘖必时，湛炽必洁，水泉必香，陶器必良，火齐必得”，这样全面的经验总结是相当宝贵的。1974 年，河北省平山县战国墓中，出土了两铜壶 2200 多年前的陈酒。1987 年湖北荆门包山乙号墓，出土了战国方格云纹酒具盒和耳杯。

秦汉时期，国家统一和经济的发展，促进了农业生产技术的进步和粮食增收，带动了酿酒业的迅速发展。汉初杨雄所著的《方言》中记载了十多种曲的名称，东汉许慎《说文解字》（成书于 121 年）记载的曲名也达十种之多，这一时期的酒曲技术显然已渐趋成熟。《汉书·食货志》载：“一酿用粗米二斛，曲一斛，得成酒六斛六斗。”这一记载是我国酿酒史上关于用曲比例的最早记录，也是我国现存最早的用稻米酿酒的配方。

秦汉以后，随着我国酿酒技术的不断进步，黄酒、果酒、药酒、葡萄酒等酒品种都有了发展。酿酒工艺理论也得到了迅速发展，产生了许多酒专文、专论。例如，汉朝崔浩的《食经》、三国时曹操的《上九酿酒法奏》、北魏贾思勰的《齐民要术》、南朝宋佚名的《酒录》等。从东汉末年到魏晋南北朝时期，酒业大兴，酒文化得到了进一步发展，还产生了大量以酒为题的诗词歌赋。

魏晋南北朝时期，制曲技术进一步发展，已出现药曲。贾思勰在《齐民要术》中详细地记述了十多种制曲酿酒工艺，酿酒方法已十分先进。

东晋永和九年（353 年）三月初三的上巳节，会稽内史王羲之邀亲朋好友相聚会稽山阴（今浙江绍兴）的兰亭，举行曲水流觞的游戏：大家坐在河渠两旁，在上流放置酒杯，酒杯顺流而下，停在谁的面前，谁就取杯饮酒赋诗。参与的 42 人所作诗句结成《兰亭集》，由王羲之书成《兰亭集序》，成为千古美谈。从此，饮酒咏诗的文人游戏“曲水流觞”，一直为后世所传承沿用。这一酒俗后来还东传至日本。

唐朝时，酒味醇浓、品质优异的新丰酒、剑南春酒、荔枝酒、金陵春酒等名酒，已名扬华夏。李白、杜甫、白居易、杜牧等著名诗人，都留下了许多吟酒的名篇，使中国酒文化进入了灿烂的黄金时期。唐宋两代还是我国黄酒酿造技术发展最辉煌的时期。经过数千年的实践，酿酒工艺技术得到了升华，形成了酿造理论。

宋元时期，蒸馏酒开始发展，并迅速占领了北方大部分市场，成为人们的主要饮用酒。蒸馏酒，现多称“白酒”或“烧酒”，是在发酵酒的基础上通过蒸馏提纯，提高了酒精浓度、提取了原料发酵时产生的香气而生产的酒，其度数高、香味浓、质量好。

明清时期，酿酒业更为发达，规模日渐扩大，烧酒基本上取代了黄酒。据陕西凤翔县县志记载，县境内“烧坊遍地，满城飘香”，仅柳林镇一带的酿酒作坊即达 48 家之多。湖南衡阳一地，明代以酿酒为业的达万家，其中“籍于官者四千七百”。诗人袁宏道更用“家家开酒店”的诗句，描述了绍兴酿酒业的繁荣景象。河南、淮安一带成了我国大曲的主要生产地。在江苏洪泽湖畔出现了以宿迁、泗洪、泗阳为中心的酿酒都会。其中，又以泗阳县洋河镇最为繁华，乾隆皇帝二下江南时，曾亲笔题“洋河大曲酒味香醇，真佳酒也”，使洋河大曲的名声更盛。此时，茅台酒、汾酒、绵竹大曲、泸州老窖、洋河大曲等酒也已纷纷崛起，名闻遐迩。

我国古代的酒主要分为两种：一为果实谷类发酵酿制的酒，二为蒸馏酒。

谷类酒应起源于农业兴盛之后，早期应当是果酒和米酒。自夏之后，经商周、历秦汉，以至于唐宋以前的酒，都是发酵酒，皆是以果实粮食蒸煮、加曲发酵、压榨过后才出酒的，即属今日黄酒的范畴，唐宋也称酿造酒。至今南方许多少数民族民间仍习惯酿造和饮用这种酒，称之为米酒、水酒、泡酒、咂酒等。该酒饮用时连汁带糟一起吃或滗出汁来喝，因此，古人也称之为“压榨酒”或“榨制酒”。

我国的蒸馏酒技术早在秦汉时期就产生了，其由原来的蒸煮、曲酵、压榨，改而为蒸煮、曲酵、蒸馏，最大的突破就是对酒精的提纯。随着道教炼丹技术的不断发展，在大量分离提纯的实践过程中，人们逐渐掌握了科学的蒸馏方法，创造出了蒸馏器具等许多设备，我国成为世界上第一个发明蒸馏酒的国家。这标志着我国酿酒技术的一大飞跃，是酿酒史上一个划时代的进步。宋元以后，有关蒸馏酒的记载已较为普遍。

13～14 世纪，我国的蒸馏酒技术通过丝绸之路，经阿拉伯传入欧洲。此后，西欧诸国才出现了白兰地、威士忌等蒸馏酒。我国的白酒，与法国的白兰地、英格兰的威士忌、俄罗斯的伏特加、荷兰的金酒、起源于西印度地区的劳姆酒，并称为“世界六大蒸馏酒”。而中国的白酒历史最为久远，占据着世界蒸馏酒的鼻祖地位。

二、酒的分类和酒具

（一）酒的分类

标准不同，酒的分类也就不同。我国传统酒的分类标准主要有两个：一是按照制造方法来分，二是按照酒精含量来分。

按照制造方法来分，可以分为酿造酒、蒸馏酒和配制酒。

酿造酒，又称发酵酒、原汁酒，是借酵母的作用，对含淀粉和糖质原料的物质进行发酵，产生酒精成分而形成酒。黄酒、葡萄酒和啤酒都属于酿造酒。

黄酒是中国独有的酒种，3000 多年前的商周时期就开始大量酿制了。其生产原料在北方是粟（秫、粱、稷、黍的总称，有时也称为粱，现在称为谷子），在南方普遍为稻米，糯米尤佳。其实，以粮食为原料酿造的酒，都可以归入黄酒类。江统《酒诰》中说的 “有饭不尽，委余空桑，郁结成味，久蓄气芳”，就是指黄酒的起源。黄酒的生产，要经过蒸煮、加酒曲、糖化、发酵、压榨、过滤、煎酒、贮存、勾兑等多道工序，其用曲制酒、复式发酵酿造的方法，是我国的独有技术。在最新的国家标准中，黄酒的定义是：以稻米、黍米、黑米、玉米、小麦等为原料，经过蒸料，拌以麦曲、米曲或酒药，进行糖化和发酵酿制而成的酒。

现代科学证明，黄酒营养丰富，含有 21 种氨基酸，还有 8 种人体不能自身合成的必需氨基酸。黄酒还有很好的药用作用，可以用来浸泡、烧煮、蒸炙一些中草药或调制药丸、药酒。黄酒的酒精含量一般为 14%～20%，属于低度酿造酒。由于酒精含量适中、味香浓郁，黄酒还可以用作佐料，在烹制荤菜时加适量黄酒，有去腥膻、增鲜美的作用。

黄酒产地广、品种多，著名的有绍兴加饭酒（花雕酒等）、绍兴状元红、绍兴女儿红、安徽宣城青草湖黄酒、郎溪古南丰黄酒、庐江海神黄酒、江西吉安固江冬酒、无锡惠泉酒、张家港沙洲优黄、梁丰黄酒、吴江吴宫老酒、上海老酒、福建老酒、江西九江封缸酒、江苏丹阳封缸酒、广东珍珠红酒和山东即墨老酒等。其中，浙江绍兴黄酒是南方麦曲稻米黄酒的代表，山东即墨老酒是北方粟米黄酒的代表，福建老酒是红曲稻米黄酒的代表。

国内有专家对《吕氏春秋》《左氏春秋》等诸多史料进行细考后发现，绍兴酒约有 2500 多年的历史，而衡阳的酃酒（亦称酃湖酒、醽醁酒）至今已有 3000 余年的历史，因此推测，酃酒是黄酒的真正“鼻祖”，绍兴黄酒很可能是从衡阳酃酒的基础上发展起来的。

葡萄酒是用新鲜的葡萄或葡萄汁，经完全或部分发酵酿制而成的。明代医学家李时珍的《本草纲目》谷部第二十五卷《谷之四》记载：“葡萄酒有二样：酿成者味佳，有如烧酒法者有大毒……烧者，取葡萄数十斤，同大曲酿酢，取入甑蒸之，以器承其滴露，红色可爱……或云：葡萄久贮，亦自成酒，芳甘酷烈，此真葡萄酒也。”书中记载了葡萄酒的人工制作方法，以及“久贮自成”的自然发酵法。

《本草纲目》谷部第二十五卷《谷之四》还说：葡萄酒“古者西域造之，唐时破高昌，始得其法”。可见，李时珍认为葡萄酒原产西域，是唐朝军队攻破高昌国后，才学会了酿造葡萄酒的方法。其实，在更早的西汉年间，西域大宛国已经能大量生产葡萄酒了。《史记·大宛列传》中说：“宛左右以蒲陶为酒，富人藏酒至万余石，久者数十岁不败。俗嗜酒，马嗜苜蓿。汉使取其实来，于是天子始种苜蓿、蒲陶肥饶地。及天马多，外国使来众，则离宫别观旁尽种蒲陶，苜蓿极望。”文中的“蒲陶”即葡萄。就是说，西汉年间，西域大宛国已经造出了葡萄酒，甚至家藏达万石之多。汉朝使者还取得了葡萄的种子，回到中原大面积栽培。至于葡萄酒在中原地区的生产，应该如《本草纲目》所言，是唐朝时的事情了。

如前所述，唐宋以后蒸馏酒发展起来，逐渐成为我国最主要的酒种。

蒸馏酒是用蒸馏提纯法制成的酒，酒精含量较高，可以点燃，所以也称烧酒，现代称白酒。唐朝李肇在《国史补》中说：“酒则有剑南之烧春。”（唐代称酒为“春”）唐代诗人雍陶有诗云：“自到成都烧酒热，不思身更入长安。”可见唐代已有烧酒之名。但李时珍认为烧酒始于元代，《本草纲目》谷部第二十五卷《谷之四》记载：“烧酒非古法也。自元时始创其法。”书中还记录了蒸馏酒的酿制方法：“用浓酒和糟入甑，蒸令气上，用器凡酸坏之酒，皆可蒸烧。近时惟以糯米或粳米或黍或秫或大麦蒸熟，和曲蒸取。其清如水，味极浓烈，盖酒露也……其坛每个以檀香十数斤烧烟熏令如漆，然后入酒蜡封，埋土中二三年，绝去烧气，取出用之。曾有人携至舶，能饮三四杯即醉，价值数倍也。有积病，饮一二杯即愈，且杀蛊。”

蒸馏酒的酿造原料主要是粮食，北方盛产小麦、高粱，南方盛产稻米，广西一带产玉米，新疆盛产葡萄，用不同原料所酿的酒，味道也不一样。经过长时间的比较，人们将不同原料酿造的烧酒的特点概括为“高粱香，玉米甜，大米净，大麦冲”，其中，高粱酒最为人们所认同。清代后期梁章钜的《浪迹丛谈续谈三读》在评论各地的烧酒时说：“今各地皆有烧酒，而以高粱所酿为最正。北方之沛酒、潞酒、汾酒皆高粱所为。”在高粱酒一统北方的同时，口味独到的杂粮酒、米烧酒，也各自在西南和东南地区占有一席之地。

我国的白酒按烧制方法和口味，又分为酱香型、浓香型、清香型、米香型和兼香型五种香型。

酱香型白酒，属大曲酒类，其生产要经过两次投料、八次发酵、七次流酒，高温制曲、高温堆集、高温流酒，大约一年的周期。酒窖蒸馏出的原酒酒醅还要再经过三年陈化，才能得到酒质醇厚、回味悠长、空杯留香持久的成品酒。贵州茅台酒、郎酒是其代表。

浓香型白酒，原料主要是高粱，也可添加其他的粮谷原料同时发酵。以高温曲或中温曲作为糖化发酵剂，采用续渣法工艺，要采用经过多次循环发酵的酒醅（母糟）进行配料，被称为“千年老窖万年糟”。具有芳香浓郁、甘绵适口、柔和协调、尾净余长等特点。四川泸州老窖特曲、五粮液是其代表。

清香型白酒，属大曲酒类，原料主要是高粱，采用清蒸清糟酿造工艺，经高温润糁、蒸糁、加水加曲、地缸发酵、出缸蒸馏、二渣发酵等工序，得到的酒要分等贮存三年，最后勾兑出厂。特点是清香纯正，醇甘柔和，诸味协调，余味净爽。山西汾酒、宝丰酒是其代表。

米香型白酒，属小曲香型酒，为中国白酒的起源酒，是用生物发酵的手工酿酒法酿造出来的，传说杜康酿的就是米香型白酒。以大米为原料、小曲为糖化发酵剂，前期固态培菌糖化，后期加水转缸半液态发酵，继而由液态蒸馏而成。工艺难度高，不能大规模作业，生产量较低。特点是蜜香清柔、入口绵甜、落口甘洌、回味怡畅。广西桂林三花酒是其典型代表。

兼香型白酒，是指具有两种以上主体香的白酒，一般均有自己独特的生产工艺。它将上述几种香型有机结合起来，浑然一体。黑龙江玉泉酒、贵州董酒是其代表。

以上酒种还可以按照酒精含量，分为高度酒、中度酒和低度酒。高度酒，就是酒精含量在 51%～67%的酒；中度酒，就是酒精含量在 38%～50%的酒；低度酒，就是酒精含量在 38%以下的酒。古人可以“饮如长鲸吸百川”，应该是指酒精度比较低的酿造酒。唐宋以后，蒸馏酒大行其道，酒精度可高可低，适应了大多数人的口味，逐渐取代了酿造酒，成为酒席宴上的主要饮品。

（二）酒具

专用酒具究竟起源于何时，很难考证，一般认为其是从炊具中分化出来的。

从酒具材质来看，可以划为五个阶段。

第一个阶段是新石器时期，酒具以陶器为主。1972 年出土于河南省郑州市大河村遗址的彩陶双联壶，泥质红陶，整器为双壶相连，侈口、矮颈、鼓腹、平底，两壶外侧各有一竖耳，堪称新石器时代仰韶文化的艺术精品。另有其他地方出土有灰陶大酒尊、蛋壳高柄杯、人头口彩陶瓶、禽鸟纹宽錾黑陶壶等精品。

第二个阶段是夏、商、西周时期，酒具以青铜器为主，同时陶器依然并存。已发现的最早的铜制酒器，为夏二里头文化时期的爵。商周是青铜器的盛世，有人统计，商周青铜器具分为食器、酒器、水器和乐器四大部，共五十类，其中，酒器就占了二十四类。酒器又分为煮酒器、盛酒器、饮酒器和贮酒器，形制丰富，有尊、爵、角、觚、觯、壶、杯、盏、觞、斗等，体现着饮酒人不同的身份。

第三个阶段是东周和秦汉时期，流光溢彩的漆器酒具横空出世，而瓷器也已经出现了。在湖北省云梦睡虎地 11 座秦墓中，出土了漆耳杯 114

件，长沙马王堆一号墓中出土了耳杯 90 件。1972 年出土于湖南长沙马王堆一号汉墓中的漆画钫，由木胎斫制，方口，体有方棱，方圈足，多层云纹漆绘，内部还留有白酒和米酒的酒滓。

第四个阶段是魏晋南北朝到隋唐时期，金银酒具大放异彩，瓷器酒具也在发展壮大，如唐代的舞马银壶、花鸟纹鎏金三足银樽、鸬鹚杓、金花鸳鸯银羽觞、双身龙耳白瓷瓶等。

第五个阶段是宋元明清时期，金银器退居次位，瓷器占到了主流地位。还有玉器、角器、木器、竹器等类酒具，虽然一直没有占到主流地位，但也有很多精品传世。明定陵出土的皇帝御用品“金托玉爵”，爵杯是玉雕的，座子是金制的，盘中央凸起一座山，山下面刻着江水海水花纹，周围镶了二三十颗红、蓝宝石，相当珍贵。

清朝宫中设有“造办处”，专为皇室制造各类物品，其下所设的“金银作”和“玉作”，是承做金银玉器的作坊，现存故宫的雍正双耳玉杯、乾隆双童耳玉杯、“金瓯永固”金杯等酒具，即为造办处所制。清朝时期，瓷器除青花、斗彩、冬青外，又创制了粉彩、珐琅彩和古铜彩等新品种，器形也花样翻新，有梅瓶、执壶、高脚杯、压手杯等多种变化。

三、酒礼与酒令

（一）酒礼

中国的酒文化具有很强的伦理性。在我国古代，酒首先是用来祭祀神灵祖先的，然后是用于待客。但无论祭祀还是待客，都得有规矩，这些规矩就是酒礼。

最基本的酒礼，就是敬酒饮酒的顺序，可以用“三先三后”来概括，就是：先神后人，先贵后贱，先长后幼。

先神后人，就是说在开始喝酒之前，先要祭拜天地神灵和祖先。以酒祭神，始于远古。《礼记·曲礼》说：“天子祭天地，祭四方，祭山川，祭五祀，岁遍。诸侯方祀，祭山川，祭五祀，岁遍。大夫祭五祀，岁遍。

士祭其先。”就是说，天子祭天地及诸神，诸侯祭辖地诸神，大夫祭护佑家族之神，士人只祭祖先。至于祭拜的方法，各地不尽相同，尤其是后来的平民百姓，往往因地制宜，各成其俗。比如，家里供有祖宗龛的人家，会在家庭聚会时，先在祖宗牌位前摆上酒菜，然后再落座开席；如果身在外地饮酒，第一杯酒要浇洒在地上，即为敬拜祖宗和过往神灵。蒙古族的习俗是端起酒杯后，先用小指蘸酒向天上弹一下，再蘸酒向地上弹一下，这就是敬神鬼的；然后再蘸酒抹在自己或敬酒的晚辈额头上，以示祝福，最后才饮用。

先贵后贱、先长后幼，就是说在酒席上，要由身份尊贵的人和年长者先饮第一杯，然后其他人才可以开饮。如果是在官场宴饮，就要按官职大小依次而饮；如果都是平民百姓，就要由年长者先饮。《礼记·曲礼》：“侍饮于长者，酒进则起。拜受于尊所，长者辞，少者反席而饮，长者举未釂，少者不敢饮。长者赐，少者、贱者不敢辞。”就是说，向长辈敬酒要起身。碰杯之后要侧转身体（表示不敢与长辈正面相对）再饮。只要长辈杯中还有酒，晚辈也不可以饮尽。尊长者赐酒菜，晚辈或下属不可以推辞。《礼记·乡饮酒义》载：“六十者坐，五十者立侍，以听政役，所以明尊长也。”就是说，六十岁以上的人坐着，五十岁的人则要站着侍候，听候使唤，这表示对年长者的尊敬。

西周对酒专门设官管理，对酒宴也设有监督饮酒的酒官，称之为“酒监”，春秋战国时称“觞政”，西汉时称为“酒令”，唐代称“明府”。酒官要求宴饮者，严格按照先天地鬼神、后长幼尊卑的顺序饮酒，不得超时过量。《汉书·高五王传》记载：一次宫中宴饮，吕后让刘章为酒官。有一吕后族人逃席，竟被刘章砍了头，吕后不好发作，酒宴不欢而散。

春秋以后，礼崩乐坏，酒官监酒日渐流于形式，后来甚至逐渐变为劝酒助兴了。酒官劝酒的各种手段、方式，被人们整理规范成酒宴游戏，这种游戏就以官职命名，称为“酒令”，而酒官则转变为执行酒令的“令官”了。

（二）酒令

酒令的雏形，应该是远古时代就有的“燕射”，即通过射箭决定胜负，负者饮酒。但有的客人确实不会射箭，于是就改为以箭投酒壶代替，以投入壶内多者为胜，负者罚酒。《礼记·投壶》中说：“投壶之礼，主人奉矢，司射奉中，使人执壶。”这里的“中”是投壶计分器，“司射”就是令官。

汉代就出现了联句作诗的酒令，晋代正式产生了以诗为令的酒令，联不上句者要被罚酒。

唐代的酒令名目已经十分繁多，如有历日令、罨头令、瞻相令、巢云令、手势令、旗幡令、拆字令、不语令、急口令、四字令、言小字令、雅令、招手令、骰子令、鞍马令、抛打令等。

元代酒令普及，流传到了社会下层，在市井百姓中出现了通俗活泼的“猜拳”等方式的酒令。

清代俞敦培的《酒令丛钞》将酒令分为四类：古令、雅令、筹令、通令。古令，就是古人用过的酒令；雅令，就是按令官要求对诗联句；筹令，即先行抽签（筹），再按筹中规定的令约、酒约行令罚酒；通令，最常见的形式有划拳、掷骰、抽签、击鼓传花等。

也有人认为，酒令只有两种基本形式：一是纯粹的语言文字游戏，二是借助工具进行的游戏。古令、雅令属于前者，筹令、通令属于后者。

文人雅士行令，多用文字游戏。

《红楼梦》第四十回“史太君两宴大观园　金鸳鸯三宣牙牌令”中，有一段行令饮酒的描述。令官鸳鸯先申明：“酒令大如军令，不论尊卑，惟我是主。违了我的话，是要受罚的。”大家都答应了。于是，鸳鸯立规矩：“如今我说骨牌副儿……比如我说一副儿，将这三张牌拆开，先说头一张，次说第二张，再说第三张，说完了，合成这一副儿的名字。无论诗词歌赋，成语俗话，比上一句，都要合韵。错了的罚一杯。”第一个对令词的是贾母。鸳鸯道：“左边是张‘天’。”贾母道：“头上有青天。”鸳鸯道：“当中是个‘五与六’。”贾母道：“六桥梅花香彻骨。”鸳鸯道：“剩得一张‘六与幺’。”贾母道：“一轮红日出云霄。”鸳鸯道：“凑成便是个‘蓬头鬼’。”贾母道：“这鬼抱住钟馗腿。”第四个是薛宝钗，对得中规中矩。鸳鸯道：“左边是‘长三’。”宝钗道：“双双燕子语梁间。”鸳鸯道：“右边是‘三长’。”宝钗道：“水荇牵风翠带长。”

鸳鸯道："当中'三六'九点在。"宝钗道："三山半落青天外。"鸳鸯道："凑成'铁锁练孤舟'。"宝钗道："处处风波处处愁。"接下来林黛玉对令词时，用了《牡丹亭》和《西厢记》里的句子。鸳鸯道："左边一个'天'。"黛玉道："良辰美景奈何天。"鸳鸯道："中间'锦屏'颜色俏。"黛玉道："纱窗也没有红娘报。"鸳鸯道："剩了'二六'八点齐。"黛玉道："双瞻玉座引朝仪。"鸳鸯道："凑成'篮子'好采花。"黛玉道："仙杖香挑芍药花。"这段酒令的特别之处，是令官用骨牌成套点色的名称出题，像"长三""三六""锦屏"等，均为成套点色名称；对令词者必须懂得骨牌游戏，才好对得上来。在这里用这样的酒令，很符合参与者的身份，这体现了曹雪芹独具匠心的设计。

《聊斋志异》里有一篇《鬼令》，写几个野鬼在荒野里饮酒行令。要求举一个四边合围不透风的字，再把四边中间的笔画移到上边去，组成另一字。其中四鬼的对令分别是："田字不透风，十字在当中；十字推上去，古字赢一钟。""回字不透风，口字在当中；口字推上去，吕字赢一钟。""囹字不透风，令字在当中；令字推上去，含字赢一钟。""困字不透风，木字在当中；木字推上去，杏字赢一钟。"这个酒令对字的拆分组合，做了"只能由内外向上下"的方向规定，构思巧妙，难度很高。

筹令所用的"筹"，本是古代用来进行运算的用具，一般以竹木削制而成。唐代开始在饮酒中以筹计算胜负以便罚酒，后来人们就把筹变成了行令的工具。行令时，参与者按顺序摇筒掣筹，再按筹中规定的令约、酒约行令罚酒。1982 年在镇江丹徒丁卯村一座唐代银器窑中，发现了"论语玉烛"酒筹筒和 50 根酒令筹，这是目前所知的最早的筹令。

《红楼梦》第六十三回"寿怡红群芳开夜宴 死金丹独艳理亲丧"中，描写了行筹令助酒兴的情景："晴雯拿了一个竹雕的签筒来，里面装着象牙花名签子，摇了一摇，放在当中。又取过骰子来，盛在盒内，摇了一摇，揭开一看，里面是五点，数至宝钗。"宝钗摇筒掣出一根签，上面画着一支牡丹，题着"艳冠群芳"四个字，下面有一句唐诗：任是无情也动人。又注着："在席共贺一杯，此为群芳之冠，随意命人，不拘诗词雅谑，或新曲一支为贺。"于是宝钗按"随意命人"的规定，点了芳官唱曲。接着由宝钗掷骰子，掷了十六点，数到探春。探春掣的签上写着"瑶池仙品"

四字，诗云：日边红杏倚云栽。注云：“得此签者，必得贵婿，大家恭贺一杯，共同饮一杯。”探春害羞不饮，这当然是违令的，所以“被史湘云、香菱、李纨等三四个人，强死强活，灌了一钟才罢”。这种借助筹签令约行酒的方式，不需作诗用典，适合社会下层人群，所以怡红院的丫鬟们也能参与。

下面附一组唐诗筹令，每句诗文后，指定哪类人要按令饮酒。

玉颜不及寒鸦色——面黑者饮。
人面不知何处去——须多者饮。
焉能辨我是雄雌——无须者饮。
独看松上雪纷纷——须白者饮。
相逢应觉声音近——短视者饮。
此时相望不相闻——耳聋者饮。
人面桃花相映红——面红者饮。
粗沙大石相磨治——麻面者饮。
莫窃香来带累人——洒香水者与左右邻饮。
与君便是鸳鸯侣——并坐者饮。
养在深闺人未识——初会者饮。
情多最恨花无语——不言者饮。
千呼万唤始出来——后至者饮三杯。
年来老干都生菌——有小儿者饮。
世间怪事哪有此——不惧内者饮。
世上而今半是君——惧内者饮。
莫道人间总不知——惧内不认者饮。
若问旁人哪得知——妻贤者饮。
未知肝胆向谁是——有妾者饮。
翻手为云覆手雨——鳏居者饮。
西楼望月几时圆——新婚者饮。
颠狂柳絮随风舞——起坐不常者饮。
何人倚剑向云天——佩刀者饮。

平头奴子摇大扇——摇扇者饮。
佳节每从愁里过——京官、外官试用者饮。
人事音书漫寂寥——外任饮。
城中相识尽繁华——初谒选者饮。
一片冰心在玉壶——喜凉酒者饮。
此夜曲中闻折柳——行客饮。

通令最常见的形式有划拳、掷骰子、抽签、击鼓传花等，虽然简单，却最为热闹。其造成的喧闹嘈杂的气氛，很符合市井小民的口味，因此流行甚广。其中用得比较多的，就是划拳。

划拳又叫豁拳、猜枚、猜拳、拇战，起源于汉代。就是饮酒时两人各自单手握拳，然后同时伸出手指并说出一个十以内的数字，伸几个手指自行决定。说的数字和双方所伸手指的总数相吻合者胜，输者罚酒。都说错了或都说对了，就继续划拳。行这种酒令看起来容易，其实要一边出指一边报数，而且手上出的数字和嘴里说的数字又不一样（因为还要把对方可能出的手指数加进去），同时还要即时计算双方的手指数，是有一定难度的。当然，划拳的技巧和乐趣也在这里。

划拳时说的数字口诀从零到十，各地的说法不尽相同，一般是三字诀或四字诀。举一组三字诀为例：宝一对、一心敬、哥俩好、三星照、四季财、五魁首、六六连、七个巧、八匹马、九长久、全来了。再举一组四字诀：元宝一对、二郎担山、三元及第、四季发财、五子登科、六六大顺、七子团圆、八仙过海、久久长长、十全齐到。口诀中数字后边的后缀字，与数字会合成一句吉祥话，也就是民间说的“讨口彩”，这表达了人们心中一种美好的祈盼。

本讲小结

中国的茶文化和酒文化，历史悠久，内涵丰富，作为人类的共同文化遗产是弥足珍贵的。

在茶和酒的制造工艺上，我国自古就有自己独特的技术，品质上也长期领先于世界各国。经过几千年的打磨和积淀，产生了一大批名茶名酒，这成为我国对人类社会的重要贡献。

茶柔和、酒刚烈，其间蕴含着丰富的人文情怀。中国历史上留下了无数以茶会友、对酒当歌的故事，以及“舌根未得天真味”“乳香烹出建溪春”“劝君更尽一杯酒”“暂凭杯酒长精神”之类优美的茶酒诗文。至于其中包含的明志致远、兼济独善的人生追求，长幼尊卑、礼让谦和的伦理纲常，都是我们中华民族精神的具体体现。

第十讲　江　　湖

“‘江湖’是中国传统文化中独有的一个概念，但即使是中国人，也较少有人能够用几句话说得清。简单的回答是这样：‘江湖？走出家门，就到了江湖。’复杂一点的会说：‘江湖大容须弥，小纳芥籽，便如佛陀拈花，可意会而不可言传。’——总之是一片混沌。”[①]

第一节　江湖社会及其特点

一、“江湖”一词的含义

“江湖”这个词，最早出现在《庄子·大宗师》里：“泉涸，鱼相与处于陆。相呴以湿，相濡以沫，不如相忘于江湖。”庄子擅长用讲寓言的方式来讲道理。他说，水干涸了，两条鱼搁浅在陆地上，他们互相用嘴里吐出的泡沫来滋润对方的身体，这叫相呴以湿、相濡以沫，但是“不如相忘于江湖”。这句话是说，感情再好也是身处困境，如果大家能回到自由自在的江湖里去，宁可像从来都没认识过那样互相忘记。这里的“江湖”，当然就是文字本身的意思，泛指江河湖海等水域。

但是后来，“江湖”的词义引申开来，又被人们赋予了三个新的含义。

第一个含义是与“朝堂”相对的“江湖”。朝堂，代指官场，而“江湖”则指民间社会。在朝为官，在野为民，平民百姓自然就是身在江湖了。范仲淹的《岳阳楼记》里有一句名言：“居庙堂之高则忧其民，处江湖之远则忧其君。”这是说在朝堂为官者，就要多考虑百姓的疾苦；即使只是个平民百姓，也要多关心国家大事，为君主分忧。司马迁在《史记·货殖列传》里，记载了春秋时的一个著名政治人物——范蠡，他在辅佐越王勾践成就霸业后，“乃乘扁舟浮于江湖”，就是弃官为民了。

第二个含义是与“市井”相对的“江湖”。市井，指人烟稠密之地。

① 袁子乔. 江湖：三教九流八大门的江湖秘史. 新北：读品文化事业有限公司，2016：11.

远古的人们是“逐水草而居”的，后来，人们的生活地域逐渐向相对干旱的平原山地扩展，于是发明了打井取水，然后围井而居。人越来越多，互通有无的交换互市就发展起来了。所以人们就用“市井”二字，代指人烟稠密之地。与人烟稠密的市井相对的江湖，当然就是人烟稀少的荒僻之地了。受道家“无为不争”思想的影响，我国古代有一些被称作“隐士”的人，追求远离喧嚣的清静恬淡，到山林中去隐居。他们去的那些偏僻之地，也叫“江湖”。《南史・隐逸传》序有云：“或遁迹江湖之上，或藏名岩石之下。”东晋名士陶潜《与殷晋安别》诗中说：“良才不隐世，江湖多贱贫。”这两处提到的“江湖”，都是指隐士藏身的山野林间。

第三个含义是与“乡土”相对的“江湖”。什么叫乡土呢？就是前有祖先开辟、现有族人居住的家乡。作为农耕社会，我国中原地区的人都有很深、很浓的乡土观念，大多一生住在祖屋里，种着祖先开垦的土地，也希望死后和祖先一起埋在祖坟里。但是总会有些人，由于各种原因离开家乡去远方闯荡。后来，人们就把这些处于漂泊不定状态的人群组成的社会，叫作“江湖社会”。这就是我们接下来要谈论的“江湖”。

江湖社会是一个独立的社会形态，但并不像武侠小说里描写的那样，总是打打杀杀、刀光剑影。古代现实中的江湖社会，也许没有文学作品里描写得那样血腥，但要多出许多艰辛和几分神秘。

那么，这样一个江湖社会和当时的正统社会，有什么不同呢？

二、江湖社会的特点

要把正统社会和江湖社会区别开来，首先要搞清楚江湖社会的特点。江湖社会有三个主要特点。

江湖社会的第一个特点——寄生性。江湖社会并不是一个完全独立的社会，这主要表现在它没有自己独立的地域。它隐藏在正统社会之中，和正统社会享有着同一地域。也就是说，江湖人就生活在平常百姓的身边。既然如此，那大家不就都属于正统社会了吗？为什么说他们是在另一个社会呢？

这就要说到江湖社会的第二个特点——独立性。正统社会的人之所以构成一个社会，就是因为其有共同的价值认同，都承认和遵守共同的道德和法律规范。比如，正统社会的人都认同“杀人偿命、欠债还钱”，“尊老爱幼、行善济贫”的理念，社会的管理部门就可以据此制定出惩治犯罪的法律和应该宣扬的美德，以约束和引导人们的行为。有了这种认同和规范，一个社会才能实行有效的管理，才可以正常地运行。但是，江湖人有不一样的价值认同，也不遵守正统社会的人伦王法。在江湖人看来，杀了人不一定偿命，欠了债也不一定还钱。他们有了矛盾和纠纷，不会到官府去打官司，而是有他们自己的解决办法。

虽然江湖人和正统社会的人生活在一起，做事又如此特立独行，但正统社会的人却往往感觉不到身边有这样的人存在。换句话说，就是不知道身边哪些人是江湖人。这又是为什么呢？

这是因为江湖社会还有第三个特点——隐秘性。因为他们会用各种手段，掩盖和隐蔽自己的江湖人身份。江湖人之所以要隐匿自己的身份，一是他们离开乡土就是因为不能为社会所容，要隐姓埋名以摆脱某种纠葛；二是对正统社会人伦王法的无视和悖逆，使江湖人把作奸犯科视为平常，作“隐身人”是为了逃避惩处；三是这种同正统社会的人相比处于此明彼暗的优势地位，有利于他们设谋获取利益。

这些飘摇如秋叶浮萍的江湖人从哪里来？他们在举目无亲的江湖上如何隐蔽自己、又怎样谋生呢？

第二节　沦落江湖与谋食江湖

一、江湖人的来源

世上本无江湖，出来闯荡的人多了，于是就形成了江湖。

那么，是什么人、又为什么要离开家乡热土，到风波险恶的江湖上去闯荡呢？笼统地说就是一句话：是那些按正常方式无法在正统社会生存下去的人，被迫到江湖上去寻找一线生机。

古时，占有我国人口绝大比重的农民，是江湖人的主要来源。或者是因为天灾人祸而典当出卖，或者是遭逢豪强恶霸的明夺暗抢，每年都会有许多失去土地的农民，源源不断地走上闯江湖之路。还有一些杀了人的、欠了债的、结下强仇的，为了躲避官府缉拿、债主催逼和仇家追杀，不得不远走天涯，亡命江湖。也有一部分读书人，或者是因得罪了权贵而仕途堵塞，或者因冲撞了考官而科场无望，便下决心与正统社会决裂，投身江湖，以求绝处逢生。这些混迹江湖的人，鱼龙混杂，大多都有反社会心理。

江湖人和逃荒的人不一样，逃荒的人在饥荒过后还会回到故土；江湖人和闯关东的人也不一样，闯关东的人有明确的方向，到了目的地会落户扎根。闯江湖的人是没有目的、没有归程的，一旦上路，就如一叶飘零，任由雨打风吹去，倒毙荒野、客死异乡，是江湖人随时可能的归宿。江湖人身份低下，生存艰难，被正统社会的人看不起。只要在正统社会还有立足之地，没有人愿意涉足江湖。闯江湖是走投无路时的路，是无路之路。所以，由正统社会而入江湖，就被称为“沦落江湖”或“亡命江湖”。

《水浒传》可以被看成是一部江湖小说，那些梁山豪杰没有几个是心甘情愿落草的。

《水浒传》中第一个出场的梁山好汉是九纹龙史进。史进家住少华山下的史家庄，少华山上有朱武、陈达和杨春三个山大王。史进与少华山上的三位“寨主”起了冲突，但不打不相识，反而与三人结成好友。后来，史进被人以“私通山贼”告官，遭到官军围庄抓捕，史进和朱武等人虽然突围而去，但史进已是有家难回。朱武三人本想邀史进同上少华山，但他不愿就此沦落江湖，选择远去渭州、延州寻师。但寻师不着，走投无路，只好又回到少华山落草。

东京八十万禁军教头林冲，妻子被高衙内调戏，反遭高太尉陷害，刺配沧州。高衙内本来要在野猪林杀害林冲，却被鲁智深给救了下来。鲁智深劝林冲逃走，但林冲不想就此亡命江湖，坚持去沧州服刑，以便将来做回良民。高衙内又派虞侯陆谦追到沧州，烧了林冲看守的草料场，把他坐成死罪。林冲无路可走，只好“枪挑陆虞侯，雪夜上梁山”。

宋江本是个刀笔小吏，靠操弄官司在黑白两道都混得不错。后来因为同梁山好汉的私下通信落到小妾阎婆惜手里，他失手杀了阎婆惜，被刺配江州（今江西省九江市）。发配路过梁山的时候，梁山兄弟把他劫到山上劝其入伙。他也和林冲一样，认为服完刑还可以做良民，拒绝落草，其实是看不起梁山的“江湖兄弟”。宋江到江州后，因醉酒题反诗，犯了死罪，梁山兄弟下山劫法场救了他。此时宋江是死罪加造反，断了退路，不得已才上山入了伙。

大名府富豪卢俊义，家财万贯，本不可能落草为寇的。但他被梁山军师吴用设计陷害，在他家墙壁上题了一首藏头反诗，遭官府缉拿，无法辩白，弄得家破人亡。无奈之下，最后只好被逼上梁山。

梁山群豪虽然大多身负重罪，但亡命求生者多，杀官造反者少。就是敢打敢杀的武松、鲁智深等人，也是先考虑出家为僧，企图能在正统社会的边缘生存，上梁山是实在躲不过的最后选择。

《水浒传》虽然可以算是一部江湖小说，但其中描述的也只是江湖社会的一个角落。真实的江湖浩瀚无边，人物五花八门，是一部文学作品远远不能描述的。

二、江湖人的谋生手段

在正统社会无法谋生的人，到了江湖上为什么就能生存下去呢？那是因为江湖上有其特殊的生存办法。江湖人谋生的手段，可以归纳成三类：江湖隐语、江湖技艺和江湖骗术。

（一）江湖隐语

当那些杀了人的、欠了债的罪犯踏入江湖之后，面对的第一个紧迫问题就是：怎样才能躲过官府的缉拿让自己彻底隐身？怎样才能把过去“一键清零”、从头开始呢？这就需要他们先学会“江湖隐身术”——江湖隐语。

江湖隐语，也被称为“黑话”，他们自己叫“春点”或“切口”，是江湖人互相识别和沟通的语言。江湖隐语的作用，是在保证江湖人之间能进行沟通、相互识别是否是“自己人”的同时，切断和正统社会的联系，不至于被仇家和官府追寻到自己的踪迹。

江湖出身的评书艺术家连阔如在其所著的《江湖丛谈》一书中说：“这江湖人调侃儿用的春点，总计不下四五万言。”并一口气举出了一百多“春点”用语，摘录若干：男子叫“孙食”，媳妇叫“果食”，老太太叫“苍果”，大姑娘叫“姜斗”，小姑娘叫“斗花子”，小男孩叫“怎科子”；管父亲叫“老戗儿”，管母亲叫“磨头”，管哥哥叫“上排琴”，管兄弟叫“下排琴”，管祖父叫“戗儿的戗”，管祖母叫“戗的磨头”，管妓女叫“库果”，管良家妇女叫“子孙窑儿”，管男仆叫“展点”，管女仆叫“展果”，管当兵的叫“海冷”，管侦缉探访叫“鹰爪”，管小绺叫“老荣”，管和尚叫“治把”，管老道叫“化把”，管尼姑叫“念把”，管做官的叫“冷子点”，管大官儿叫“海翅子”，管外国人叫“色（shǎi）唐点”，管乡下人叫“科郎码”，管傻人叫“念攒子”，管疯人叫“丢子点”，管嘎人叫“朗不正”，管好人叫“忠样点”，管好色的人叫“臭子点”，管有钱的财主叫“火点”，管穷人叫“水码子”，管好赌钱的人叫“鎏把点”；天叫“顶”，地叫“躺”，东叫“倒”，西叫“切”，南叫“阳”，北叫“密”，刮风叫“摆丢子”，下雨叫“摆金”，下雪叫“摆银”；管社会里不明白江湖事的人叫“空（kòng）子”。而且这还只是“江湖中各门各行通用的侃儿”[1]，各门各行还有自己专用的“江湖春点”。

小说《林海雪原》里，杨子荣化装成土匪上威虎山，有一段和土匪对“黑话”的描写。杨子荣一上山，座山雕当头暴喝一句：“天王盖地虎（你好大的胆，敢来气你祖宗）！”杨子荣回答：“宝塔镇河妖（要是那样，叫我从山上滚落摔死，掉到河里淹死）。”八大金刚问：“么哈么哈（你从哪儿来）？”杨子荣回答：“正晌午说话，谁也没有家（我从许大马棒那儿来）。”这就是土匪专用的春点，杨子荣一句答错，就会被识破身份。这段描写虽是来自文学作品，但作者是当年剿匪的参与者，有真实生活的经历为基础，言有所据，在一定程度上，还是可以帮助我们理解江湖隐语

① 连阔如. 江湖丛谈. 北京：当代中国出版社，2005：2-3.

的用途的。

江湖隐语不但能使江湖人对内沟通、对外隐身，还可以暗通款曲，使其“挣”到钱财。《江湖丛谈》中有个例证：“乡村里有个摇铃儿卖药的先生，正被一家请至院内看病。这卖药的先生原不知病人所患的是何病症？该病人院邻某姓是个江湖人，他要叫卖药的先生挣的下钱来，先向卖药的先生说：‘果食点’是‘攒儿吊的粘啃’。卖药的先生不用给病人诊脉，便能知道这家有个妇人，得的是心痛之病。原来这‘果食点’，按着春点的侃语便是妇人，‘攒儿吊的粘啃’便是心口疼的病症。然后卖药的先生给病人一诊脉，把病原说出来，说的很对。病人哪能知道，他们院邻暗含着‘春’给那卖药先生啊！花多少钱亦得买他的药啊。这卖药的先生，得了病人邻居用‘春点’把病人所得的病春给他，能够不费劲儿挣的下钱来。简捷地说，这就是江湖人用春点的意义。往浅处说是那个意思；往深处说，如同长江大海，用莫大焉。”[①]

正因为有这样特殊的作用，所以江湖人对江湖春点是非常看重的，绝不会泄露给外人的，正所谓：“宁给一锭金，不给一句春。”

有些身负重罪或结下强仇的江湖人，如果被追杀得紧了，处境凶险，觉得光靠江湖隐语不足以保证安全，还可以用痛苦的自残方式——毁容。金庸的小说《倚天屠龙记》中，明教光明右使范遥为打入汝阳王府，“在自己脸上砍上十七八刀”，弄得面目全非，“更用药物染了头发”，又装作哑巴，以达到在仇敌面前彻底隐身的目的。比起小说中的描写，江湖中真实的毁容自保，其惨烈程度毫不逊色。

（二）江湖技艺

江湖隐语只能隐身，不能挣钱糊口，所以接下来的问题是：在正统社会中失去了谋生手段，亡命江湖就一定能够生存吗？没有地种、没有技能，他们到江湖上能干什么呢？其实，江湖人最根本的生存之道，就是要掌握某种江湖技艺。

---

① 连阔如. 江湖丛谈. 北京：当代中国出版社，2005：2.

江湖技艺，是江湖人独特的谋生手段。在正统社会里，平民百姓是按照士、农、工、商的“四民”分工就业谋生的，但江湖技艺不在四民之列，不属于生产和主流的商业活动。他们做的营生，大致相当于今天的服务业、娱乐业，也就是属于第三产业。

关于江湖技艺的行当分类，有多种不同说法，分为“四门”和“八门”的居多。分为四门的主要有两种，即“风马雁雀”和“花兰葛荣”；分为八门的主要有三种，即“金皮彩挂评团调柳”“经皮李瓜风火除妖”和“惊疲飘册风火爵要”。

连阔如在《江湖丛谈》中，把江湖技艺分为“风马雁雀”四大门，和“金皮彩挂评团调柳”八小门，外加“骗术门”和“穷家门”，“行当不下百数十种”。连阔如对“四大门”没有多做解说，但《江湖丛谈》记载了一段“清末实事”：光绪年间，河南巡抚某被假冒的朝廷大员骗去万两黄金，此即“风马雁雀”中雁门“雁班子”的精心设局。①

《江湖丛谈》对“八小门”各设专章，所论甚详。八小门分别是：金门，指算命的、看相的、测字的、看风水的等江湖术士；皮门，指卖野药的江湖郎中；彩门是变戏法的，挂门是练把式卖艺的，这两门都是武艺人；评门是说评书的，团门是说相声的，柳门是唱大鼓的，这三门都是文艺人。连阔如说的“调门”，在书中的专章是“坑蒙拐骗”的骗术门，与他自己所说的八小门外加“骗术门”有冲突。袁子乔《江湖：三教九流八大门的江湖秘史》一书中的“八大门”，与连阔如的“八小门”名称、内容完全相同，其中，“调门”明确表述为：“是江湖中人对以欺骗手段谋利的各种行当的统称。”②

清朝汪康年说：“凡游民号走江湖者有八种，系九经、十八皮、四李、三瓜、七风、八火、五除、六妖。”③就是分为“经皮李瓜风火除妖”，也是八门。汪康年说的“经门”和连阔如说的“金门”，都是指江湖术士；“皮门”相同，指江湖郎中；“瓜门”指连阔如说的“彩”“挂”两门，包括所有武艺人；“李门”包括了连阔如说的“平”“团”“柳”三门，

① 连阔如. 江湖丛谈. 北京：当代中国出版社，2005：381-382.
② 袁子乔. 江湖：三教九流八大门的江湖秘史. 新北：读品文化事业有限公司，2016：303.
③ 汪康年. 汪穰卿笔记. 北京：中华书局，2007：145.

即所有的文艺人（据说是因为奉唐明皇李隆基为祖师爷，故称“李门”）。就是说，汪康年的前四门囊括了连阔如的七小门（缺“调门”），“风火除妖”四门未加解说。有人解说成：“风门”，走私、贩毒、设赌、拐卖等；“火门”，锻铸假币；“除门”，代人寻仇杀人的职业杀手；“妖门”，以年轻妇女为主的、以色相设局的团伙诈骗。

还有一种“八大门”的提法，叫作“惊疲飘册风火爵要”。“惊门”即江湖术士；“疲门”即江湖郎中；“飘门”是杂耍艺人；“册门”是倒卖假古董字画的；“风门”是风水先生；“火门”是炼丹养生之术；“爵门”是以买官卖官名义诈骗；“要门”是乞讨化缘。

有人认为，四大门“风马雁雀”，也称“蜂麻燕雀”。“风”或“蜂”，指多人协同行骗；“马”或“麻”，指单人行骗；“雁”也作“颜”，指以年轻女子色诱行骗；“雀”，也作“缺”，指帮人买官缺以行诈骗。

还有“花兰葛荣”四门之说。“花门”是以赌局作弊的诈骗术，“兰门”是绿林响马，“荣门”是偷盗，“葛门”是杀人越货的独行大盗。

以上种种只是江湖行当的基本分类，还有许多江湖谋生方式并未被包括在内，像窃贼、乞丐、强盗、娼妓、巫婆神汉、游方僧道等各色人物。

江湖谋生方式虽多，其实也可以按是否违犯正统社会的法律分为两类。像江湖术士、江湖郎中、江湖艺人、乞讨的乞丐、化缘的出家人，等等，虽身在江湖，但其行为并不违法，可以公开活动；但强盗、骗子、杀手等类人，以及走私贩毒、拐卖人口、私造假币等违法行为，就只能秘密进行了。

江湖鱼龙混杂，浑水摸鱼的无赖顽劣之徒当然不少，即使原本懦弱怕事的人，也往往因遭逢巨创而性情大变，难得再存良善之心。闯江湖本就是有进无退、死中求活，再加上有些人已经把人伦王法置之度外，自然心黑手狠，无所不用其极，所以就有了上述这些让人匪夷所思的谋生方式。

（三）江湖骗术

学得了上述某一种技艺就可以在江湖上谋生了吗？还不够，他们还需要学会江湖骗术。

江湖人有不同于正统社会的伦理观念。他们认为能骗人是有本事，被人骗是自己愚蠢，智愚有别，各安天命，行骗不会有什么负罪感。所以在江湖中人看来，不是骗不骗的问题，而是骗术高明与否的问题。江湖人都是“尖腥并用”的，有“腥加尖，赛神仙”的说法。“尖腥”二字是江湖隐语，“尖”就是真功夫，“腥”就是骗术。一般来讲，江湖艺人以技艺为主，骗术用得少些；江湖术士、江湖郎中等以骗术为主，兼用技艺。但是，“骗术门”中的专业骗子只使用骗术，或者说，骗术就是他们的技艺。

以“金门”为例。《江湖丛谈》中说：“有些个老学究们，在少年的时候正赶清末之际，读过《易经》。常言说，读过《易经》会算卦，他们到了无事可做的时候，就弄个签筒子，六爻卦盒，再有《渊海子评》、《卜筮正宗》、《万年历》、《麻衣相》、《玉匣记》往卦摊上一摆，坐在卦摊的后边死鱼不张嘴，等主道候客……要想挣钱哪，简直地说吧，是办不到的。江湖人管这种人调侃儿叫‘空金点’，又叫‘死空子’。这种傻念书的就是‘攥尖’（江湖人管真能熟读相书、卜筮等书调侃儿叫攥尖）。不会使腥儿，休想能够治杵的（即是不能挣钱）。”[①]这就是说，即使熟读卦书但不会骗术，还是赚不到钱的。

江湖术士怎么行骗呢？以他们常用的“江湖金点十三簧”（包括地理簧、现簧、水火簧、自来簧等十三种）中的“抽撤盘簧”（就是说话要两头堵）为例：如果问“父母在不在、全不全”，他就写“父母双全不能克伤一位”十个字。求卦人说父母都在，他就读成“父母双全，不能克伤一位”；说死了一位，他就读成“父母双全不能，克伤一位”；说父母双亡，他就读成“父母双全不能，不能克伤一位”。若问父母死了一位，问他哪一位，他就写“父在母先亡”五个字，字面上的意思是父亲先于母亲亡故，但也可以读成“父在，母先亡”；若问问有没有媳妇，他写“鳏居不能有妻”六个字，字面上是无妻，也可以读成“鳏居不能，有妻”；若问有没有儿子，他就写“命独不能有子”六个字，读法同上。这样，他们就用文字游戏取代了算命，使自己立于不败之地。

连阔如还在《江湖丛谈》中，揭秘了彩门骗术“三条腿的大姑娘”：

---

① 连阔如. 江湖丛谈. 北京：当代中国出版社，2005：39.

“到了天晚啦，游人俱都散去，他叫我进去看看。到了里面一看，那三条腿的姑娘刚站起来，她站起来亦是两条腿，那地上还掉着一条腿，我看那条腿直动弹，真是叫人纳闷，忽见地上的板儿一起，从地下的坑内蹿出来一个人。我看到此时方才明白，这个三条腿的大姑娘是两个人凑的。在她坐着的底下挖了个坑，内里藏着一个人，藏起一条腿，由坑内伸出一条腿，凑成了三条腿。”[①]

专业骗子的骗术就更加高明了，他们往往会设下一个环环紧扣的骗局，令人防不胜防。

《江湖丛谈》中讲了个一局骗两家的案例：骗子先到鞍鞴铺选好了一副鞍鞴，叫伙计扛着跟他去试马。到了骡马店，骗子叫店伙计牵出一匹马来，让鞍鞴铺的伙计将鞍鞴鞴上，说要去试试马。鞍鞴铺的伙计以为骡马店让他把马骑了去，一定是熟人，骡马店的人以为扛着鞍鞴的是他的家人，都没拦着他。等到好久不见骗子回来，两人互相询问，才知都被骗了。[②]

技艺有一定之规，骗术无不变之法。骗术往往比技艺更难习练，既要因人而异，更要随机应变，只有老江湖才能运用得如行云流水般得心应手。当然，能熟练运用骗术、玩弄人于股掌之间的高手，在江湖中也是备受尊崇的。

第三节 江 湖 组 织

江湖人没有家族势力的庇护，没有朋友邻居的帮衬，还要在风波险恶之地与心毒手狠之人拼夺果腹之食、蔽体之衣，常常连最起码的人身安全都难以保证，所以，他们逐步以自己的方式组织起来。只要加入了某一江湖组织，不管认识不认识，都要相互扶持、祸福与共，都要服从首领号令，同进同退，生死不避。

---

① 连阔如. 江湖丛谈. 北京：当代中国出版社，2005：190-191.

② 连阔如. 江湖丛谈. 北京：当代中国出版社，2005：310.

江湖组织加强了江湖社会的秩序化。

江湖组织在中国主要有两大类：靠神灵信仰团聚起来的叫“民间宗教”，靠兄弟义气团聚起来的叫“江湖帮会”。

一、民间宗教

“民间宗教，又称秘密宗教、民间秘密宗教、教门、道门等，是对那些流传于下层社会的各种民间宗教教派的总称，或者说是一种封建专制社会体制外的宗教信仰。”[①]

正统宗教一般是得到国家允许、按照国家法令行事的，其活动不妨碍政府的社会管理，甚至还有补益作用。而民间宗教一般是从正统社会的宗教中分离出来的。它们原来可能是某一宗教中的一个教派，但受到主流教派的排挤，又不被正统社会和官方承认，于是就转入民间，并具有了反社会反政府的倾向。

民间宗教的江湖隐秘地位，使其各行其是，缺乏规范管理。有些私欲熏心的不良之徒就趁机对其操纵，以祛病求仙等为名进行迷信宣传、骗财骗色，遂使其演变成邪教。也有某些有政治目的的人，把民间宗教作为聚众谋反的工具。历史上很多农民起义都是借助民间宗教组织起来的。还有一些从国外传入的宗教，因种种原因未能得到政府认可，不得已而流入民间。

下面简要介绍一下比较有代表性的摩尼教和白莲教。

（一）摩尼教

摩尼教，2 世纪产生于波斯（今伊朗），创始人摩尼。它吸收了祆教、佛教和基督教的一些思想，形成了自己的“二宗三际说”。

摩尼教的“二宗”，就是光明王国和黑暗王国。它认为，光明王国和黑暗王国是先天地而存在的，光明王国是尽善尽美的，而黑暗王国则充满

---

① 濮文起. 河北民间宗教史. 北京：宗教文化出版社，2016：1.

丑恶。“三际”，即初际、中际和后际三个阶段。初际时期，光明、黑暗两大王国各守疆域，相安无事。中际时期，以黑暗魔王为首的黑暗王国挑起战争，意图一统天下，光明王国在大明尊的率领下奋起抵抗。在斗争中，天地生成、人类产生。天地和人类都是光明和黑暗相混合的产物。大战引出一场大劫难，世界归于毁灭。进入后际时期，世界重生，光明与黑暗重新分开，黑暗被永远禁锢，光明永恒不灭，跟随大明尊的灵魂获得永生，整个世界一片光明。

摩尼教宣扬，人是黑暗魔王制造的，但黑暗的肉体包含着光明的灵魂。摩尼是大明尊派到人间的最后一位使者，是来拯救人们灵魂的。人们只有加入摩尼教，追随大明尊，遵守教规戒律，素食互助，勤加修行，才能在天地毁灭的时候避开劫难，使自己的灵魂（光明）脱离肉体（黑暗），得到永生。

摩尼教约在隋唐之际经中亚传入中国，并且从佛教、道教和其他民间宗教中汲取了某些教义，力图使自己中国化，并且也曾得到过唐朝政府的支持。可能是因为摩尼教的主张诸说杂烩，尤其是借用了许多佛教用语，所以其很容易被视为“附佛外道”，遭到了唐武宗的严厉禁绝，没能进入主流社会，最终流为民间秘密宗教。“摩尼教在唐代以后有多种称谓：明教、魔教、日月神教、明普教、斋教、老官斋教等，而以明教影响最大。”[①]

金庸的小说《倚天屠龙记》第二十五章中说，张无忌在杨逍案头看到一本《明教流传中土记》，“书中载得明白，明教源出波斯，本名摩尼教，于唐武后延载元年传入中土。其时波斯人拂多诞持明教《二宗经》来朝，中国人始习此教经典……至会昌三年，朝廷下令杀明教徒，明教势力大衰。自此之后，明教便成为犯禁的秘密教会，历朝均受官府摧残。明教为图生存，行事不免诡秘，终于摩尼教这个‘摩’字，被人改为‘魔’字，世人遂称之为魔教”。这段描述是基于宋代文献《佛祖统纪》的。在金庸的另一部小说《笑傲江湖》里，摩尼教被称为日月神教。

“梁及五代以‘摩尼’为旗帜的举事暴乱时有发作，至宋则势力更盛，

① 王清淮，朱玫，李广仓. 中国邪教史. 北京：群众出版社，2007：158.

民间‘吃菜事魔’竟蔚为‘时尚’。借以发动反中央朝廷暴乱者，也有若干大宗，其余波不息，再蓄成瀚海。元代一度奉摩尼教为国教，曾有短暂兴盛，元末‘义军’蜂起，摩尼教（明教）在其中占有较大份额。明清两代，摩尼教变换名目，教名不显，但其教义教理赓续未灭。”[①]最早以摩尼教名义举事的，是后梁贞明六年（920 年）的毋乙举义，数月后失败。北宋以后，摩尼教逐渐演变为明教，其宗旨基本继承了摩尼教，更提出了“明王出世”的思想。北宋宣和二年 （1120 年），自任摩尼教“魔头”的方腊，利用摩尼教发动起义，一度攻占了六州五十二县，威震东南，动摇了大宋王朝。南宋建炎四年至绍兴五年（1130～1135 年），钟相、杨么起义，前后相继六年之久。南宋高宗绍兴二十年（1150 年），信州明教教首黄曾再度起事。明教在元代更是发动了大规模的宗教暴动。

历史学家吴晗在其《明教与大明帝国》一文中认为，朱元璋曾奉韩林儿为“小明王”，而韩林儿和他父亲韩山童都宣称“弥勒降生，明王出世”（在《大阿弥陀经》中，阿弥陀佛被称为“诸佛光明之王”，即“明王”），这个“明王”出自明教，所以，朱元璋得天下之后，以“明”为国号。金庸在小说《倚天屠龙记》中采用了这一说法，也算是言之有据。这句“弥勒降生，明王出世”的谶言，也使明教与佛教白莲宗发生了融和，所以，也有人认为朱元璋是白莲教教徒。[②]

（二）白莲教

白莲教是中国民间宗教中规模最大、信徒最多、影响最深远的。明清时期又出现了很多新教：罗教、红阳教、八卦教、天理教、黄天教、圆顿教、清茶门教等，规模都远不如白莲教。

“白莲”二字源于佛教净土宗。相传东晋时，江西庐山东林寺高僧慧远邀集十八高贤结社念佛，立誓死后要往生西方极乐世界，是为净土宗之始。因他们掘池种植白莲花，即名为“白莲社”或“莲社”。

南宋绍兴年间，吴郡昆山（今江苏昆山）僧人茅子元（法名慈照），

---

① 王清淮，朱玫，李广仓. 中国邪教史. 北京：群众出版社，2007：142.

② 李尚英. 民间宗教常识答问. 南京：江苏古籍出版社，1993：17.

在流行的净土结社基础上，创建了新教门，称“白莲宗”，即白莲教。

白莲教的信仰比较复杂，基本上是以佛教为主，也不完全是佛教。《中国邪教史》认为：“白莲教是一种杂取式的宗教，本质上已属于当时的新兴宗教。”[①]比如，其目标是往生“西方净土”，这是净土宗的思想，也有大乘教的成分；其“不茹荤、不饮酒”的戒条，又被类比如摩尼教，时人称之为“白莲菜”；其“龙华三会”之说，也被认为是抄袭摩尼教、明教的“三际说”；其教徒还代人祈福禳灾、代神降福免罪，自称“白莲道人”，这似乎还有取自道教的成分；其信徒可以娶妻生子、男女一起集会修行等做法，不知取自何处。像这种僧不僧、道不道、俗不俗的宗教，确实是古来少有。

白莲教信奉的主神前后并不统一，早期崇奉阿弥陀佛，后改信弥勒佛，又再改为信奉无生老母。

信奉阿弥陀佛，应该是源自其佛教净土宗的基础。那时，白莲教不号召反对政府，也不被看作邪教，政府对白莲教也在禁与不禁之间摇摆。南宋孝宗乾道二年（1166年），太上皇赵构取消对白莲教的禁令，并赐封茅子元“劝修净土白莲导师慈照宗主”尊号；元至大四年（1311年），元仁宗也曾正式宣布白莲教合法。

白莲教大概在元代中期逐渐改信弥勒佛，这也许与其受到佛教主流教派的压制和官府的多次取缔有关。因为弥勒佛是佛教认为的未来世界“星宿劫”的教主，信奉弥勒佛就等于不向现实的强横势力低头，自行开辟通向未来的新路。到元朝末年，农民起义的领袖已经公开用“弥勒佛下生”“弥勒佛当有天下”的口号号召群众反元了。

“朱元璋参加了郭子兴的白莲教香军，本人自是白莲教信徒，焚香礼拜一遵白莲教仪式，在元朝廷看来，当然是邪教。朱元璋本人也必须全力维护这宗‘邪教’并作它的首领。但是，在平定‘诸侯’、驱逐元帝后，朱元璋立即宣布白莲教为邪教，与其他民间宗教一体施以禁绝，可见他对白莲教的本质认识得非常清楚，所以要从根本上杜绝它再次作乱

---

① 王清淮，朱玫，李广仓. 中国邪教史. 北京：群众出版社，2007：167.

的可能。”[①]明朝建立后，朱元璋在洪武三年下令禁绝白莲社、明尊教、白云宗等“左道”（《明太祖实录》卷三《洪武三年六月甲子》），后来还把这一禁令写入了《大明律》（《大明律·附例》卷十一）。“从明初起，白莲教才真正成为民间秘密宗教了。”[②]

最早提出“无生老母”信仰的是罗教。

明朝人罗清于 1482 年创建罗教（也称无为教和罗祖教），他把道家的无为思想和佛教的空无宇宙观结合起来，提出了“真空”的概念。罗教认为，真空是不动不坏的永恒存在，世界是从真空中形成的，人们受苦的世间是“流浪家乡”，只要入教修行“无为大道”，“晓得真空法”，就可以回到永恒不灭的“真空家乡”，而真空家乡的主宰就是无极圣祖。后来，“无极圣祖”又被罗清的传人解说为“无生父母”“无生老母”。中国人民大学的何虎生教授认为：“罗祖教的教义与白莲教没有多大差别，可谓是白莲教的变种。”[③]

白莲教及其他民间宗教接受了罗教的上述思想。他们认为，伏羲和女娲都是无生老母的儿女，他们兄妹结亲，生育出九十六亿“皇胎儿女”。这九十六亿皇胎儿女流落到东方红尘世界，迷失了本性，受尽苦难。无生老母派了三位佛祖，分三期来解救皇胎儿女返回真空家乡。第一个时期叫“龙华初会”，由燃灯佛度回了两亿皇胎儿女；第二个时期叫“龙华二会”，由释迦牟尼佛度回了两亿皇胎儿女。到了第三期“龙华三会”，无生老母派了弥勒佛来，他要把剩下的九十二亿皇胎儿女全都度回去，难度很大。他们认为，第三期结束的时候，会发生大劫难，世界将归于毁灭，加入白莲教是避开劫难的最后机会。教徒只要时时念诵“无生老母，真空家乡”八字真言，就会得到无生老母的庇佑，获得重返真空家乡的力量。“到了清代，无生老母的地位终于超过了其他的神衹，成为民间宗教中唯一的至尊的天神。”[④]

白莲教支派众多，又没有统一的组织机构，各地的各派基本上是各自

① 王清淮，朱玫，李广仓. 中国邪教史. 北京：群众出版社，2007：202-203.
② 李尚英. 民间宗教常识答问. 南京：江苏古籍出版社，1993：19.
③ 何虎生. 青洪帮大佬秘史. 北京：台海出版社，2011：4.
④ 李尚英. 民间宗教常识答问. 南京：江苏古籍出版社，1993：78.

为政。有政治抱负的教首会利用白莲教作为反抗官府的工具，但因全教力量分散，反清斗争旋起旋灭。有些贪婪卑鄙的人做了教首，就难免以教谋私，骗财骗色，使之沦为邪教。有的白莲教分支为躲避官府打击，拒不承认自己是白莲教；有些与白莲教没关系的小教派，为抬高身价冒充白莲教。在这些良莠不齐的众多教派中，要理清白莲教的支派和子系统，是相当困难的。“学界意见比较一致的是，明清时代的以下宗教教派属于白莲教系统，或与白莲教、明教、摩尼教关系密切：红阳教（红羊教、弘阳教）、净空教、无为教、大乘教、西大乘教、东大乘教、黄天教、龙天教、南无教、南阳教、悟明教、金山教、顿悟教、金禅教、还源教、大乘教、圆顿教、收圆教（收缘教）、混元教、八卦教、先天教、闻香教、罗教、天理教、清水教、先天道、一贯道等二十五种。”[①]（笔者注：原文写作“二十五种”，实际列出二十七种）

我国的民间宗教按照和白莲教的关系，大体可以分成三种类型：一是从白莲教直接传下来的，如收圆教、混元教；二是与白莲教有关或者是其支派，如闻香教、义和拳；三是自成系统但逐渐白莲教化的，如罗教、八卦教。因为影响巨大而广泛，所以白莲教在中国民间宗教中被称为“万教之宗”。

元末至清，白莲教发动或以白莲教名义发动的农民起义不可胜数，仅规模较大的就有：元至正十一年（1351 年）五月，刘福通在颍州起义；明永乐十八年(1420 年)，山东唐赛儿奉尊弥勒佛发动起义；清嘉庆元年(1796 年)，王聪儿在襄阳起义；清嘉庆十八年（1813 年），林清率领天理教徒攻打北京紫禁城。其中，清光绪二十五年（1899 年）的山东义和团起义，引发了遍及中国北方的义和团运动，在抵抗外国侵略者、争取民族独立的斗争中，留下了浓墨重彩的一笔。

二、江湖帮会

孤身飘零的江湖人从书场、戏文中听了“刘关张桃园三结义”“梁山

① 王清淮，朱玫，李广仓. 中国邪教史. 北京：群众出版社，2007：172-173.

泊聚义”等故事，会赞赏他们的兄弟义气并加以仿效，于是结拜成异姓兄弟抱团取暖，成为江湖中的风气。这种团伙逐渐扩大，进而出现了江湖帮会。

“中国近代的帮会组织主要可分为青帮和洪帮两大系统。青帮最早起源于清朝初年从事漕运的水手组织，而洪帮又称洪门，是由明末清初以反清复明为宗旨的秘密组织发展而来。他们的共同特征是讲究义气，但因其组成成分、组织形式、流传地区、创立宗旨和活动情况不同，两者在很多方面都存在着相当大的差别。”①

江湖帮会在清朝如山火蔓延直至民国，虽然数量众多，但其中影响最大、势力最强的，当推洪门和青帮。

（一）洪门

关于洪门的得名有两种说法，一是说取自朱元璋的“洪武”年号，二是说取义“漢”失“中土”。关于洪门的创立和发展，有多种说法，本书介绍两种。

第一种是“郑成功创立洪门”说。这是最广为流传的说法。国民党高级将领、曾担任过洪门九龙山“红旗老五”的樊崧甫，在《我所知道的洪门史实》一文中对此有详尽描述。文中说，当年郑成功抗清失败，退守台湾，“郑鉴于当时文武官员朝秦暮楚反复无常，谋以异姓骨肉加强团结，遂于 1661 年（清顺治十八年九月）创立金台山明远堂，与诸大臣及大将结义为异姓兄弟，是为洪门开山立堂之原始”②。

“后来郑成功派其盟弟部将蔡德英、方大成、马超兴、胡德帝、李式开及其军师陈近南进入清占区发展组织。蔡德英发展于东南，是为洪门。陈近南于西北拥戴顾炎武，发展为汉留。”“郑成功派往内地发展组织的部将盟弟蔡德英等五人，原为洪英旧部。洪英，字启盛，山西平阳府太平县人，崇祯四年进士，参督师史可法幕。扬州沦陷，洪英以事先出城，未罹难，收集史可法旧部，继续奋斗，屡战不利，病殁于三汊河。蔡德英等投依潞王，潞王降清后即往福建归唐王，后随郑成功收复台湾，参与金台

---

① 何虎生. 青洪帮大佬秘史. 北京：台海出版社，2011：1.

② 樊崧甫. 我所知道的洪门史实//帮会奇观. 北京：中国文史出版社，1989. 1.

山会盟。蔡等受郑密令回大陆发展，潜至福建甫田县九连山少林寺。”后来在清军火烧少林寺时突围，“脱身遁至右寻镇高溪庙。蔡等五人伤愈以后，刺臂出血，喝血洒，重新盟誓，再行组织，规划复仇。尊洪英为始祖，郑成功为武宗，史可法为文宗，是为洪门结社之始”。[1]

蔡德英等又“奔襄阳万云寺。万云寺的主持万云龙俗名胡得起（洪门称为达宗），为明潞王部将，在山东起义战败逃此。万云龙与汉留在四川雅州开精忠山的白鹤道人陈近南深相结纳，蔡等至，遂共推陈近南主持复明事宜”。此后，万云龙战死、陈近南病逝，“仅存头目苏洪光”，“众遂推苏为主帅，改名天佑洪，以天为父，以地为母，日为兄弟，月为姊妹，改会名为天地会，又名三合会”。苏洪光死后，继任主持人林烈“分遣党徒向南洋各埠及内地各省发展秘密组织，或开山据寨，或秘密结社，均自立名称，如九龙山、三点会、三合会、匕首会、双刀会、红枪会、大刀会、小刀会等，扩大力量，待机再起”。[2]

据传郑成功于1662年（清康熙元年）病故，子郑经立，奉遗命以《金台山实录》作要件保存。1680年（清康熙十九年）郑经战败于厦门，次年以忧愤逝世，次子郑克塽嗣位。1683年清兵提督施琅陷台湾，郑克塽将《金台山实录》用铁盒密封沉海，免为清朝所获。郭永泰于1835年（清道光十五年）省族叔于道署，出游憩民家，见其盖米瓮有旧书一本，面署《金台山实录》五字，书面盖有小图章，文曰‘延平郡王招讨大将军印’，知系郑成功遗物，问所由来？据云伊父业渔善泅水，能在水中伏一昼夜，于海底得一铁盒，无法揭视，竭三日之力始将铁盒凿开，内贮金珠数件、小玉印一方，旧书数本，余无他物，因不识字，不悉何书。郭永泰以百钱将书购得并问小玉印何在？云已售与邻某，郭永泰又以白金十两赎回。郑成功系藩王，开山令俱王者口吻，郭永泰开山时不敢沿用，托凌桐阶仿原本略加增改，以资实用，名之曰‘海底’，又名‘金不换’。从此组织规模大备，开山

① 樊崧甫. 我所知道的洪门史实//帮会奇观. 北京：中国文史出版社，1989：5.

② 樊崧甫. 我所知道的洪门史实//帮会奇观. 北京：中国文史出版社，1989：6-7.

立堂者，奉为圭臬。”“清代传至嘉庆，盛极而衰，政治日趋腐化，洪门汉留组织日益壮大起来。1810年（清嘉庆十五年）福建范松如开了人头山，1818年四川方安澜开了蓬莱山，1819年四川郭禹钦开了华严山，旋起旋仆，未遗实录。迨苳忠山开建后，各省风起云涌，群雄崛起，开山立寨。清道光末叶，洪秀全起义于广西，清廷失去控制力，洪门汉留势力益漫衍。惜太平军囿于上帝教范围，对洪门不甚支援，以致潜力不能发挥，但苳忠山哥弟已遍布各省，分头反清。1825年（清道光五年）云南胡林章开广金山，其属贵州胡佐臣于1857年（清咸丰七年）开金凤山，接着云南胡云于1866年（清同治五年）开大兴山。背榜下山的袍哥湖南王森万于1889年（清光绪十五年）开宝云山。江苏李云龙于1894年（请光绪二十年）开东梁山。甘肃杨鸿钧于1895年（清光绪二十一年）开金龙山。同年贺桂林开西凉山。广东萧朝举于1897年（清光绪二十二年）开天兴山。同年王金宝开万云山。山西林式开于1905年（清光绪三十一年）开福明山。甘肃马海秋于1906年（清光绪三十二年〉开嘉峪山。山东冯紫电于1907年（清光绪三十三年）开蓬瀛山。苳忠山的袍哥在四川开山的有：李云九于1876年（清光绪二年）开青城山，彭立山于1885年（清光绪十一年）开回龙山，同年彭焕如开飞龙山，颜鼎章开大峨山。胡文翰于1889年（清光绪十五年）开九成山，同年张联第开华阳山。李煜华于1898年（清光绪二十四年）开巍峰山。陈平侯于1901年（清光绪二十七年〉开蓬莱山。胡朗秋于1903年（清光绪二十九年）开金华山，同年袁朗溪开宝成山。何金梁于1906年（清光绪三十二年）开九华山。董伯高于1910年（清宣统二年）开西明山，同年黄华成开宝林山。四川各山头因保路案发生，联合改组为兴汉公光复会。苳忠山会友华复如于1903年（清光绪二十九年）在云南开紫金山。林怀明筑青山的支系，江西刘家鹏于1893年（请光绪十九年）开飞虎山。陕西李明良于1904年（洁光绪三十年）开万宝山。山海关萧松山于1897年（清光绪二十三年）开宝华山，同年浙江何振瀛开终南山。①

---

① 樊崧甫. 我所知道的洪门史实//帮会奇观. 北京：中国文史出版社，1989：8-10.

以上之所以大段引用原文，是因为这些文字被多部相关著作或文章使用，例如，穆可韦的《民国十大帮主》、何虎生的《青洪帮大佬秘史》、张剑峰的《武林》等，文字出入不大。笔者无法判断原始文字出自谁手，但只有在《帮会奇观》里《我所知道的洪门史实》一文中，作者樊崧甫是以第一人称叙述的，所以这里从樊文（限于篇幅，本书只截取了梗概）。

张剑峰在《武林》一书中的表述有所不同，文中说“近代的资产阶级革命党人多数认为天地会的前身是‘汉留’。‘汉留’，就是汉朝的遗留之意。”①

朱琳1948年所著的《洪门志》（2010年1月，江西教育出版社再版），成书早于《帮会奇观》，其中关于洪门天地会成立过程的描述，与上述引文基本一致，也许是樊文之源。书中关于洪门创立的描述稍有不同，原文是：“康熙十三年（公元1647年）甲寅，七月二十五日，丑时在‘红花亭’聚会（公元1647年‘洪门’正式成立纪念，农历七月二十五日丑时被后代洪门人尊为诞生日），由陈近南主香”，“拥戴朱洪竹为盟主”。“当时，夜色朦胧，天发红光，众人惊异，以有天意助成，适朱洪竹之‘洪’字与红光之‘红’字，相与辉映，又属同音，故以‘洪’字为姓，并拆‘洪’字为‘三八二十一’，以为会中之暗记。”

为便于相互印证，将《洪门志》第三章“宗考”和第四章“历代山堂会社考”，照录如下。

资料：第三章　宗考

始祖：殷洪盛、傅青主、顾炎武、黄梨洲、王夫之（王船山）

五宗：文宗史可法、武宗郑成功、宣宗陈近南、达宗万云龙、威宗苏洪光（又名天佑洪）

前五祖：少林寺僧人蔡德忠、方大洪、胡德帝、马超兴、李式开

中五祖：沙湾口勇士杨杖佑、方惠成、吴天成、林大江、张敬之

后五祖：宝珠寺僧人李式地、洪太岁、吴天佑、林永超、姚必达

五义：郑君达、谢邦恒、黄昌成、吴廷贵、周洪英

① 张剑峰. 武林. 成都：四川人民出版社，2015：10.

五杰：郑道德、郑道芳、韩龙、韩虎、李昌国

三英：郭秀英、郑玉兰、钟文君

军师：男军师史鉴明、女军师关玉英

附注：（一）始祖原有五人，因殷洪盛功绩卓著，故人多单独敬奉之。（二）“洪门”尚有“独侠”之称，“独侠”为郑芝龙（郑成功之父），因其生平事迹有与“汉留”宗旨差异，且与“历史”事实不符，故不列入“宗者”。

第四章　历代山堂会社考

洪门开山立堂，由郑成功起，以后凡怀有大志，负具声望者，都相继开山立堂，以图发展，兹将历代山堂会社，查有根据者叙述如左：

金台山：顺治十八年（公元 1661 年），辛丑，由郑成功在台湾成立（订有规律）。

精忠山：康熙十一年（公元 1672 年），壬子，由陈近南在四川的雅州开立。

筑青山：嘉庆十一年（公元 1806 年），丙寅，由林怀明在贵州开立（父子同堂）。

人义山：嘉庆十五年（公元 1810 年），庚午，由范松如在福建开立。

蓬莱山：嘉庆二十三年（公元 1818 年），戊寅，由方安澜在四川开立。

华严山：嘉庆二十四年（公元 1819 年），己卯，由郭雨钦开立（地点不详）。

广金山：道光五年（公元 1826 年），乙酉，由胡林章在云南开立。

盖忠山：道光二十年（公元 1840 年），戊申，由郭永泰在福建开立（改订《海底》）。

金凤山：咸丰七年（公元 1857 年），丁巳，由胡佐臣在湖南开立。

天兴山：同治五年（公元 1866 年），丙寅，由胡九龙在云南开立。

青城山：光绪二年（公元 1876 年），丙子，由李云龙在四川开立。

迴龙山：光绪十二年（公元 1886 年），丙戌，由童立三开立（地点不详）。

飞龙山：光绪十二年（公元 1886 年），丙戌，帖江彭焕在江苏的上海开立。

万云山：光绪十五年（公元 1889 年），己丑，由王金宝在浙江开立。

九成山：光绪十五年（公元 1889 年），己丑，由胡文翰开立（地点不详）。

飞虎山：光绪十九年（公元 1893 年），癸巳，由刘家福在浙江开立。

金龙山：光绪二十一年（公元 1895 年），乙未，由杨鸿钧在湖南开立。

虎威山：光绪二十一年（公元 1895 年），乙未，在甘肃开立（人名不详）。

西凉山：光绪二十一年（公元 1895 年），乙未，由贺桂林在甘肃开立。

宝华山：光绪二十三年（公元 1897 年），丁酉，由箫松山在山海关开立。

泰华山：光绪二十三年（公元 1897 年），丁酉，在湖南开立（人名不详）。

终南山：光绪二十三年（公元 1897 年），丁酉，由何步鸿在浙江开立。

魏峰山：光绪二十四年（公元 1898 年），戊戌，由李煜清在四海开立。

峨眉山：光绪二十四年（公元 1898 年），戊戌，由颜鼎章在四川开立。

东梁山：光绪二十四年（公元 1898 年），戊戌，由李云龙在江苏开立。

金华山：光绪二十九年（公元 1903 年），癸卯，由胡朗秋开立（地点不详）。

太安山：光绪二十九年（公元 1903 年），癸卯，由袁庆凯在湖北开立。

永安山：光绪二十九年（公元 1903 年），癸卯，由孙近州在湖北开立。

福圣山：光绪二十九年（公元 1903 年），癸卯，由戴海廷在湖北开立。

万宝山：光绪三十年（公元 1904 年），甲辰，由李明良等开立（地点不详）。

复明山：光绪三十一年（公元 1905 年），乙巳，由林工开在山西开山。

九峰山：光绪三十二年（公元 1906 年），丙午，由何金栋开立（地点不详）。

嘉峪山：光绪三十二年（公元 1906 年），丙午，由马海秋开立（地点不详）。

蓬瀛山：光绪三十三年（公元 1907 年），丁未，由冯紫雷在山东开立。

西明山：同上。

宝林山：同上。

尚有多数山堂，因年代久远，又限于当时环境，不能公开，以致年代及主办人，或地点不详，兹附记如左：

锦华山：由刘传福在湖南开立。

楚荆山：由陈尧在湖南开立。

天台山：由胡云在湖南开立。

天宝山：由籥朝举在广东开立。

太白山：由叶姓在陕西开立。

清峰山：由王姓开立。

宝成山：由胡姓开立。

洪门自孙中山先生改组“致公堂”后，便为革命运动中心，至宣统三年（公元 1911 年）辛亥，八月十五日，湖北的武昌起义，推翻清王朝，建立民国，洪门卓具功绩。各地开山堂者，风起云涌，盛极一时，兹将所开立的山堂要述如左：

大陆山、大洪山、通洞山、西陆山、春宝山、太极山、民国山、九华山、峪云山、大同山、同登山、龙会山、桐柏山、九龙山、天寿山、天目山、飞龙山、十龙山、景阳山、武当山、鑫华山、五圣山、中华山、群英山、五行山、大龙山、复华山、天龙山、复办复明山、复办泰华山等。

附记："大陆山"由孙中山先生开立。

洪门除"山堂"外，又有"会社"的组织，大同小异，兹略述如左：

天地会、三合会、三点会、哥老会、哥弟会、清水会、匕首会、双刀会、兴中会、同盟会、光复公会、洪兴协会等。

致公堂、义兴公、复兴公、正诚社、正谊社、信谊社、安信怀公社等。

洪门的山堂会社，名目繁多，不一而足，遍及海内外各地，行动秘密，无从统计，以上所述者，仅供参考，挂一漏万，在所不免，有请读者谅之。

"开山立堂"是洪门扩张势力的基本方式。每一相对独立的组织都要有自己的名号，即"山、水、香、堂"，例如：五行山、卫国堂、保家水、团结香；终南山、万寿堂、灭清水、复明香；锦华山、仁义堂、四海水、万福香；大洪山、抱冰堂、长江水、一炉香；万云山、集义堂、三江水、五湖香，等等。因为洪门天地会以"反清复明"为号召，长期受到清廷严厉查禁打击，所以各山堂的活动相对独立，适合遍地开花，发展起来比较快；但各山堂各自为政，难以形成合力，统一行动能力不如天地会、哥老会等会社。

第二种是"提喜和尚郑开创立洪门天地会"说，有诸多专家学者的实地考察和清廷文件为证。

根据有关专家学者在福建沿海的考察结果，南京大学的蔡少卿教授在《关于天地会的起源问题》一文中，提出洪门天地会起源于福建漳州地区，创始人是提喜和尚。

提喜和尚，一名涂喜，俗名郑开，乳名洪，行二，人称洪二和尚（有人说也叫万提喜，即万云龙），在福建漳州云霄县高溪庙出家。乾隆二十六年（1761年），提喜和尚在离高溪庙不远的观音亭主持创立洪门天地会，次年开始扩会收徒，先后吸收了陈彪、陈丕、张破狗脸等人入会。提喜和尚于乾隆四十四年（1779年）去世后，陈彪收了平和人严烟为徒，严烟去台湾又发展了林爽文入会。

乾隆五十一年（1786年），林爽文在台湾彰化发动了天地会反清大起义，乾隆五十三年（1788年）二月失败。五月，清廷派驻台湾的福康安捕获严烟，严烟供出了万和尚、张破狗脸、陈彪等人。七月，张破狗脸在福建被擒获，供词与严烟相符。此时，清政府才知道民间有天地会组织，起源于闽海一带，于是在福建漳州、广东潮州和惠州等地大肆搜捕。乾隆五十四年（1789年）一月，陈彪在福建平和县被捕，一同被捕的还有个叫行义的和尚，是提喜和尚的儿子。乾隆五十四年（1789年）正月十七日的"上谕"中写道："据行义供，父提喜即洪二和尚，在观音亭为僧。"闽浙总督伍拉纳也奏称，"该犯等（指行义与陈彪）供称，提喜于乾隆二十七年即在高溪观音庙传布天地会"。这些清廷文件明确无误地认定，天地会确为提喜和尚所创。

1991年3月20日，高溪庙、观音亭被福建省人民政府公布为第三批省级文物保护单位。1993年4月，中国人民大学清史研究所秦宝琦教授，中国社会科学院罗昭、郝治清、陈祖武教授，以及瑞士、德国、美国等国家20多名专家和学者，现场考察了高溪庙，进一步确认其为洪门天地会创始地。

提喜和尚所创的天地会即洪门，最初只是一个以义气为纽带的互济互助的民间秘密结社，后来发展到台湾、两广、江西、云贵、湖南、江浙等地，只是在林爽文起义之后才有了"反清复明"的政治色彩。

天地会打出"反清复明"的旗号后，发展迅速，势力遍布全国，成为国内第一大帮会。此后兴起的三合会、三点会、哥老会、小刀会等，均是天地会的分支。

（二）青帮

青帮起源于雍正年间。清朝时，南方交纳的皇粮、贡税要靠漕运送达京城，参与漕运的船只有四万多艘，船工达到十万以上。管理漕运的官员常常从中克扣，中饱私囊，致使漕运越来越混乱，清廷遂决定从民间招纳贤能来管理漕运。雍正四年（1726 年），朝廷贴出皇榜招贤，翁岩、钱坚、潘清三个结拜兄弟揭了皇榜，受命管理漕运，并建立了青帮。

根据青帮内部的资料描述："康熙皇帝又为南漕朝夕踌躇，意将南方诸郡民税漕粮移运北京，以为满蒙禄食。传旨午朝门外张挂皇榜，招募义士，护国匡漕……翁、钱、潘三位老祖揭下皇榜……康熙皇帝旨下，命三位义士领帮匡漕。潘祖为正统、翁祖为左统、钱祖为右统。三祖受了皇帝圣旨，领运通漕；名为安清帮。""雍正四年，船齐下水，开始运粮。翁、钱、潘三祖因人类不齐，殊难约束，经何公（漕督何立帮）奏明，恩准三祖各开山门，广收弟子，支配各船服务。再由徒传徒，人才日众……全帮合力合心，漕运于斯为盛。昔日递运艰难，人畏其险；今则交通便利，人赖以安，故定帮名曰安清。"[①]"青帮有关起源罗教的传说，也杜撰翁、钱、潘三人不辞千里艰辛，前往蛮荆之地拜罗祖为师，直到红雪齐腰、芦苇穿膝，才与罗祖结下师徒情缘。数月后，罗祖念翁等忠厚虔诚，乃令他们下山为清廷护运漕粮。"[②]

"据洪门人传说，洪门曾派翁某到北京坐探消息。翁为清廷所获，意志不坚，降清后另组安清帮。"[③]有一种近似的说法认为，翁岩、钱坚、潘清三人原本是洪门天地会的头目，打入漕运内部建立了分支，试图控制清廷的漕运命脉。然而清廷有所察觉，在内部清洗中三人被捕，随即叛变，并在清廷的帮助下自立门户，取名"安清帮"，意思是安保大清。洪门的宗旨是反清复明，可是安清帮却投降于清廷，被洪门中人视为叛徒，所以洪门有"由青转洪，披红挂彩；由洪转青，剥皮抽筋"的说法。但青帮中人坚称，翁、钱、潘三位始祖是打入清廷内部做卧底，一直在等待时机反清复明。

翁岩、钱坚、潘清三人上任后，决定以江湖帮会的形式管理漕运和十万船工。于是，他们设立香堂，各自收徒，徒弟再收徒孙，使他们在船工中的势力越来越大，从通州至杭州设了 72 个半码头、128 帮半（半帮为

① 何虎生. 青洪帮大佬秘史. 北京：台海出版社，2011：2.
② 裘滉. 话说青红帮. 纵横，1984，（2）：89.
③ 裘滉. 话说青红帮. 纵横，1984，（2）：84-85.

香火船）。因帮众皆以漕运为业，故称为粮船帮，江湖上习惯称之为“青帮”。“青帮自创立之日起，即广为发展徒众，规模越来越大，由初期的三帮渐渐扩大为七帮、十二帮，徒众也由数千人发展为五六万人，至道光初年已达五六十万人。”[①]

后来，青帮把翁、钱、潘三人共同的师祖金幼孜、师爷罗清和师父陆逵称为“前三祖”；把翁岩、钱坚、潘清三位创始人称为“后三祖”。因为“前三祖”中的罗清是罗教的创始人，“后三祖”都算是罗教弟子，所以青帮也和罗教斋堂一样，拜祭“天地亲君师”牌位。

青帮有着非常严格和秘密的组织。三祖名下的徒众分为不同的支派，徒党按照辈分形成上下尊卑关系。青帮有二十四辈分，“清净道德、文成佛法、能仁智慧、本来自性、圆明兴立、大通悟学”。民国以后，帮中人又续添二十四个字，即：“万象依皈、戒律传宝、化渡心回、临持广泰、普门开放、光明乾坤。”在帮中称之为“前二十四代”、“后二十四代”。

各地香堂的堂主（亦称山主）由当地辈分最高的青帮分子担任。加入青帮需要由青帮中的人介绍，然后拜某堂堂主为师父，由师父给其排辈。各香堂都设有专门负责各项具体事务的职位。“老大”一人，即堂主，执掌一切军机要务。“老二”两人，掌管粮秣财源。“老三”四人，负责具体行动的执行。“老四”六人，管理全山徒众的劳绩，掌管票布符号等事。“老五”一人，管理全帮徒众的赏罚。

考虑到要保证组织的严密性，青帮收徒非常慎重，贯彻“师访徒三年，徒访师三年”的原则，且“本帮不许为本帮作引进”。入帮之人要经过详细的审查，“盘问三代无脸面，身家不清休进会”，直到确认其身家清白，入帮动机正确，并非投机取巧之人和有意破坏青帮者，堂主方才批准举行入帮仪式，接纳此人入帮。[②]

---

① 何虎生. 青洪帮大佬秘史. 北京：台海出版社，2011：3.

② 何虎生. 青洪帮大佬秘史. 北京：台海出版社，2011：3.

青帮以“四庵六部”作为行政管理中枢。“四庵”，即朱寺庵、刘寺庵、黄寺庵、石室庵四个讲学庵室，主要是向帮众讲授罗祖教义、禅学临济宗、少林武学、经商之道、财务管理、运营管理、圣贤之道、帮规及江湖礼节。“六部”，即吏部、礼部、户部、工部、兵部、刑部，分别管理帮中文件、人事升迁、考察审核、船械维修、筹划作战、执行帮规等各项事务。

从史实考察来看，青帮起初本是依靠漕运生存的船工业内的互助组织，并不反清。道光初年以后，清廷逐渐以南漕海运取代了漕运，使大批船工失业，其中一部分人干起了打家劫舍、贩卖私盐之类的违法行当，沦为了黑社会组织。“清朝晚期，青帮的成员已扩大到整个下层社会，且以破产农民、城市小手工业者与流氓为主。到了民国后，尤其是 20 世纪 20 年代中后期，青帮的成员开始向社会中上层发展，甚至涵盖了社会所有阶层，从过去失业无产者、体力工人、城市流氓等社会下层人员，到工商实业家、文化界人士、军政宪特人员甚至达官显贵等上流社会人员，都有加入青帮者。青帮开始全面渗透进入各个阶层，形成一种强大的社会力量，在社会中起着举足轻重的作用。”①

因为青帮本是清廷允准成立的帮会，可以公开活动，所以内部组织比较严密完善，组织行动力比洪门更强；其纵向的师徒关系，明显比洪门天地会内横向的兄弟关系更有约束力，这应该也是后来青帮势力能发展迅速、直追洪门的原因。

第四节　江湖道义和江湖规矩

在正统社会看来，江湖就是作奸犯科、违法乱纪的渊薮，江湖人都是无法无天的。其实，早在春秋时期就有个著名的盗跖，讲过一番所谓“盗亦有道”的理论，这可以被看成是江湖道义的渊源。江湖道义，就是江湖中人都认同的是非理念和处事原则。江湖各行各业和不同帮会再依据这些

① 何虎生. 青洪帮大佬秘史. 北京：台海出版社，2011：5.

理念和原则，形成各自操作性的规定，即江湖规矩。

一、江湖道义

江湖道义可以概括为三条：不交官府、江湖义气、好勇斗狠。

（一）不交官府

不交官府，就是江湖中人不能和官府有联系。这主要表现在两个方面，一是江湖人不能和官府中人有来往，二是有了纷争不能告官立案，要在江湖内部解决。这是由江湖社会的反正统性决定的。江湖中相当一部分人是有犯罪前科的，他们亡命江湖，改名换姓，历尽磨难，好容易才隐藏下来，如果江湖中有人与官府有了交往，就可能泄露江湖内幕，危及同道中人的安全。所以，江湖中严禁与官府交往，不论个人还是帮会组织都不允许。

评书《响马传》里有一段故事，是说秦琼在潞州落难，得到单雄信的救济。单雄信是绿林道的“总瓢把子”（各处占据山林的“山贼”的总头领）。分手时，单雄信把记载着各路“山贼”分布机密的《响马谱》送给秦琼，表示把秦琼看成是最可信赖的朋友。后来，尤俊达和程咬金劫了皇杠银子，官府责成秦琼破案，靠山王杨林还给了秦琼龙签和龙票，可以随时随地调动官军。后来，在给秦琼母亲祝寿的酒席上，程咬金和单雄信发现了秦琼身上带着杨林的龙签和龙票，认为秦琼是官府派来抓捕他们的，两人立刻变了脸。秦琼立即当众把龙签和龙票放到烛火上烧了，而这就犯了抄家灭门的大罪。秦琼以此举证明自己和官府并无勾结，才挽回了江湖朋友的信任。这段故事显然是后人演绎的，宣扬的就是“不交官府”的江湖道义。

有一种传言说，如果江湖人想退出江湖，就要举行“金盆洗手”的仪式，向江湖同道广而告之，承诺就此了断江湖恩仇，不再介入江湖纠纷，绝不泄露江湖秘密。如果违背了承诺，就是与江湖为敌，要遭到所有江湖人的追杀。

金庸的小说《笑傲江湖》里，就写了一段衡山派刘正风要金盆洗手、退出江湖的故事。书中写刘正风对前来参加金盆洗手仪式的宾客说："兄弟已受朝廷恩典，做一个小小官儿。常言道：食君之禄，忠君之事。江湖上行事讲究义气；国家公事，却须奉公守法，以报君恩。这两者如有冲突，叫刘正风不免为难。"然后庄重立誓："从今而后，刘某人金盆洗手，专心仕宦，却也决计不用师传武艺，以求升官进爵。至于江湖上的恩怨是非，门派争执，刘正风更加决不过问。若违是言，有如此剑。"然后扳断手中长剑。

刘正风那段承诺里最重要的，就是对"江湖上的恩怨是非决不过问"，也就是不会泄露江湖机密，没有这一条，哪个江湖人会放心让他退出江湖去做官呢？但正所谓"人在江湖，身不由己"，现实中的江湖实际上是退不出去的。一日江湖就是一世江湖，岂能轻言进退。

要特别强调的是，民国以后，洪门和青帮中的堕落分子专事走私贩毒、开设赌局妓院等违法活动，被人们称为"青红帮"，其已经不是原来意义上（反政府反社会）的江湖组织，而是堕落成唯利是图的黑社会组织、军阀政府的爪牙了。尤其是在 1927 年"四一二"反革命政变中，青红帮更是直接当了蒋介石的打手，而身在官场的蒋介石还是承认黄金荣是"老头子"，官匪一家，也就无所谓退不退出江湖的问题了。

（二）江湖义气

在没有血缘关系可以依靠的江湖上，很多坑蒙拐骗、巧取豪夺之类技术含量和风险比较高的"生意"，都需要多人合作才能完成，所以江湖人格外看重朋友间的相互扶持和信赖。先秦游侠的舍身报恩、梁山好汉的朋友义气、"点水之恩当涌泉相报"的古训，就被江湖人融汇为"江湖义气"的理念，成了团结江湖人的纽带。有一句话叫：在家靠父母，出门靠朋友。在家靠父母，指的是正统社会的人要靠家族势力保护；可是江湖人离家漂泊，只能靠朋友帮助，所以叫出门靠朋友，也就是靠江湖义气。

江湖义气主要表现为对朋友慷慨大方、急难相助，甚至为朋友甘冒凶险、舍身替死。江湖上对讲江湖义气的人都非常敬重。《水浒传》里的宋江、柴进，都是因轻财重义而受到江湖朋友的推崇；《响马传》里的秦琼，火焚靠山王杨林的龙签和龙票，用自家老小的性命替朋友担下了劫皇杠的重罪，在江湖中获得了极高的声望。

江湖帮会开香堂，要烧“三把半香”，都是敬拜讲义气的古人的。第一把香，先拜“羊左生死交”，敬的是羊角哀、左伯桃相互为对方而死的义气；第二把香，再拜“桃园三结义”，敬的是刘、关、张的千秋义气；第三把香，三拜“梁山一百单八将”，敬他们兄弟同心、共创大业；还有半把香，半拜单雄信，为全兄弟之义（其兄单雄忠被李渊误射而死）至死不降唐。

一个江湖人要是不讲义气，就会遭人不齿，在江湖上无法立足。

清朝同治九年（1870 年），两江总督马新贻被张文祥刺杀身亡。此案疑点甚多，杀手的作案动机也其说不一。民间流传的说法是：马新贻、曹二虎和张文祥三人是结拜兄弟，马新贻奸占了曹二虎的妻子并杀了曹，违反了江湖道义，张文祥出于义愤，舍身为二哥报仇，以全兄弟义气。也有人说，是湘军为了排挤异己势力，买通死士对马新贻下了毒手，过后编出一段江湖恩怨的故事，来搪塞朝廷。种种传言都说明，朝野上下都认为，江湖人对不义之徒是绝不容情的。

在金庸的小说《书剑恩仇录》中，“红花会”余鱼同暗恋骆冰，并趁骆冰沉睡加以轻薄，被醒来的骆冰怒斥：“有种的快快自己三刀六洞……”即是因为犯了红花会“淫人妻女者杀”的规定：“依据红花会规条，会中兄弟犯了大罪，若是一时胡涂，此后诚心悔悟，可在开香堂执法之前，自行用尖刀在大腿上连戳三刀，这三刀须对穿而过，即所谓‘三刀六洞’，然后向该管舵主和执法香主求恕，有望从轻发落，但若真正罪重自不能饶恕。”这里的描写并非杜撰，“三刀六洞”的处罚是帮会中实有的条款，可见江湖组织中对违背江湖道义者的惩处是极严厉的。

（三）好勇斗狠

什么叫好勇斗狠呢？就是江湖中人谁称王称霸，不是像小说里写的通过“比武大会”“英雄大会”，谁得了“武林盟主”谁说了算，而是要想得到江湖人的敬重，就要比别人狠、比别人勇，足够狠勇就行了。怎么表现狠勇呢？江湖中最常见的是“自残之勇”，就是敢对自己下狠手。

《吕氏春秋·当务》有个故事：“齐之好勇者，其一人居东郭，其一人居西郭，卒然相遇于涂曰：‘姑相饮乎？’觞数行，曰：‘姑求肉乎？’一人曰：‘子肉也？我肉也？尚胡革求肉而为？’于是具染而已，因抽刀而相啖，至死而止。”故事说，当年齐国有两个勇士，有一天不期而遇，就相约一起去喝酒，其实是暗中较劲，比谁更狠。可当时有酒无肉，一个人就说：我去弄点肉来吧。另一个人就说：咱自己不是带着肉来的吗？说着就拿起匕首，从自己大腿上割下了一块肉，蘸着酱就吃了下去。另一人不甘示弱，也自行抽刀割肉。最后两人都流血过多而死。这就是江湖上崇尚的好勇斗狠。

金庸的小说《天龙八部》第十五章“杏子林中商略平生义”中写道：“丐帮规矩，犯了帮规之人若自行了断，则死后声名无污，罪行劣迹也决不外传，江湖上如有人数说他的恶行，丐帮反而会出头干预。”所以，犯了“背叛帮主罪”的丐帮长老吴长风等人悔罪之后，自愿表示“请法刀来，依照帮规，咱们自行了断便是”。就是要用自杀来挽回脸面。然而，帮主乔峰按“弟子犯规，不得轻赦，帮主却加宽容，亦须自流鲜血，以洗净其罪”的帮规，以法刀自插肩头，为犯了“背叛帮主罪”的四位长老洗罪。犯罪长老欲自行了断和乔峰以刀自插，展示的都是自残之勇。

如果是为了帮会以身犯险，就会更为帮会中的兄弟所尊崇。比如，帮会首领杀了人，官府来缉拿，帮会中要找个兄弟来顶罪。顶罪的人任凭官府上刑拷打，就要硬扛到底，绝不招出真凶，这叫“熬刑”。熬得过去的就是帮中的英雄，大家永远都敬仰你；就是被判了死刑，家中妻儿老小也自有帮中兄弟照顾。

帮派之间发生争执，或者找江湖中德高望重的人士调解，或者以双方比狠解决，如登刀山、滚钉板、油锅捞钱等，一直比到一方认输，就按照胜方的意见解决纠纷。

江湖本就是非常之地，只有非常之人以非常手段才能生存，所以产生“好勇斗狠”这样的生存法则也就不奇怪了。

二、江湖规矩

江湖道义是基本原则，这些原则化作可以操作的具体规定，就是江湖规矩。江湖上各行各业、各帮各派，都有自己的规矩，但也有共通性的规矩。略举几条如下。

（一）分槽吃食

分槽吃食，就是大家各自在自己的地盘发财，不能去抢别人的。包括黑社会组织收保护费，也是各自在自己的地盘收，不得越界。

江湖技艺既然大都属于服务业、娱乐业，当然是人越多的地方越好揽生意，所以他们常常活动在通衢闹市之中。但是，哪里可以摆摊、哪里不可以摆摊，今天摆摊的地方明天会不会被别人占了，都不是江湖人能把控得了的，所以又出现一种为江湖人提供租地服务的人。"各省市的杂技场都有一种摆地之人，他们先将地皮租好，做些桌凳，若有江湖艺人要撂地做生意，得先找摆地的和他商议好了，每天在他的场子做生意，要用多少桌凳。江湖人管找这种摆地的人叫打地。将地打好，每日做生意所挣的钱，是和摆地之人二八下帐。譬如挣一元钱，得给他摆地的二毛钱。这摆地的人吃这碗饭亦不容易，他得懂得江湖的规律，生意人谁有挣钱的能耐，谁的能耐软弱不能挣钱，素日得有个耳闻。要不明白这些事，有几个场子，都打给没能耐的了，虽然二八下帐，亦下不了多少钱哪！"[①]

这些摆地的一般都是当地人，熟悉当地适合摆摊地块的分布，还能疏通关节把这些地块揽下来，可以让江湖人在这儿做生意不受搅扰，自己也可以从江湖人的生意中"抽分子"。这是江湖规矩"分槽吃食"的一种形式。

---

① 连阔如. 江湖丛谈. 北京：当代中国出版社，2005：214-215.

（二）行客拜坐客

江湖人到一个新地方谋生，不能自行找地摆摊，而要先去拜会当地的江湖同道，这叫“行客拜坐客”，是江湖人最重要的规矩。坐客可以是当地人，也可以是先到的外地人，对懂规矩的新来行客，大都是愿意给予帮助的，比如，给新来的人讲当地的风土人情，没地摆摊的时候帮助他挤对块地儿，等等。如果行客想去别处做生意，坐客还会给他凑路费。

（三）同道相援

江湖人的技艺五花八门，有说的、有唱的、有变戏法魔术的、有摆弄拳脚刀枪的，如果凑到一块儿往往能兴旺一方。很多地方商贾士绅看中了这一点，也会在举办庙会、新铺开张等场合，邀请各色江湖人等前来助兴，以至“不论是什么地方创办庙会，没有江湖中的各样玩艺儿绝不能成的……各省的乡镇所立的庙会，都是江湖人给他们兴旺起来的，哪处亦是，年年如是，没有不发达的”[①]。

随着各地商会之类组织的邀约日渐增多，江湖人也自己组成了相应的团体，代表江湖人承谈合作用地等事项，这种团体叫“长春会”。长春会一般由江湖八门各门推出的一个深孚众望的领袖组成，这些领袖再推举出久经历练的两位“老江湖”为正、副会长。长春会并不在官府登记备案，但却在江湖人中享有很高的声誉，江湖人都服从其管辖。“长春会的人如若与本地绅士商议各种事务，以不叫江湖人受损失，不受本地人欺压为最要紧的职责。”[②]长春会与地方商会等组织谈好用地价格后，要负责按约定邀请各类江湖生意人入驻，并会同当地绅商挨个摊子去收缴费用。

江湖生意人还有个现场首领，是卖梳篦的。“各样的玩艺都上了地啦，可是变戏法的还不能开锣、打把式卖艺的也不能张嘴儿……各样生意，都得等着会头。如若那卖梳篦的一张嘴，你瞧吧，各样的生意，全都张嘴，

① 连阔如. 江湖丛谈. 北京：当代中国出版社，2005：7.
② 连阔如. 江湖丛谈. 北京：当代中国出版社，2005：7.

打锣的、敲鼓的、喊嚷的，八仙过海，各显其能。谁有能耐谁挣钱。”[①]如果这期间，当地商会人等故意刁难勒索，伤害了江湖人的利益，卖梳篦的就收了摊子，转场一周，所有的江湖生意就全都停下来了，等候双方协调解决纠纷。如果还是不能解决，卖梳篦的就会挑担离场，所有的江湖生意就会一起撤走。

江湖人流动性强，相互间又没有血缘关系，容易受到地方势力的欺负，需要组织起来以自保，所以就出现了长春会这样的组织和生意场首领这样的人物。江湖人每到一地，都要主动到当地的长春会去报到，听从其统一安排。

（四）不得偷艺

应邀赶场的江湖人由长春会负责安排，统一住在只对江湖不对外的特殊客店——生意下处。住生意下处要懂得许多禁忌，比如：别人在分钱或准备生意用品的时候（尤其是变戏法的、卖假货的），不能注目观瞧；别人教训管教徒弟，不能插嘴或拦阻；别人“窑里跨点”（把人引到住处行骗）不能看也不能听，要赶快躲开。

常住生意下处的人往往走南闯北，经得多见得广，懂得各种江湖规矩，被称为“老江湖”，是极受江湖同道尊重的。而“没住过生意下处”，往往是生嫩无知的代名词，这样的人在江湖上是很被轻视的。

以上几项只是江湖规矩中应用范围较广的，不同门类还各自独有的规矩，如土匪绺规中的八不抢、七不夺等，林林总总，不一而足。

江湖组织的规矩更是严谨，条规详备，其对违规的惩处也更为严厉。略举洪门、青帮帮规如下。

洪门帮规

《十禁》：

第一禁　兄弟之妻室，必须务正，兄弟既有妻室，不应贪色，如妻室不务正者，刵两耳，兄弟贪色者，处死刑。

---

① 连阔如. 江湖丛谈. 北京：当代中国出版社，2005：12.

第二禁 如遇父母之丧，无力埋葬，而告贷于兄弟者，应各尽其力，以谋补助，拒却者，刵两耳。

第三禁 兄弟诉说穷苦，而借贷者，不得拒却，如侮慢，或严拒之者刵两耳。

第四禁 兄弟在赌博场中，不得故令输财，或私行骗取，如犯之者，笞刑一百八。

第五禁 自入洪门之后，对于会中章程，不得私与外人，如犯之者，处死刑。

第六禁 如兄弟谋营事业，或与国外有所交往，因而封寄钱财，托寄文书者，不得私用，或吞没，如犯之者刵两耳。

第七禁 兄弟与外人争斗，而来相告，必须援助，如有诈作不知者，笞刑一百八。

第八禁 如有以尊压卑，或恃强欺弱者，刵两耳，加笞刑七十二。

第九禁 兄弟遇有困难，应即济助，如有违背者，笞刑一百八。

第十禁 兄弟遇有危急，或遭官府缉拿，应各设法营救，如有假托规避者，笞刑一百八。

《十刑》：

第一刑 不孝敬父母者，笞刑一百八。

第二刑 泄露机密者，笞刑一百八。

第三刑 无事诈为有事者，笞刑一百八。

第四刑 愚弄兄弟者，笞刑一百八。

第五刑 结识外人，侮辱兄弟者，笞刑一百。

第六刑 经理兄弟钱财而滥费者，笞刑七十二。

第七刑 昏醉昏斗，而起纠纷者，笞刑七十二。

第八刑 隐匿兄弟寄托之财物，谋算入已者，酌量加刑。

第九刑 违反兄弟之情，而与其亲戚争斗者，笞刑七十二。

第十刑 欺骗兄弟赌博者，笞刑七十二。

《洪门五刑》：

第一，极刑，凌迟或刀杀。

第二，重刑，挖坑活埋，或沉水溺毙。

第三，轻刑，三刀六眼，或四十红棍。

第四，降刑，降级或挂铁牌。

第五，黜刑，抓去光棍，或降入生堂，永不复用。

还有《十八章律书》《二十一则》《三十六誓》等。

青帮帮规

《十大帮规》：

一、不准欺师灭祖。

二、不准藐视前人。

三、不准扒灰捣笼（“扒灰”即乱伦；“捣笼”即损人利己、出卖同伙）。

四、不准奸盗邪淫。

五、不准江湖乱道。

六、不准引法代跳（即“三帮九代”不作本帮门徒的引进师、传道师，一说严禁跳槽）。

七、不准扰乱帮规。

八、不准以卑为尊。

九、不准开闸放水（漕运粮船途经水闸时，如私自开闸有翻船危险）。

十、不准欺软凌弱。

《十要》：

一要孝敬父母，

二要热心做事，

三要尊敬长上，

四要兄宽弟忍，

五要和睦乡邻，

六要夫妇和顺，

七要交友有信，

八要正心修身，

九要时行方便，

十要福慧双修。

还有《十禁》《十戒》《家法十条》等。[1]

江湖道义和江湖规矩，相当于正统社会的道德和法律，用以约束江湖人的行为，使松散的江湖社会得以秩序化、规范化，这保证了江湖社会的正常运转和大多数江湖人的利益。江湖组织内部的规矩，更是其形成凝聚力和战斗力的保证。

本讲小结

江湖社会本质上是反政府的，但在近代中国陷入民族危机的历史关头，以帮会（时人称为“会党”）为主的爱国江湖人士，积极参与了反帝反封建的民主革命和战争。

在辛亥革命前的历次武装起义中，两广地区的会党是参与斗争的主要力量。孙中山曾于 1904 年加入海外的洪门组织——美洲洪门致公堂，并被封为“洪棍”（元帅）；革命党人秋瑾在日本横滨参加了“洪门天地会”，受封为“纸扇”（军师）；同盟会骨干陈其美在上海参加了清帮（即青帮）。洪门等江湖组织为支持中国民主革命，贡献出了大量钱财和人才。

会党还积极参与保路运动，并在抗战中组织帮众参加国民革命军或自组武装，上阵英勇杀敌，做出了巨大牺牲。

1925 年 10 月，在美洲洪门致公堂基础上成立的中国致公党，实现了由江湖会党到现代政党的转变。1947 年 5 月，中国致公党进行改组，发表宣言和告海外侨胞书，提出联合一切民主力量、建立中华人民共和国的政治主张，走上了接受中国共产党的领导和新民主主义革命的道路。1949 年，中国致公党等民主党派派代表参加了中国人民政治协商会议第一次全体会议，参与制定了《中国人民政治协商会议共同纲领》，为中华人民共和国的建立做出了贡献。洪门领袖司徒美堂，还当选为全

① 转引自叶涛，张廷兴. 江湖社会习俗. 济南：山东教育出版社，1999：133-146.

国政协委员、中央人民政府委员兼中央华侨事务委员会委员，并与毛泽东等国家领导人一起登上天安门城楼，参加了开国大典。

中华人民共和国成立后，人民群众当家做了主人，战乱结束，人民安居乐业，这逐渐断绝了江湖人产生的来源；加上由江湖社会和帮会中的不良分子组成的社会黑恶组织，在镇压反革命运动中被取缔，短短几年，江湖社会就在中国大地上绝迹了。

江湖成了传说，但从江湖义气到江湖春点，从江湖文学到江湖习染，江湖文化仍然对今天的中国社会有着影响。在某种意义上可以说，不了解江湖文化就不了解中国。

参考文献

蔡燕歆，路秉杰. 2006. 中国建筑艺术. 北京：五洲传播出版社.
曹明纲. 1994. 人壶境天. 上海：上海古籍出版社.
曹雪芹. 1964. 红楼梦. 北京：人民文学出版社.
曹雪芹. 1980. 红楼梦. 北京：人民文学出版社，
陈宏，张旺，陈千里. 2002. 江湖. 上海：百家出版社.
陈咏明. 1995. 怎样立地成佛. 成都：四川大学出版社.
程维荣. 2006. 中国继承制度史. 上海：东方出版中心.
程裕祯. 1998. 中国文化要略. 北京：外语教学与研究出版社.
辞海编辑委员会. 2000. 辞海. 上海：上海辞书出版社.
春汐. 2001. 风流千古酒为魂. 北京：学苑出版社.
丁名楠，余绳武，张振鹍，等. 1973. 帝国主义侵华史（第一卷）. 北京：人民出版社.
樊树志. 2006. 国史十六讲. 北京：中华书局.
范恩君. 2007. 道教神仙. 北京：宗教文化出版社.
范文澜. 1978.中国通史（二）. 北京：人民出版社.
房松令. 1991. 中国民俗中的崇拜. 沈阳：沈阳出版社.
冯延飞. 2001. 中华谜语故事. 长春：吉林文史出版社.
冯友兰. 1996. 中国哲学简史. 北京：北京大学出版社.
高峰，业露华，等. 1996. 禅宗十日谈. 上海：上海书店出版社.
葛兆光. 2002. 古代中国社会与文化十讲. 北京：清华大学出版社.
顾希佳. 2003. 社会民俗学. 哈尔滨：黑龙江人民出版社.
韩鹏杰，朱金萍. 1997. 中国古代的江湖骗子和骗术. 北京：商务印书馆国际有限公司.
何本方，李树权，胡晓昆. 2003. 中国古代生活辞典. 沈阳：沈阳出版社.
何虎生. 2011. 青洪帮大佬秘史. 北京：台海出版社.
侯杰，范丽珠. 2001. 世俗与神圣：中国民众宗教意识. 天津：天津人民出版社.
胡绳. 2005. 二千年间. 北京：中华书局.
黄海德. 1994. 天上人间——道教神仙谱系. 成都：四川人民出版社.
黄克剑. 1998. 中国文化图典（全三卷）. 南宁：广西教育出版社.
惠西成，石子. 1997. 中国民俗大观. 广州：广东旅游出版社.
兰风，颂栗. 1991. 酒令·灯谜·文字游戏. 长春：吉林文史出版社.
李宝泠. 1991. 诸子文粹. 长沙：岳麓书社.
李梵. 2001. 汉字的故事. 北京：中国档案出版社.

李尚英. 1990. 民间宗教常识答问. 南京：江苏古籍出版社.
李尚英. 1997. 源同流分——民间宗教与结社. 沈阳：辽宁人民出版社.
李申. 1995. 怎样得道成仙. 成都：四川大学出版社.
李士生. 2005. 中国传统文化散论. 北京：中国社会出版社.
李希凡. 1991. 艺苑篇. 北京：中国青年出版社.
李养正. 1989. 道教概说. 北京：中华书局.
李源. 1997. 佛教原义新明解. 香港：中华文化出版社.
连阔如. 2005. 江湖丛谈. 北京：当代中国出版社.
梁申威. 1993. 神测妙解. 太原：北岳文艺出版社.
梁石，梁栋. 1990. 中国古今巧对妙联大观. 北京：中国文联出版公司.
梁漱溟. 2000. 中国文化要义. 上海：学林出版社.
梁思成. 1934. 清式营造则例. 北平：中国营造学社.
梁柱华. 1993. 百怪大观——绝对奇联 104. 合肥：黄山书社.
林礼明. 1993. 鬼蜮世界. 厦门：厦门大学出版社.
聆钟，门岿，葛钧，等. 2002. 中国传统偶像. 天津：百花文艺出版社.
刘东. 1994. 中华文明. 北京：社会科学文献出版社.
刘秋霖，刘健，王亚新，等. 2004. 中国诸神与传说. 北京：中国文联出版社.
刘天华. 1990. 中国古代五大奇观・巧构奇筑. 沈阳：辽宁教育出版社.
刘托. 1996. 园林艺术欣赏. 太原：山西教育出版社.
刘孝存. 1999. 中国神秘言语. 北京：中国文联出版公司.
刘彦灯，范又琪. 1990. 道德经 百喻经俗译. 武汉：华中理工大学出版社.
刘长久. 2000. 禅说. 成都：四川人民出版社.
龙建国. 2001. 中国古代雅文化与俗文化. 南昌：江西人民出版社.
楼庆西. 1997. 中国古代建筑. 北京：商务印书馆.
楼庆西. 2002. 中国古建筑二十讲. 北京：生活・读书・新知三联书店.
楼庆西. 2006. 中国建筑. 深圳：海天出版社.
鲁迅. 1976. 汉文学史纲要. 北京：人民文学出版社.
马书田. 1998. 超凡世界：中国寺庙 200 神. 北京：中国文史出版社.
明旸. 1998. 佛法概要. 上海：上海古籍出版社.
南怀瑾. 1996. 禅宗与道家. 上海：复旦大学出版社.
聂华. 1996. 初机佛理解说. 北京：宗教文化出版社.
濮文起. 2016. 河北民间宗教史. 北京：宗教文化出版社.
齐凯君，魏黎波. 2008. 浅析端午节的商业价值. 消费导刊，（10）：202.
潜明兹. 1999. 中国神源. 重庆：重庆出版社.
乔志强. 1992. 中国近代社会史. 北京：人民出版社.
秦永洲. 2015. 中国社会风俗史. 武汉：武汉大学出版社.
裘湜. 1984. 话说青红帮. 纵横.（2）：84-85，89.
任道斌，李世愉，商传，等. 1990. 简明中国文化史词典. 北京：书目文献出版社.

任法融. 1993. 周易参同契释义. 西安：西北大学出版社.
任继愈. 1963. 中国哲学史. 北京：人民出版社.
任继愈. 1973. 汉唐佛教思想论集. 北京：人民出版社.
任继愈. 1973. 中国哲学史简编. 北京：人民出版社.
闰泉. 1995. 江湖文化. 北京：中国经济出版社.
商聚德，刘荣兴，李振纲. 1996. 中国传统文化导论. 保定：河北大学出版社.
《书立方》编委会. 2010. 中国神秘文化. 重庆：重庆出版社.
宋传银，杨昶. 1991. 神秘的测字. 南宁：广西人民出版社.
苏文洋. 1982. 古今联话. 重庆：重庆出版社.
谭家健. 1997. 中国文化史概要（增订版）. 北京：高等教育出版社.
唐得阳. 1993. 中国文化的源流. 济南：山东人民出版社.
唐禹. 2001. 奇形怪状 巧思妙趣——古今特殊诗文联语大观. 沈阳：辽海出版社.
田广林. 1999. 中国传统文化概论. 北京：高等教育出版社.
同仁. 1991. 三教九流奇谭. 南宁：广西民族出版社.
汪康年. 2007. 汪穰卿笔记. 北京：中华书局.
王健. 1996. 中国建筑艺术欣赏. 太原：山西教育出版社.
王炯华，盛瑞裕，李思孟，等. 2001. 中国传统文化十二讲. 武汉：华中科技大学出版社.
王卡. 2000. 道教三百题. 上海：上海古籍出版社.
王克文. 1996. 道家与道教. 上海：上海古籍出版社.
王力. 2002. 中国古代文化常识图典. 北京：中国言实出版社.
王力等. 2003. 中国古代文化史讲座. 桂林：广西师范大学出版社.
王清淮，朱玫，李广仓. 2007. 中国邪教史. 北京：群众出版社.
王赛时. 2010. 中国酒史. 济南：山东大学出版社.
王世贞. 2001. 百仙图. 魏均，章言编. 西安：三秦出版社.
王学泰. 1993. 华夏饮食文化. 北京：中华书局.
王志远. 1992. 道教百问. 北京：今日中国出版社.
惟悟. 1995. 怎样出将入相. 成都：四川大学出版社.
魏道儒. 1997. 白话坛经. 西安：三秦出版社.
魏黎波. 2003. 中国传统文化特点之我见. 国际学术论坛.
魏黎波，齐凯君. 2010. 从“嫦娥奔月”的变迁看中国民间信仰的特点. 大家，（4）：180-181.
魏黎波，齐凯君，齐向锋. 2009. 端午节习俗的现代意义阐释. 法制与社会，（11）：292-293.
魏黎波，王丽萍，王媚. 2010. 论现代道德人格的文化养成. 湖北社会科学，（12）：174-176.
《文史知识》编辑部. 1986. 古代礼制风俗漫谈. 北京：中华书局.
《文史知识》编辑部. 2005. 道教与中国文化. 北京：中华书局.

《文史知识》编辑部. 2005. 佛教与中国文化. 北京：中华书局.
吴承恩. 1980. 西游记. 北京：人民文学出版社.
吴康. 1993. 中国神秘文化辞典. 海口：海南出版社.
吴性坚. 2006. 历代神话传奇经典. 北京：西苑出版社.
吴言生. 2006. 道教故事. 西安：陕西旅游出版社.
向春阶. 1995. 食文化. 北京：中国经济出版社.
徐杰舜. 1998. 汉族民间风俗. 北京：中央民族大学出版社.
徐仪明，陈江风，刘太恒. 1994. 中国文化论纲. 开封：河南大学出版社.
鄢化志. 1992. 怪诗趣诗奇诗 120 种. 北京：中国妇女出版社.
杨存田. 1994. 中国风俗概观. 北京：北京大学出版社.
杨江柱，余启新. 1998. 龙游四海. 北京：中国工人出版社.
杨荣国. 1973. 简明中国哲学史（修订本）. 北京：人民出版社.
杨荣国. 1973. 中国古代思想史. 北京：人民出版社.
杨树喆，徐赣丽，海力波. 2001. 神秘方术面面观. 济南：齐鲁书社.
业露华. 1995. 佛教故事图说. 上海：上海书店出版社.
叶涛，张廷兴. 1999. 江湖社会习俗. 济南：山东教育出版社.
伊东忠太. 1937. 中国建筑史. 陈清泉译补.上海：上海书店.
佚名. 1989. 帮会奇观. 北京：中国文史出版社.
佚名. 1997. 白话《易经》（全译本）. 呼和浩特：内蒙古人民出版社.
阴法鲁，许树安. 1989. 中国古代文化史. 北京：北京大学出版社.
于淑红，魏黎波，劳智洁. 2009. 论中国神话中的人本思想. 消费导刊，(13)：215.
袁子乔. 2016. 江湖：三教九流八大门的江湖秘史. 新北：读品文化事业有限公司.
张岱年，方克立. 1994. 中国文化概论. 北京：北京师范大学出版社.
张积. 1993. 四书五经//季羡林，汤一介，孙长江. 神州文化集成丛书. 北京：新华出版社：3.
张剑峰. 2015. 武林. 成都：四川人民出版社.
张岂之. 1994. 中国传统文化. 北京：高等教育出版社.
张映勤. 2000. 道教文化通览. 天津：天津社会科学出版社.
赵丕杰. 1996. 中国古代礼俗. 北京：语文出版社.
中共中央马克思恩格斯列宁斯大林著作编译局. 1971. 马克思恩格斯全集(第三十七卷). 北京：人民出版社.
中共中央马克思恩格斯列宁斯大林著作编译局. 1972. 马克思恩格斯选集(第一卷). 北京：人民出版社.
中共中央马克思恩格斯列宁斯大林著作编译局. 1972. 马克思恩格斯选集(第四卷). 北京：人民出版社.
中共中央马克思恩格斯列宁斯大林著作编译局. 2002. 马克思恩格斯全集(第三卷). 北京：人民出版社.
中国佛教协会. 1980. 中国佛教（第一辑）. 上海：东方出版中心.

中国佛教协会. 1980. 中国佛教（第二辑）. 上海：东方出版中心.
中国佛教协会. 1980. 中国佛教（第三辑）. 上海：东方出版中心.
中国佛教协会. 1980. 中国佛教（第四辑）. 上海：东方出版中心.
中国旅游出版社. 2000. 中国皇宫. 北京：中国旅游出版社.
周春才. 1998. 易经图典. 北京：中国文联出版公司.
朱诚如，王树森. 1997. 中国古代文化基础知识. 大连：辽宁师范大学出版社.
Joseph N. 1971. Science & Civilisation in China，Vol. 4. Cambridge：Cambridge University Press.

后　记

书稿完成的一刻，窗外万籁俱寂，夜空弯月如钩。

感谢燕山大学研究生院提供了经费支持，这才使尘封的半部书稿起死回生，也让我了却了二十几年的夙愿。

在书稿的写作过程中，我得到了刘永志、齐凯君等同事的大力帮助和指导，在此表示感谢！

我的研究生张晓燕，多年前就在本书的资料整理和文字输入方面付出了很多精力；我的另一位研究生孙严冰，在联系本书的出版方面做了大量工作，感谢他们的真诚帮助！

作　者

2018 年 1 月 7 日